죽으라던
세상에
나로
답하다

죽으라던
세상에
나로
답하다

초판 1쇄 발행 2025. 8. 8.

지은이 최정미
펴낸이 김병호
펴낸곳 주식회사 바른북스

편집진행 황금주
디자인 김민지

등록 2019년 4월 3일 제2019-000040호
주소 서울시 성동구 연무장5길 9-16, 301호 (성수동2가, 블루스톤타워)
대표전화 070-7857-9719 | **경영지원** 02-3409-9719 | **팩스** 070-7610-9820

•바른북스는 여러분의 다양한 아이디어와 원고 투고를 설레는 마음으로 기다리고 있습니다.
이메일 barunbooks21@naver.com | **원고투고** barunbooks21@naver.com
홈페이지 www.barunbooks.com | **공식 블로그** blog.naver.com/barunbooks7
공식 포스트 post.naver.com/barunbooks7 | **페이스북** facebook.com/barunbooks7

ⓒ 최정미, 2025
ISBN 979-11-7263-513-8 03810

•파본이나 잘못된 책은 구입하신 곳에서 교환해드립니다.
•이 책은 저작권법에 따라 보호를 받는 저작물이므로 무단전재 및 복제를 금지하며,
이 책 내용의 전부 및 일부를 이용하려면 반드시 저작권자와 도서출판 바른북스의 서면동의를 받아야 합니다.

"늦더라도 괜찮아.
조금 늦게
빛나는 별도 있어."

죽으라던
세상에
나로
답하다

✲

최정미
에세이

치유, 회복, 성장, 사랑,
내면의 힘이 담긴 메시지
어느 늦깎이 만학도의 진솔한 고백

바른북스

프롤로그

늦더라도 괜찮아,
조금 늦게 빛나는 별도 있어

이야기를 꺼내기까지 오랜 시간이 걸렸습니다. 말할 수 있을 것 같다가도, 또다시 마음 한편이 얼어붙곤 했습니다. 나를 아는 사람들이 이 글을 읽고 어떻게 생각할까 두렵기도 했습니다.

안쓰럽게 바라볼 눈빛, 혹시 모를 거리감….

그 모든 시선이 겁이 났습니다. 하지만 더 이상은 나를 감추며 살고 싶지 않았습니다. 누구보다 삶을 포기하지 않고 열심히 살아온 내가 그 누구보다도 나 자신에게 진실하고 싶었기 때문입니다.

나는 어린이집 선생님이었고, 현재는 어린이집 원장으로 근무를 하고 있습니다. 아이들의 눈높이에서 사랑을 가르쳐야 하는 사람으로 늘 아이들을 사랑하며 근무를 했고 지금도 여전히 해맑은 우리 아이들을 사랑합니다.

하지만 정작 어린 시절에 한 번도 온전히 사랑을 받아본 적이 없다는 사실이 스스로를 괴롭히기도 했습니다. 그러다 문득 깨달았습니다. 내가 받은 상처는 부끄러운 것이 아니라 지금의 나를 만든 시간들이라는 것을. 이렇게 이야기를 꺼내는 일은 과거로 돌아가는 일이 아니라 그 과거를 껴안고 지금의 나로 살아가는 선언이라는 걸요.

그래서 이제 이 이야기를 시작합니다. 어릴 적 나는 세상이 나에게 이렇게 말하는 것 같았습니다. "넌 아무것도 아니야. 너 같은 애가 뭘 할 수 있겠어?"

맞고 자란 어린 시절, 아버지의 도박, 끝이 보이지 않던 가난. 어떤 날은 살아 있다는 것 자체가 버겁고, 그 누구에게도 환영받지 못하는 나, 스스로도 부정해 버렸던 수많은 날들….

"나가서 죽어."라던 아빠가 나에게 무수히 던진 말들을 뒤로하고 정말 그냥 사라지고 싶었던 적도 많았습니다. 그럼에도 나는 이렇게 살아남았습니다. 그리고 한 걸음씩 걸어왔고 현재도 걸어가고 있습니다.

나의 삶을 돌아보니 내 인생은 모소 대나무였습니다. 사람들은 말합니다. "아직 아무것도 이룬 거 없잖아. 지금 해서 무엇을 할 수 있겠어? 너무 늦었어." 하지만 나는 알고 있습니다.

모소 대나무는 5년 동안 땅 위로는 거의 자라지 않지만 6주 만에 15m를 솟구칩니다. 누구도 알아주지 않던 시간, 눈물과 한숨, 가난과 폭력, 무시와 차별 속에서도 나는 매일 조금씩 내 안의 뿌리를 내리고 있었음을 반백 년이 돌아온 현재 깨닫게 되었습니다.

어릴 적 정서적 학대와 신체적 폭력, 가난 속에서 아무것도 할 수 없었던 삶, 결혼조차 시댁의 반대로 상처받았던 시간들로 한없이 위축되어 갔던 나였습니다. 지방 전문대학을 나왔다고 차별 아닌 차별을 받았을 때는 너무나 나 자신이 초라하게 느껴졌습니다. 작아지고, 작아지고, 작아지다 보니 '포기'만이 살길이었습니다. 현실에 안주하면서, 주어진 삶에 순응하며 10대, 20대, 30대를 보냈습니다.

마흔이 넘어 우연히 시작한 독서. 독서를 하며 깨달은 행동력으로 나를 믿으며 공부를 시작했습니다. 결국 박사과정까지 수료를 하고 새로운 공부에도 도전 중에 있습니다. 이 책은 나의 뿌리내림의 시간과 과거로부터 저당 잡혀온 내 삶이 변화되기까지의 과정과 무수히 많은 불안의 소용돌이를 뚫고 이겨낸 내 삶의 이야기가 담겨 있습니다.

'죽으라는 말 속에서도 살아남은 아이', '무시와 통제 속에서도 나를 지켜낸 시간', '뒤늦게 핀 꽃, 그러나 더 깊고 강하게'…. 흔들림이 많은 삶이었지만 지금은 흔들리지 않는 삶을 사는 나의 이야기가 단 한 사람에게라도 울림이 되어 그 누군가의 모소 대나무가 된다면 이렇게 나의 민낯을 드러낸 것이 후회는 없을 거 같습니다.

나는 모소 대나무처럼 살았습니다. 오랫동안 땅속에서 뿌리를 내렸고, 이제는 누구도 저를 꺾을 수 없는 어른이 되었습니다. 모소 대나무처럼 누구도 꺾을 수 없도록 높이높이 더 자라날 것입니다. 내가 겪은 모든 상처는 이제 나의 예술과 가르침으로 승화되어 은은한 향기를 전하는 선한 영향력으로 키워나가고 싶습니다.

아이들과 함께 울고 웃으며 교사가 되었고, 학문의 길을 걸어 박사과정까지 공부를 했으며 이제는 백 명이 넘는 아이들을 품는 어린이집 원장이 되었습니다. 아직도 그리 이룬 건 없지만 누군가는 '안정'이라 부를 오늘의 자리까지 왔습니다. 하지만 나는 압니다. 이 자리는 결코 '성공'이라는 말 하나로 설명될 수 없다는걸.

이 책은 무너졌던 시간들과, 다시 일어섰던 순간들에 대한 나의 진솔한 기록입니다. 나의 치부 같았던 이야기들, 그 누구에게도 말하지 못했던 아픔들, 그러나 결국 나를 나답게 만든 진짜 이야기들.

친한 지인 몇 분은 내가 나의 이야기로 에세이집을 낸다니까 나를 말리더군요. "그런 얘기 굳이 하지 마.", "왜 굳이 너의 이미지를 갉아먹니? 현재 너의 이미지와 맞지 않아."라고 조언을 아끼지 않았습니다.

　하지만 나는 오히려 그 말들에 답하고 싶었습니다. 지금 현재의 내 모습이 어떻게 비치든, 넘어지고 다치며 버텨낸 나의 진짜 얼굴로 말이에요. 나는 오랫동안 침묵 속에 나를 숨기며 살아왔습니다. 겉으로는 밝고 성실하게, 늘 괜찮은 사람처럼 행동했지만 속으로는 끊임없이 흔들렸습니다. '지금 내가 이렇게 힘든 건, 혹시 어린 시절의 그 기억들과 연결되어 있는 건 아닐까?' 그런 생각이 가슴 한편을 치고 지나갈 때마다 나는 다시 그 시절을 외면했었습니다.

　왜냐하면, 너무 아팠으니까요.

　하지만 그 고통은 말하지 않는다고 사라지지 않았습니다. 오히려 조용히 마음속에서 더 크게 자라 나를 움켜쥐고 흔들었습니다. 그리고 어느 날, 내가 아이들을 안아줄 때마다 마음속에는 어린 시절의 '나'가 서 있더군요. 그 아이를 더 이상 모른 척하고 싶지 않았습니다.

　말하지 못했던 과거를 꺼내는 이유는, 그 시절의 내가 지금의 나에게 '이제 괜찮아졌다고 말해줘.'라고 속삭이고 있기 때문입니다. 그 아이가 나이고, 그 상처가 나이며, 그 과거가 지금의 나를 만든 시간이라는 걸 이제는 부정하지 않기로 했습니다.

살아남은 나는 이제 말하고 싶습니다. 그동안 숨겨온 이야기들을. 두려워도, 떨려도, 이제는 나 자신에게 솔직해지고 싶어서. 그리고 혹시, 이 이야기 속에서 누군가 당신의 상처도 마주하게 된다면 그것만으로도 이 고백은 의미가 있을 테니까요.

이 책을 펼칠 당신에게, 혹은 지금 어둠 속에 있는 누군가에게, "나도 그랬다."라고. "그러니 당신도 괜찮다."라고. "당신도 곧 괜찮아질 거야."라고. "살아 있다는 것만으로 이미 충분히 잘하고 있는 거다."라고.

이 책은 회고가 아니고 선언입니다.
죽으라던 세상에, 나는 나로 답하겠다는 다짐의 기록.

목차

프롤로그
늦더라도 괜찮아, 조금 늦게 빛나는 별도 있어

1장 사랑받지 못했던 아이
성장의 첫걸음을 떼다

차가운 말보다 따뜻한 말이 아이를 살린다 • 18
맞는 건 나였지만, 늘 내 탓이었던 시간 • 25
버림받은 기억 속에서 피어난 생존력 • 34
아픔을 딛고 일어선 미운 오리 새끼 • 42
조용한 마침표, 상처는 깊게 남는다 • 46
산동네 달동네 웃음 동네 • 50
어린 나에게 건네는 위로 • 57
어린 시절 최초 기억에 대해 • 60
어린 시절 행복한 경험은 중요하다 • 69
분노, 눈물, 그리고 무기력의 반복 • 77
자살 충동에서 다시 삶으로 • 82
드러내기 어려운 상처도 회복된다 • 86
웃음 뒤에 숨겨진 생존의 전략 • 92
늦게 빛나도 별은 여전히 아름답다 • 95
죽으라던 세상에 나로 답하다 • 101
그날, 엄마는 처음으로 떠났다 • 107

2장 나를 일으켜 세운 연습

꿈을 향한 늦깎이 도전

- 100세 인생, 오늘도 여전히 꿈꾸는 삶 * 118
- 그대는 무엇이든 될 수 있다 * 123
- 내 잘못은 아니잖아 * 131
- 정성은 결국 인생을 바꾼다 * 135
- 꿈이 있는 사람은 달라진다 * 139
- 나 자신을 사랑하는 법을 배우다 * 142
- 사랑받는 경험은 중요하다 * 149
- 좋은 영향력은 선한 영향력을 만든다 * 153
- 실천하기 힘든 인성이라지만 * 155
- 아직도 악몽을 꾼다 * 157
- 오늘 이루는 삶으로 * 161
- 인성, 작지만 단단한 시작 * 164
- 하나하나가 모여 길이 되었다 * 167
- 좋은 글, 좋은 사람 * 169
- 멘털 관리가 인생의 길을 좌우한다 * 171
- 한 편의 드라마 같은 인생도 가능하다 * 176
- 행복한 만학도 * 179

3장

육아가 준 성장의 지혜

삶의 의미를 깨닫다

아이는 삶의 교사다 * 188

나는 어린 시절의 중요성을
나의 삶을 통해 경험했다 * 191

따뜻한 관계가 사람을 성장시킨다 * 197

사교육에 던져진 아이들의 현실 * 201

웃픈 세상, 웃으며 버티기 * 205

아동기의 따뜻한 인간관계는 중요하다 * 208

아이의 꿈을 응원하자 * 211

아이의 정서 발달은 저절로 이루어지지 않는다 * 214

양육은 지식보다 관계다 * 216

교육의 시작은 감정이다 * 219

양육 대물림을 막자 * 222

학원이 자랑거리가 되다 * 225

학원이 목적이 되다 * 228

햇살 같은 시간이 아이를 만든다 * 231

4장

마음을 돌보는 힘

심리학으로 다시 서다

마음의 회복은 생각에서 시작된다 * 238

배우는 부모가 아이의 미래를 바꾼다 * 241

내 마음의 폭풍을 잠재우는 시간 * 243

생각도 연습이다 * 253

성격은 바뀔 수 있다 * 256

심리학은 나를 이해하는 도구다 * 259

심리학은 과학적인 학문이다 * 262

작은 사랑이 큰사람을 만든다 * 265

우울을 넘어서 삶의 주인이 되다 * 268

유대감과 성취감은 학습된다 * 271

자아존중감은 삶의 행복감을 결정한다 * 273

예술과 글쓰기가 치유의 통로다 * 276

내 안의 어린 나를 마주한 날 * 279

5장

이제 나로 살아간다

독서로 길어 올린 인생의 지혜

- 독서는 삶을 바꾸는 습관이다 * 286
- 독서의 기쁨은 곧 자기 확신이다 * 288
- 읽는 만큼 깊어지는 삶 * 292
- 읽을수록 깊어지는 행복 * 295
- 꿈을 이루려면 지식을 키워야 한다 * 298
- 버려진 책 속에 담긴 가능성 * 301
- 마음의 그림자를 직면하다 * 303
- 나는 반드시 해낼 수 있다 * 306
- 내 삶의 주인이 되기로 한 날 * 310
- 당신은 큰사람이 됩니다 - 10년 전의 속삭임 * 314
- 자의식을 키우는 독서의 힘 * 317
- 내 이야기가 당신에게 닿기를 * 323

에필로그
당신도 괜찮아질 수 있어요

1장

사랑받지 못했던 아이

성장의 첫걸음을 뗄 때다

차가운 말보다 따뜻한 말이 아이를 살린다

고등학교 3학년이 되던 해, 엄마와 아빠의 부부 싸움은 더 짙어지고, 깊어지다 어느새 절정에 다다랐다. 그날도 여전히 시끄러운 소리에 잠에서 깼다. 엄마가 아빠한테 심하게 맞고 있었다. 나는 안방으로 달려가 엄마를 감싸며 말렸다. 말리다가 내가 더 맞았다. 나는 아빠에게 "아빠가 이럴 때마다 제가 얼마나 불안한지 아세요?" 했다가 더 맞았다. 나중에 알고 보니 아빠가 도박을 했는데 자녀들이 알게 되어서 아빠가 화가 나셨다고 한다. 자식들에게 도박하는 것을 비밀로 하라고 했는데 엄마가 속상하셔서 우리에게 말을 하셨고 그 사실을 안 아빠가 엄마를 때린 것이다. 엄마가 맞아야 하는 이유는 아빠의 기분에 따라 매번 달라진다. 내가 맞아야 하는 이유도 그렇다.

아빠는 내가 어릴 때부터 도박을 좋아하셨다. 바둑 내기, 화투 등 돈내기 도박을 하셔서 월급날 당일에 월급 전체를 잃고 오시는 경우가 많았다. 그래서 어려운 형편이 더 어려워졌다. 새벽에 엄마, 아빠의 싸움을 말리다가 맞은 날 저녁에 퇴근을 한 아빠는 여지없이 현관문을 여시며 나를 부르셨다. "정미 년, 어디 있어?"

하시는 아빠의 양손에는 나뭇가지 뭉치가 들려 있었다. 나를 발견한 아빠는 분노를 담아, 한 치의 망설임도 없이 나뭇가지로 내 다리를 사정없이 내리치셨다. 나뭇가지가 부러지면 다른 나뭇가지로 이어서 맞았다. 새벽에 아빠에게 대들었다는 단 하나의 이유만으로, 나는 아빠의 손에 들린 나뭇가지가 모두 부서져 사라질 때까지 끝없이 매를 맞았다.

드넓은 하늘 아래, 맑고 하얀 뭉게구름이 유난히도 평화롭게 떠다니던 어느 따뜻한 가을날에도 나는 두꺼운 검정 스타킹을 꺼내 들었다. 평소보다 조금 더 두꺼운, 살이 드러나지 않는 스타킹이었다. 양쪽 다리에는 선명하게 핏줄이 그어져 있었고, 울긋불긋하게 올라온 피멍이 자꾸만 눈에 밟혔다. 아빠의 손은 늘 나의 다리에, 얼굴에, 어깨에 오래도록 남는 선들을 남겨주었다. 누군가에게 말할 수도 없고, 그렇다고 모른 척할 수도 없던 어린 마음은 그저 가리고 숨기는 법부터 배웠다.

하늘은 그날따라 더없이 푸르고, 구름은 포근했다. 마치 내 마음의 어지러움을 위로라도 하듯이, 그 넉넉한 하늘을 올려다보며 생각했다. "언젠가 이 아픔을 말할 수 있게 될까?" 하고 말이다.

나는 검정 스타킹을 신고 학교에 갔다. 아무 일도 없었던 것처럼, 친구들과 웃으며, 그러나 그 속에는 작지만 단단한 마음들이 자라고 있었는지도 모르겠다. 언젠가는 나도 누군가에게 따뜻한 하늘이 되어주겠다고, 숨기지 않아도 괜찮은 세상을, 부끄러움이 아닌 용기로 감싸안을 수 있는 어른이 되겠다고. 그날의 스타킹은 단지 다리를 가리는 옷이 아니었다. 내 마음을 보호해 준 작은 갑옷이었고, 조용히 삶을 견디게 해준 따뜻한 울타리였다.

나라는 존재는 이유도 다양하게 아빠의 화풀이용 핑곗거리 대상이 되었다. 또 다른 어느 날이었다. 자녀의 성적에 관심이 없는 아빠였는데 그날은 왜 그러셨을까? 아직도 이해할 수 없는 그날은 초등학교 6학년 때 일이다. 퇴근 후 갑자기 아빠는 "정미, 어디 있어?" 하며 나를 찾으셨다. 이내 아빠는 성적이 왜 이 모양이냐며 나의 머리채를 잡으시더니 내 머리를 벽에 부딪쳤다. 부딪히고, 부딪히고 한참을 벽에 내 머리가 박혔다. 내 머리를 벽에 부딪치며 아빠의 투박한 손이 내 얼굴, 어깨도 스쳐 지나갔다. 아빠의 손이 닿는 모든 곳이 아팠다. 실수로 어딘가에 살짝 부딪혀도 아픈데 성인 남자의 힘에 감정까지 실렸으니 내 머리가 깨지지 않은 게 신기할 정도다. 공식적인 이유는 성적이다.

성적표가 나왔던 날이었는지, 시험을 쳤던 날이라 시험지를 보셨던 것인지는 정확히 기억나지 않는다. 부모님은 자녀의 성적에 별다른 관심이 없는 분들이셨다. 특히 아빠는 더 자녀의 성적에 관심이 없는 분이셨다. 꾸지람을 하실 때조차도, 아빠는 애정 어린 관심을 표현하는 법과는 거리가 멀었다. 특히 나는 늘 아빠의 화풀이 대상이었으며 세 명의 자식 중에서 가장 관심을 받지 못했던 중간에 낀 둘째였다. 남동생은 머리가 좋아서 공부를 하지 않아도 늘 수학 경시대회에서 상을 받아 왔다. 그리고 삼대독

자라 부모님의 기대도 높았다. 물론 대학교도 남동생만 보내려고 하셨다. 언니는 중간 정도의 성적이었고 물론 나도 그랬다. 나는 반에서 보통의 평범한 학생이었다.

그날 아빠는 분명 회사에서 안 좋은 일이 있으셨던 거 같다. 나는 유독 아빠의 기분에 따라 더 많이 맞았다. 그날도 어김없이 내가 지목되었다. 얼마나 세게 벽에 머리를 부딪혔는지, 얼굴 여기저기에 실핏줄이 터지고 멍이 심하게 들었다. 오래전 일이지만, 흰 눈동자, 눈 주변, 불균형하게 여기저기 멍든 얼굴이 아직도 또렷이 떠오른다. 아빠가 나의 긴 머리채를 움켜쥔 채 한쪽으로만 벽에 부딪혔기 때문에, 눈가 한쪽이 특히 더 심하게 부었다. 그쪽 귀 전체도 붉게 멍이 들었고, 볼까지 이어져 멍이 짙게 퍼졌다. 게다가 어깨, 팔까지 멍이 번져 있었다. 모두 벽에 세게 부딪힌 탓이었다.

맞은 다음 날은 이사 오기 전 살던 동네에 친구들을 만나러 놀러 가기로 약속한 날이었다. 내가 초등학교 6학년일 때, 7살부터 살던 동네를 떠나 다른 동네로 이사를 했다. 그래서 예전에 살던 동네에 언니랑 남동생과 놀러 가기로 약속을 해놓은 터였다.

피멍으로 얼굴이 번져 있던 날에 나는 언니, 남동생과 함께 예전 살던 동네로 놀러 갔다. 멍이 들었어도 어린 마음에 친구들이 보고 싶은 마음이 더 컸다. 얼굴에 피멍이 들었는데 창피한 마음은 없었다. 그래서 어린 아이들을 보고 "철이 없다."라는 말을 하나 보다.

　동네 친구들이 내 얼굴을 보고 깜짝 놀라며 "왜 그래?" 하고 걱정스럽게 물었다. 나는 밤에 길을 가다가 전봇대에 얼굴을 세게 부딪혔다고 말했다. 친구들은 그 말을 믿었다. 우리가 서로 어려서 다행인 순간이었다. 지금 생각하면 '전봇대에 한번 심하게 부딪혔다고 심하게 핏줄이 터질 수 있을까.' 하고 의구심이 들었겠지만 어린 우리는 순수했다. 지나고 나서 생각해 보니 얼굴이 멍으로 가득한데도 친구들을 만나러 가서 전봇대에 부딪혔다며 대수롭지 않게 이야기하고 신나게 놀았던 나를 생각하면 헛웃음이 난다.

　이제 어른이 되어 맞지 않고 살아가는 지금이 참 고맙다. 현재를 감사히 여긴다는 건 말처럼 쉬운 일은 아니지만, 쉽지 않다는 걸 알기에 더더욱 감사하다. 불평과 불만을 쏟아내는 건 쉽지만, 그걸 참아내고 묵묵히 견디는 쪽을 선택한 이유는, 현재의 어려움이 예전보다 조금은 덜하다는 걸 느끼기 때문이다. 이제는 내 삶을 내가 책임질 수 있다는 자각이, 내 마음을 쉽게 무너지지 않도록 단단히 다잡아 주기 때문이다.

　불평불만은 하면 할수록, 내 삶을 만족하지 못하면 못할수록 더 감사한 삶에서는 멀어진다. 나 또한 과거로 인해, 환경으로 인해 내가 현재 이럴 수밖에 없다는 것을 핑계 삼아 안일한 삶을 살고, 무언가 바꾸려고 노력하지 않고 남 탓만을 했던 시기가 있었다. 하지만 책을 읽고 공부를 하면서 내 생각이 바뀌게 되었고 내 생각이 바뀌니 내 삶도 조금씩 감사하는 삶으로 변화하게 되었다.

 무엇이든 내 생각이 중요하고 내가 어떤 사건에 어떤 의미를 부여하는지가 중요하다는 것을 책을 통해, 경험을 통해 알게 되었다. 과거를 탓하기보다 현재에 감사하며 내 삶을 긍정적이고 발전적인 방향으로 성장하기 위해 할 일과 목표를 세우며 작은 것부터 실천하다 보니 감사한 것들이 그만큼 많아졌다. 이제 어린 시절의 우울하고 불안하고 힘들었던 일들은 내 삶에 그 어떤 부정적인 영향을 미치지 않게 되었다.

 때때로 내 의지와는 무관하게, 이유를 알 수 없는 불안감이 마음 깊숙이 올라올 때가 있다. 하지만 이제는 그런 감정조차 억누르거나 외면하기보다, 조용히 바라보고 알아차리는 연습을 하고 있다. '아, 내가 지금 불안하구나.', '지금 내 안에서 어떤 감정이 일고 있구나.' 하고 있는 그대로 인정하며, 감정과 거리를 두고 바라보는 것이다. 이런 마음 챙김의 태도는 심리학에서도 감정 조절의 핵심 전략으로 꼽힌다. 감정을 억제하거나 회피하지 않고, 오히려 있는 그대로 알아차릴 때 우리는 감정에 휘둘리지 않고, 나 자신을 더 깊이 이해하게 된다. 내 감정과 친해지고, 나를 있는 그대로 받아들이는 연습을 하다 보면, 삶의 작은 파도에도 쉽게 흔들리지 않는 단단함이 생긴다.

 감사는 내면의 힘을 키워주는 고요한 연습이다. 누군가는 감사가 타고난 성향이라고 말할지도 모르지만, 나는 믿는다. 감사하는 마음도 충분히 훈련될 수 있는 '근육'이라고. 매일 내 감정의 작은 움직임을 알아차리고, 사소한 일상 속 감사할 것들을 마음에 새기는 그 반복이, 결국은 나를 지켜내는 가장 따뜻하고도 강한 힘이 된다는 걸.

    이제 나는 안다. 누군가의 따뜻한 말 한마디, 창밖의 햇살 한 줄기, 오늘도 나를 놓지 않고 살아가는 이 마음 하나가 얼마나 소중한지. 오늘도 나는, 내 마음을 다정하게 어루만지며 살아간다. 조금은 느리고, 조금은 서툴지만, 그 어느 때보다 진심으로 나를 아끼며 살아가고 있다.

맞는 건 나였지만, 늘 내 탓이었던 시간

부모님의 싸우는 소리에 잠에서 깼다. 눈을 뜨기도 전에 마음은 이미 얼어붙었다. 드디어 아빠는 엄마에게 집을 나가라고 소리쳤다. "네가 나가면 너희 집 처가 식구들 싸그리 다 총 쏴서 죽여버릴 거야." 폭언은 날카로운 비수처럼 엄마의 숨통을 조이고 나의 심장을 얼어붙게 했었다. 하지만 이날은 달랐다. 나는 고등학교 3학년이던 어느 날, 참았던 분노가 터진 아빠가 엄마를 향해 처음으로 집을 나가라고 외치는 장면을 목격했다.

그때 언니는 막 고등학교를 졸업하고 형부와 약혼식을 치른 후 동거 중이었고, 남동생은 기숙사에서 생활하고 있었다. 혼자 집에 남은 나는 매일 밤 부모님의 고성과 다툼을 홀로 견뎌야 했다. 엄마의 흐느낌과 아빠의 분노 섞인 고함이 얽혀 있는 그 공간에서, 나는 자주 숨을 죽인 채 이불 속으로 몸을 숨기거나 때론 엄마에게 달려가 엄마가 맞는 걸 감싸다가 내가 더 맞았다. 엄마의 울음보다 아빠의 분노가 극에 달한 이날, 엄마는 아빠의 무서운 목소리에 주섬주섬 짐을 쌌다.

새벽 시간대였다. 한 새벽 5시쯤 되었나 보다. 나는 엄마에게 엄마를 따라가겠다고 했다. 엄마는 엄마를 따라가면 학교를 다닐 수 없다고 아빠랑 살라고 했다. 나는 돈 벌며 야간 고등학교를 다니면 된다고 했다. 나도 주섬주섬 짐을 쌌다. 짐이라고 해봐야 옷 몇 가지와 추억이 담긴 사진들을 챙겼다(그 긴박한 순간에 친구들과 찍은 사진을 왜 소중히 챙겼나 모르겠다.).

그때 당시에는 시골에 살았다. 시골집에서 얼마 가지 않은 곳에 간이 기차역이 있었다. 엄마와 나는 무작정 간이 기차역으로 갔다. 기차를 기다리는데 곧 아빠가 오셨다. 아빠는 여기는 기차가 잘 오지 않는다며 큰 역으로 데려다주겠다고 하셨다. 엄마와 나는 마지못해 아빠 차로 큰 기차역으로 이동했다. 아빠는 엄마와 나를 내려주고 가시나 싶더니 이내 다시 돌아오셨다. 화가 좀 누그러지신 듯했다. 아빠는 엄마에게 화가 나서 그랬으니 이제 집에 가자고 하셨다.

엄마는 여러 번 거절했지만, 아빠의 설득에 이내 넘어가셨다. 아마도 남동생이 눈에 밟혔으리라. 엄마가 다시 집에 들어가자고 나에게 말을 건넸다. 아빠도 나에게 집에 가자고 하셨다. 하지만 나는 집에 들어가지 않겠다고 단호하게 말했다. 나는 "아빠가 엄마를 때릴 때마다 그리고 엄마, 아빠가 큰 소리로 싸울 때마다 제가 얼마나 불안에 떠는지 아세요?" 하며 하염없이 울면서 하소연했다. 더 이상 불안해서 못 살겠다고, 잠자다가도 엄마, 아빠 싸우는 소리에 놀라 잠에서 깬 것이 한두 번이 아니라고, 이번에는 절대 못 들어간다고 했다. 나는 엄마를 바라보며 우리 들어가지 말자고 간절한 눈빛으로 설득했다. 엄마는 아빠의 손을 들어주셨다. 엄마와 나는 아빠에게 반강제적으로 이끌려 집으로 돌아왔다.

그날은 평일이었다. 집으로 돌아온 나는 일찍 학교에 갔다. 단짝이었던 친구가 학교를 오는 길에 버스 안에서 나를 기차역에서 보았다며, 왜 그 시간에 기차역에 있었냐고 물었다. 친구의 물음에 아무 말도 할 수 없었다. 친구는 더 이상 묻지 않았다. 하루가 저물어 갈 때쯤 아빠가 퇴근을 했다. 아빠의 두 손에는 어김없이 긴 나뭇가지들이 잔뜩 들려 있었다. 대문을 여시던 아빠는 "정미년 어딨어?" 하며 화가 나신 목소리로 다그치듯이 나를 부르셨다.

아빠는 나를 보시자마자 두 손에 들린 몽둥이로 내 다리를 사정없이 때리셨다. 두 다리에 피멍이 잔뜩 들었다. 새벽에 아빠가 집에 들어가자고 데리러 왔으면 엄마를 설득해서 들어가자고 하지는 못할지언정 내가 엄마를 부추겨서 집에 들어가지 않겠다고 한 것에 화가 나신 거였다. '하루 종일 회사에서 일하시며 얼마나 벼르고 계셨을까?' 아빠는 화를 풀기 위해 '퇴근 시간만 되어봐라.' 하며 하루를 버티셨을 것이다.

긴 하루만큼, 아빠의 억눌린 화만큼 아빠는 온 힘을 다해 나를 때리셨다. 나는 정신없이 맞았다. 나뭇가지 뭉치가 부러지면 다시 다른 나뭇가지로 다시 맞았다. "죄송합니다. 죄송합니다. 잘못했습니다. 잘못했습니다. 다시는 안 그럴게요." 뭐가 죄송하고 뭐가 잘못되었는지는 항상 알 수 없다. 그냥 간절히 아빠의 화가 누그러들어 때리는 것을 멈춰주기만을 간절히 바라며 기도 아닌 기도와 애원을 하는 것밖에 내가 할 수 있는 것은 아무것도 없었다.

아빠의 화풀이 대상, 나. 맞는다는 건 단순히 육체의 고통을 말하는 게 아니다. 그 순간에 느껴지는 공포, 수치심, 그리고 내가 얼마나 무력한 존재인지 깨닫는 그 철저한 무너짐. 그런 감정들이 아직도 내 뇌를 흔든다.

때로는 아무 일도 없는 평범한 날인데, 문득 어떤 소리나 장면이 과거의 기억을 깨운다. 그러면 내 몸은 먼저 반응한다. 어깨가 움츠러들고, 가슴이 철렁 내려앉고, 손끝이 차가워진다. "괜찮아. 이제는 끝난 일이야."라고 스스로에게 말해보지만, 그 말이 피부 아래까지 닿기까지는 시간이 필요하다. 많은 사람이 말한다. 시간이 지나면 다 괜찮아진다고. 하지만 맞은 기억은 단순히 시간에 묻혀 사라지지 않는다. 오히려 그 기억은 내 안 어딘가에서 가늘고도 단단하게 뿌리를 내린다. 잘 보이지는 않지만, 그 자리는 늘 거기 있다.

그래도 나는 안다. 그 모든 아픔에도 불구하고 내가 여기까지 왔다는 것. 그 고통을 견디며 하루하루를 살아냈다는 것이 내 안의 강함을 증명한다는 것. 맞았던 순간은 내 일부이지만, 그것이 나의 전부는 아니다. 이제는 그 기억에 휘둘리기보다, 그때의 나를 다정하게 안아줄 수 있는 내가 되고 싶다. 맞았던 기억을 떠올리면 아직도 몸서리가 쳐지지만, 동시에 나는 조금씩 자유로워지고 있다는 걸 느낀다.

결혼 전까지, 특히 고등학교 3학년 무렵은 내 인생에서 가장 어두운 시기였다. 매일이 생존을 위한 감정의 전쟁터 같았고, 그 안에서 나는 어른 흉내를 내며 애써 무너지지 않으려 애썼다. 지금 돌이켜 보면, 그 시절 내 안의 불안은 단지 현실 때문만은 아니었다. 심리학에서는 '애착 이론'을 통해 어린 시절 부모와의 정서적 연결이 이후 삶에 얼마나 큰 영향을 미치는지를 설명한다. 자녀는 부모의 안정된 관계 속에서 비로소 마음의 뿌리를 내린다.

"공부해라, 공부해라." 아무리 외쳐도, 정서적으로 안전하지 못한 아이는 집중할 수 없다. 아이의 뇌는 생존을 우선시하기 때문이다. 안정감 없는 환경에서 자란 아이는 세상이 안전하지 않다고 믿으며 끊임없이 긴장 상태에 머문다. 하지만 부부가 서로를 존중하고 따뜻한 분위기를 만드는 가정에서는, 아이는 '나는 괜찮은 존재야.'라는 믿음을 자연스럽게 배운다.

가난은 견딜 수 있어도, 마음이 흔들리는 건 힘들고 어렵다. 경제적으로 부족하더라도 부모가 서로에게 따뜻한 말을 건네고, 아이에게 애정 어린 눈빛을 보내는 평범한 일상의 반복이 아이의 마음을 지탱하는 든든한 울타리가 된다. 정서적 안정은 부모가 자녀에게 줄 수 있는 최고의 유산이다. 나는 이제 안다. 부모가 서로를 향한 믿음을 보여주는 그 순간들이, 아이의 내면에 '세상은 안전하다.'라는 확신을 심어준다는 것을. 그런 아이는, 공부도 더 잘하게 된다. 마음이 먼저 편해야, 배움이 들어오니까. 결국 사랑이, 공부의 시작이 될 수 있는 것이다.

나는 마흔 살이 넘어서부터 공부를 시작했다. 내 머리가 나쁘다고 생각하며 자랐다. 나는 아무것도 할 수 없는 존재라고만 생각하며 주어진 환경에 순응하며 살았다. 마흔 살쯤부터 시작한 독서와 공부로 나의 의식이 조금씩 깨어나고 나를 믿는 마음과 나도 할 수 있다는 자의식이 조금씩 싹트게 되었다. 정서적인 안정감도 마흔이 넘어 뒤늦게 자리하게 되었다. 그리고 쉰 살이 넘은 지금에 와서야 나의 정서적 안정감은 최상의 상태가 되었다. 노력으로 만들어진 나의 자의식과 정서적 안정감이다.

어린 시절 부모님으로부터 받지 못했던 애착 관계, 늘 불안한 환경, "너는 안 돼.", "너는 하지 마."라는 비난과 비하, 가스라이팅….

이제는 나를 믿는 마음을 키우고, 스트레스를 받거나 불안한 감정이 몰려올 때 스스로의 감정을 잘 제어할 수 있는 정서적 평온함도 키웠다. 정서적 안정감이 생기니 공부가 재미있어지고 성과도 나오게 되었다. 공부를 해서 국가자격증도 하나하나 취득하고 (현재 6개 보유), 석사학위, 박사과정까지 밟게 되었다. 긍정적인 자기 개념을 형성하고 나니 나에 대한 믿음을 갖게 되었다. 그리고 외부 환경으로부터나 타인의 시선과 말들에 이제 쉽게 흔들리지 않게 되었다.

나의 가치는 내가 높일 수 있으며, 현재의 어려움을 극복하면 더 나은 미래가 온다. 사람은 누구나 '나는 소중한 존재'라는 감각을 가지고 살아가야 한다. 하지만 어린 시절부터 상처받고 힘든 시기를 겪은 이들에게는 그 믿음이 무너져 있을 때가 많다. 나 역시 그랬다. 오랜 시간, 나는 내가 덜 소중하다고, 덜 가치 있다고 믿으며 살았다. 그러던 어느 날 문득, 내가 나를 믿지 않으면 누구도 진심으로 나를 믿어줄 수 없다는 깨달음이 찾아왔다.

나의 가치는 이미 내 안에 있었다. 단지, 세상의 시선과 과거의 아픔들이 그 빛을 덮고 있었을 뿐이다. 이제는 안다. 나의 가치는 내가 매일 조금씩 쌓아 올릴 수 있다는 것을. 지금 힘들다고 해서 내 존재가 작아지는 건 아니다. 오히려 지금의 시련을 견디고 나면, 나는 더 단단해지고 깊어질 것이다. 미래의 나는 지금보다 훨씬 밝은 곳에서 나를 기다리고 있다.

그렇다면 나의 가치를 어떻게 높일 수 있을까?

첫째, '자기 인식'이다. 내 감정과 생각을 정확히 들여다보는 연습이 필요하다. "지금 나는 어떤 감정을 느끼고 있지?", "왜 그런 감정이 들었을까?"라고 스스로에게 묻는 것은 자기 이해의 시작이다.

둘째, '자기수용'이다. 있는 그대로의 나를 받아들이는 것이다. 완벽하지 않아도 괜찮다고 말해주는 사람, 바로 내가 되어야 한다.

셋째, '자기 효능감'을 키우는 일이다. 작은 성취를 경험할수록 '나는 할 수 있다.'라는 내면의 확신이 자란다. 거창한 성공이 아니어도 좋다. 오늘 해야 할 일을 무사히 마친 것, 누군가에게 따뜻한 말을 건넨 것, 그런 일상의 작고 소중한 순간들이 나의 가치를 키운다.

마지막으로, '자기 연민'이다. 힘든 날일수록 나 자신에게 따뜻한 말을 건네야 한다. "그래, 네가 많이 힘들었구나. 하지만 잘 견디고 있어." 이렇게 나 자신을 안아주는 순간, 마음속에서 작은 꽃이 핀다.

지금 이 순간부터, 나를 믿는 마음을 조심스레 키워보자. 내 안의 빛은, 결국 나만이 밝혀줄 수 있다. 그리고 믿는 만큼 실행해야 한다. 거울 앞에서든(나는 거울 속 나를 보며 웃는 연습을 한다. 그리고 손가락으로 입꼬리를 올려준다. 그러면 가라앉은 기분이 조금은 밝아지고 진짜로 웃는 나의 모습이 된다.), 일기 속에서든, 마음속에서든 내 감정과 생각을 그대로 인정해 준다. '오늘은 10분 만이라도 산책하자.', '따뜻한 차 한 잔을 나를 위해 준비하자.' 그리고 그걸 지켜냈을 때, 마음속으로 말한다. '이렇게 실천하길 잘했어. 작은 것에서부터 행복 시작이야. 믿자. 나를 믿자.'

실수를 했을 때, 실패했을 때 가장 먼저 나를 때리는 건 늘 나 자신일 때가 많다. 이제는 실수를 해도, 실패를 해도 그 누구의 위로보다 나 스스로의 위로가 힘이 된다는 것을 안다. 과거의 나를 인정하는 것은 지금의 나를 믿는 데에 큰 힘이 된다.

"오늘도 잘 버텼어. 야호!"
"이만큼 살아낸 너, 참, 대단해. 야호!"
"지금도 충분히 잘하고 있어. 야호!"

나를 믿는 건 거창하거나 멀리 있는 일이 아니라는 것을 반백 년을 돌아 알게 되다니. 하지만 지금이라도 알아서 다행이다. 작은 '신뢰의 씨앗'을 매일 가꾸는 것, 그것이 결국 스스로를 믿게 되는 큰 나무가 된다. 나 자신을 믿고, 믿다 보면 우리는 모두 무엇이든 할 수 있고, 무엇이든 될 수 있는 존재가 된다. 나도 해냈으니 당신도 충분히 할 수 있다.

버림받은
기억 속에서
피어난 생존력

스무 살의 문턱을 막 넘긴 어느 날이었다. 그날도 어김없이 아빠의 손이 내게로 날아들었고, 나는 더 이상 버틸 수가 없었다. 버티고 버틸 만큼 버텼다. 고등학교를 막 졸업한 나는, 생애 첫 가출을 감행했다. 집이라는 울타리에서 스스로 걸어 나온 건 처음이었다. 두려움보다 간절한 건, 이대로 정말 맞다가 죽을 거 같았기 때문이다. 집을 무작정 나왔는데 수중에 가진 돈이 없었다.

어떻게 서울행 버스 비용을 지불했는지 기억이 나지 않는다. 용돈이 남아 있었던 것인지, 고등학교 단짝 친구가 준 것인지는 생각이 나지 않지만, 수중에 서울로 갈 차비가 있었다. 갈 곳이 없었지만 고등학교를 졸업 후 친언니들이 살고 있는 서울로 올라간 단짝 친구와 연락이 닿았다. 막연히 그 친구를 만나러 처음으로 서울에 발을 디뎠다. 그날이 나의 첫 가출이자 서울이라는 도시에 처음으로 발을 디딘 날이었다.

언니들과 함께 생활하고 있는 친구의 자취방에서 며칠을 묵었다. 그때 당시 친구는 고등학교를 졸업하고 서울로 가서 디자인 학원을 다니며 커피숍에서 아르바이트를 하고 있었다. 서울에 아는 사람은 달랑 그 친구 한 명이었다. 지리도 전혀 모르는 나는 커피숍에서 친구가 일을 마칠 때까지 앉아 있었다. 다행히 커피숍 사장님께서 배려를 해주셨다. 한적한 동네 커피숍이었지만 꽤 넓은 곳이었다. 친구가 학원에 갈 때 나는 어디에 있었는지 기억이 나지 않지만 서울에서 며칠을 묵었다.

며칠 만에 엄마와 연락이 닿았다. 아빠 마음이 많이 풀렸으니 이제 내려오라는 말씀이었다. 아빠가 때릴까 봐 들어갈 수 없다고 했다. 아빠가 때리지 않는다는 다짐을 받았다고 하셨다. 나는 며칠의 가출 후 집으로 돌아왔다. 그리고 2년 동안 아파트 관리사무소 경리 및 피자집 서빙 등 아르바이트를 하며 학비를 마련하고 전문대학 유아교육과에 입학했다.

대학 1학년이 되었을 때 나의 두 번째 가출이 있었다. 학교를 끝마치고 집으로 왔는데 엄마가 지인으로부터 선물 받은 절편 한 상자를 아빠와 함께 비닐에 먹을 만큼 나눠 담고 계셨다. 지금 당장 먹을 양만 남겨두고 냉동실에 넣어두기 위해서였다. 아빠는 나를 보더니 "떡 몇 개 먹을 거야?" 하고 물어보셨다. 나는 "세 개요." 하고 대답했다. 아빠가 다시 말씀하셨다. "저 가시나는 먹지도 않을 거면서 많이 먹겠다고 욕심부리네. 먹다가 남길 거면서 꼭 욕심부리고 있어." 하시며 나를 비난하는 말을 섞어가시며 화를 내셨다. 그 후 내용은 기억나지 않지만 먹지도 않을 거면서 욕심부린다는 내용을 여러 번 반복해서 말씀하셨다.

 떡집에 가면 썰어놓은 그 크기의 작은 절편 3조각(썰지 않은 긴 절편 3줄도 아니고)을 먹다가 남기면 또 어떻다고 아빠는 매번 무언가 질문을 하셔서 대답을 하면 비난부터 퍼부으셨다. 아빠는 뭐라고 한참 말씀하시더니 내게 언성을 높여 다시 물어보셨다. "몇 개 먹을 거야?" 나는 먹지 않겠다고 말씀드렸다. 화낼 일이 아닌데 화를 내시는 아빠의 말씀에 떡을 먹고 싶은 마음이 사라졌다. 아빠는 안 먹겠다는 내게 다시 또 더 높은 톤으로 화를 내시며 똑같은 질문을 하셨다. "몇 개 먹을 거야?" 나는 대답하지 않고 내 방으로 들어갔다.

 그리고 바로 일이 일어났다. 아빠는 떡을 담다 말고 좁은 거실을 지나 현관 입구에 있는 내 방에 달려오시더니 순식간에 나의 머리채를 강하게 잡으셨다. 아빠가 말씀하시는데 대답을 하지 않았다고 아빠를 무시했다는 이유였다. 나는 아빠를 무시한 게 아니고 나 역시 그깟 떡 몇 조각 먹겠다고 말했다가 비난을 받아서 떡 먹고 싶은 마음이 사라졌을 뿐이었다. 그래서 떡을 안 먹겠다고 한 것인데 아빠가 안 먹겠다는 나에게 다시 똑같은 질문을 언성을 높여 말씀하셔서 대답하지 않고 내 방으로 들어온 것이다. 내 머리채를 있는 힘껏 잡아챈 아빠는 내 방 벽에 온 힘을 실어 내 머리를 박으셨다. 수없이 머리가 벽에 부딪혔다.

 너무 아팠다. 삼십 년 가까이 지난 기억이지만 벽에 머리가 박

히던 순간들, 그때의 고통이 아직도 생생하게 다가온다. 아빠를 향해 간절히 울면서 "죄송합니다. 죄송합니다." 수없이 빌고 빌었지만 이미 늦었다. 아빠가 이미 화가 나서 나를 때릴 때는 용서를 빌어도 소용이 없다. 화가 수그러들 때까지 맞는 수밖에 없다. "아빠가 말하는데 대답을 안 해? 이 가시나는 아빠를 무시하고 있어." 무슨 말씀을 하셨는지 그 외의 말은 기억이 나지 않는다. 내 머리채를 잡고 벽에 쾅쾅 부딪치면서 아빠의 다른 한 손은 나의 얼굴, 어깨, 팔등을 사정없이 때리셨다.

쓰러지고, 다시 머리채가 잡혀 벽에 부딪히고, 다시 쓰러지고….

피멍이 들었다. 머리가 흔들렸다. 정신이 혼미했다. 이러다 죽을 수도 있겠다는 생각을 했다. 벗어나고 싶었다. 그래서 계속 죄송하다고 말씀드렸다. 하지만 소용이 없었다. 엄마도 말렸지만 아빠는 욕설을 하며 멈추지 않았다. 한참 분풀이를 하신 아빠는 잡고 있던 내 머리채를 바닥에 힘껏 내동댕이친 후 나가셨다.

그날 새벽에 나는 두 번째 가출을 결심했다. 고등학교 졸업 후 첫 가출 이후에 일어난 나의 마지막 가출이자 두 번째 가출이었다. 나는 내 방에 있던 천 가방에 짐을 쌌다. 옷가지 몇 장과 전공 서적들을 담았다. 들키면 안 되니 많이 담을 수는 없었다. 가방을 싼 후 현관 입구 문을 열고 복도 한쪽에 천 가방을 놓아두었다. 날을 꼬박 새웠다.

아침이 밝아오고 나서 학교에 일이 있어 빨리 가야 한다고 말씀을 드린 후 아침을 먹지 않고 등교를 했다. 복도에 미리 놓아둔 천 가방을 들고 학교를 갔다. 학교 수업이 끝나고 갈 곳이 없었다. 학교에서 친하게 지냈던 언니들, 친구들, 동생에게 가출한 사정은 말하지 못하고 가출을 했다고 말했다. 더 이상 자세하게 물어보지 않은 지인들에게 지나고 보니 더 감사한 마음이다.

아는 동생이 자취를 하고 있었는데 자기 자취방에 와 있어도 된다고 했다. 너무 고마웠다. 가출을 했지만 돈이 없었다. 깜빡하고 속옷을 가져오지 않아서 갈아입을 속옷도 없었다. 친구는 아르바이트를 해서 벌어둔 돈으로 내 속옷을 사 주었다. 친한 언니는 밥을 사주었다. 이틀을 아는 동생 자취방에서 보냈다. 연락이 닿은 엄마와 커피숍에서 이틀 만에 만났다.

엄마는 나를 보더니 하염없이 우셨다. 집으로 오라고 하셨다. 아빠가 또 때릴까 봐 무서워서 못 들어가겠다고 했다. 엄마는 아빠가 안 때린다고 약속을 했다고 말씀하셨다. 엄마와 한참 대화를 했다. 집에 들어갔는데 아빠가 때리면 그땐 정말 바로 집 나와서 앞으로는 절대 집에 안 들어가겠다고 했다. 그때는 학교도 안 다닐 거고 잠적을 할 거라고 말씀드렸다. 나는 엄마에게 다짐을 받고 2박 3일의 가출을 끝내고 집으로 들어갔다. 아빠는 다행히 그날 나에게 아무 말씀을 하지 않으셨다. 물론 그 후로 다시 또 맞았지만 한동안은 나를 때리지 않으셨다.

지금 이렇게 글을 쓰며 어린 시절을 돌아보니 맞지 않는 요즘이 그 자체로 감사한 삶이다. 삶에 대한 기준을 어디에 두느냐에 따라 인생의 행복이 달라진다. 타인과의 비교나 소유에서 오는 행복이 아닌, 개인 내 비교로써 나는 과거의 나보다 현재의 나를 보며 일상의 작은 기쁨과 여유를 느끼는 현재가 감사하고 행복하다.

"꽃으로라도 때리지 마라."라는 고은 시인의 유명한 시가 있다. 어떤 이유로라도, 아무리 가볍고 아름다운 것으로라도 폭력은 정당화될 수 없다는 깊은 뜻을 담고 있다. 아무리 예쁘고 향기 나는 꽃일지라도 누군가에게 해를 끼치지 않으면 안 된다는 뜻으로 약자, 어린이, 여성, 동물, 자연 등에 폭력은 존재하면 안 된다는 뜻이 내포되어 있다.

나는 성인이 되고 마흔 살이 넘어서야 나는 맞을 이유가 있는 존재가 아닌 사랑받을 수 있는 존재라고 여기게 되었으며, 온전히 있는 그대로의 나를 스스로 사랑하고 포용할 수 있게 되었다. 어린 시절의 폭력과 불안한 환경은 성인이 되었을 때까지 나를 힘들게 했지만 극복했다.

극복하는 과정은 무수히 많은 형체를 알 수 없는 불안과 싸워야 하는 긴 여정이었지만 이제 나는 과거에 영향을 받지 않는 힘을 키웠다. 나 스스로를 지킬 수 있는 힘도 키웠다. 이제 그 누구도 나를 해할 수 없다. '내가 좀 더 빨리 나의 가치를 알았더라면, 폭력은 단 한 번조차도 정당화될 수 없음을 알았더라면 좋았을 텐데.' 하는 아쉬움도 남지만 지금이라도 알아서 다행이다. 반백 년은 힘들었지만 남은 나의 시간들은 그 누구도 나를 해할 수 없게 나를 지키며 살 수 있게 되었으니까 말이다.

이 밤, 고은 시인의 〈화살〉이 너무나 마음 아리게 와닿는다.

살다 보면 마음이 다치는 순간이 있다. 말 한마디에 무너지고, 무심한 표정 하나에 오래 상처받는다. 때론 그 말이 사랑의 이름으로, 관심의 이름으로 다가와 더 아프다. 꽃같이 아름다운 말이어도, 그 말이 날카롭게 던져질 땐 마음에 상처로 꽂힌다. 상처를 받아본 사람은 안다. 그 아픔이 얼마나 오래 남는지, 그 잔상이 어떻게 관계를 무너뜨리는지를.

나는 다짐한다. 아무리 좋은 의도라도, 누군가를 상하게 하진 말자. 꽃으로 때리면 아프지 않을 거라고 생각할 수 있다. 하지만 이미 상처를 경험한 사람은 꽃조차 무서워진다. 그 고운 것이 무기처럼 느껴질 만큼 사람의 마음은 섬세하고 예민하다. 이제는 안다. 좋은 말도, 예쁜 마음도, 조심스럽게 건네야 한다는 것을. 사랑한다면 더더욱, 조금 더 천천히, 조금 더 부드럽게 다가가야 한다. 사람은 누구나 보이지 않는 상처를 안고 살아간다. 그래서 우리는 서로에게 꽃으로조차 때리지 말아야 하는 이유를 안고 살아야 한다.

어린 시절의 육체적 아픔은 마음 깊은 곳에 상처로 남는다. 그 상처는 자라면서도 아물지 못하고 흔적이 된다. 아무리 시간이 흘러도 어린 시절 받은 상처는 늘 삶에 그늘을 드리우고, 현재의 삶조차도 충실하지 못하게 늘 걱정, 근심, 불안감을 조성한다. 어린 시절의 정서적 학대도 마찬가지이다. 어린 시절의 상처를 끊어내는 연습은 해본 사람만 안다. 그 과정이 얼마나 고통스러운지를 말이다.

나는 늦은 나이지만 뒤늦게 나를 사랑하고 존중하는 마음을 조금씩 키우며 나의 가치감을 올리고 정서적 안정감을 찾게 되었다. 타인으로부터 흔들리지 않고, 과거로부터 영향을 받지 않는 현재를 만드는 데는 나름대로 깊은 용기가 필요하다. 내 삶의 경로가 더 이상 과거로 인해 굴곡진 삶이 아닌, 이제부터라도 평탄한 삶이기를 바라본다. 나는 지금까지 잘 견디고 살아온 대견한 사람이다. 스스로를 칭찬해 본다.

굴곡진 인생을 살았기에 현재를 더 감사히 살 수 있게 되었다. 지나온 과거보다 현재가 좋다. 현재가 나아지니 미래를 더 희망하게 되었다. 나도 무언가 이룰 수 있다는 것을 알게 되었다. 이제 알게 되었으니 지금부터라도 노력해 본다. 이제는 평온한 마음을 키웠으니 공부도 된다. 공부를 하고 작은 성취들을 하며 '나도 노력하면 되는구나.'를 경험으로 알게 되었다. 이렇게 반백 년이 지나서 말이다. 남들은 늦었다는 나이지만 내 인생으로 봤을 때는 가장 빠른 지금, 나는 무엇이든 해보려고 한다. 늦은 만큼 더 절실한 마음과 내 삶에 대한 진정성을 키웠으니까 말이다.

아픔을 딛고 일어선 미운 오리 새끼

　　아빠는 자신의 기분을 잘 조절하지 못하는 분이다. 지나고 보면 아빠도 육아의 피해자였는지도 모르겠다. 폭력을 쓰는 부모 밑에서 자란 자녀는 자신이 부모가 되었을 때 폭력을 쓸 확률이 월등히 높다는 연구 결과가 있다. 잠을 자다가 엄마, 아빠가 싸우는 소리에 잠에서 깨고 엄마가 맞으면 나는 달려가 엄마를 감쌌다. 그러면 아빠는 또 나를 때렸다.

　　어느 날 자갈밭 길가에 세워진 아빠의 차 안에서 엄마는 아빠의 손에 맞다가 탈출을 했다. 차가 세워진 곳이 자갈밭 옆이다 보니 엄마는 차에서 내려 자갈밭으로 도망을 가셨다. 자갈밭으로 달려가는 엄마를 붙잡고 아빠는 바닥에 놓인 자갈들을 들고 엄마의 온 얼굴, 몸을 가격했다. 엄마의 온몸과 얼굴은 울퉁불퉁 솟아올라 있었다. 눈두덩이, 온몸에 피멍이 들어 있었다. 나중에 엄마한테서 들은 이야기다. 자갈밭에서 엄마는 자갈로 죽을 만큼 맞았다고 한다. 아빠는 화가 나면 수시로 내 머리채를 잡고 벽에 내 머리를 온 힘을 다해 박았듯이 엄마도 눈에 보이는 모든 것으로 때리셨다.

"실수로 살짝 문에 머리를 부딪혀도 너무 아픈데, 그때 아빠가 내 머리를 얼마나 세게 벽에 박았는지 지금도 생생하다. 그 어린 내가 어떻게 견뎠을까?" 아빠는 온 힘을 다해 내 머리채를 잡아끌어 벽에 내리쳤다. 그런 충격은 단순한 육체적 고통을 넘어, 어린 마음에 지워지지 않는 공포로 새겨졌다.

요즘 아동학대 뉴스에서 아이들이 중상을 입거나 심지어 목숨을 잃는 사건을 볼 때마다 나는 그때의 기억이 되살아난다. 사람들은 뉴스 속 사건을 그저 자극적인 기사 정도로 여기고 지나칠 수 있지만, 나는 안다. 그 아이들의 고통이 결코 남의 일이 아니라는 것을. 나도 그들과 같은 시대를 견뎠으니까. 아동학대 관련 뉴스를 볼 때마다 나의 어린 시절 생각이 난다.

'아~ 나도 죽었을 수도 있었겠구나.'
'아~ 나도 머리가 깨지거나, 반신불수가 되었을지도 모르겠구나.'

미운 오리 새끼였던 나, 어쩌면 행운아였는지도 모르겠다. 벽에 머리를 수없이 부딪혔는데도 뇌진탕도 안 오고, 불구도 안 되고 멀쩡한 몸으로 잘 살고 있으니 말이다. 한때 나는 미운 오리 새끼였다. 아빠는 나를 자꾸만 틀렸다고 했고, 너는 안 된다고 했다. 나는 나를 부정당하는 말들에서 나 자신을 의심하며 살았다. 그 무수한 날들 속에서 주저앉고, 울고, 버티기를 반복하며 꿈 없는 아이, 무기력한 아이, 주어진 환경에 순응하며 목소리를 내지 못하는 어른이 되었다.

하지만 나는 이제 달라졌다. 남들이 늦었다는 지금, 나는 꿈을 꾸기 시작했다. 조금 늦은 나이에 시작한 꿈이지만 어쩐지 더 단단하고 더 울림이 있다고 여긴다. 가정이라는 든든한 울타리를 만들었고, 내 이름으로 불리는 일터도 생겼다. 나를 사랑해 주는 수많은 아이들과 나를 신뢰하는 학부모님들과 직장 동료들, 여러 단체에서 만난 인연들도 생겼다. 그리고 비로소 하고 싶은 것들을 마음껏 자신 있게 말하고, 말한 것들을 이루기 위해 노력하는 내가 되었다.

돌아보면, 그 모든 순간들은 내가 백조가 되기 위한 통과의례였는지도 모른다. 세상의 미움을 견뎌낸 그 시간들이 결국 나를 나답게 만들었고, 지금의 내 날개를 더 단단하게 해주었다. 나는 미운 오리 새끼가 아니었다. 처음부터 백조였지만, 그 사실을 믿기까지 조금의 시간이 필요했을 뿐이다. 이제는 안다. 그 모든 상처도, 눈물도, 외로움도 결국 나를 이 자리로 이끌어 준 축복이었다는 것을.

내 인생을 바꿀 사람은 그 누구도 아닌 '나' 자신이다. 이 간단한 진리를 나는 책을 통해 마흔쯤 깨닫게 되었다. 마흔이 되기 전에는 과거에 사로잡혀 우울한 마음에 사로잡히곤 했으며, 환경을 탓하며 현재에 집중하지 못했다. 우연한 계기로 심리학을 전공하고 관련 도서들을 읽고, 자기 계발 관련 책들을 읽으며 삶의 의미를 깨닫고 동기부여를 받으며 나는 성장했다.

우리는 삶의 의미란 끊임없이 변하지만 절대로 없어지지 않는다는 것을 안다. 나는 이제 그 어떤 어려운 상황에서도 좌절하지 않는다. 실패하더라도 다시 일어서는 용기를 독서를 통해서, 나의 시련을 통해서 얻었다. 지나고 보니 어린 시절의 고통은 나에게 내면의 강인한 근육을 키워주었다. "이 또한 감사해야 할까?" 어린 시절의 고통도 그 순간에는 죽을 만큼 힘들었지만 지나고 보니 별거 아니더라. 지금 현재 어떤 힘든 순간을 지나고 있을 그 누군가에게 말해주고 싶다. "이 또한 지나가리라."라는 명언처럼 힘든 순간은 나의 내면의 근육을 단단하게 키워주는 시간으로 여기고 또 다른 내일을 위해 묵묵히 나아가라고 말이다. 하루하루 견디다 보면 눈부신 오늘을 맞이하게 될 것이다.

조용한 마침표, 상처는 깊게 남는다

서른아홉의 어느 날, 부모님은 오랜 시간 이어온 갈등이 극에 달하여 한 줄의 마침표를 찍었다. 드디어 이혼을 하신 거다. 부모님께서는 이혼하시기 전에 한번은 이혼 합의서를 제출했다가 조정 기간 중에 이혼 신청을 취소하셨다고 한다. 그러다가 몇 달 후에 다시 이혼 합의서를 제출하고 한 달간의 조정 기간을 거쳐 이혼을 확정 지으셨다. 이혼이 확정된 후에 자식들에게 전화로 통보하셨다. 이혼 과정 동안 자식들에게 상의를 하거나 이혼하려고 한다는 등의 어떠한 말씀도 하시지 않고 두 분은 이혼하셨다. 자식들에게 설득의 시간도 의견을 나눌 여지도 없었다. 역시 아빠의 일방적 행동은 이혼에서도 그렇구나.

일을 하고 있는데 엄마에게서 전화가 왔다. 이혼을 하셨다면서 전후 상황을 말씀해 주셨다. 그때도 나는 어린이집 원장으로 재직 중이었는데 전화를 끊고 컴퓨터 앞에 앉아서 얼마나 울었는지 모른다. 선생님들께서 무슨 일이냐며 걱정과 위로를 보내주셨다.

내가 서른아홉의 나이였으니 딸아이도 어느 정도 자랐고 나도 어른이 되고도 남을 나이였지만 부모님의 이혼은 충격으로 다가왔다. 물론 부모님께서 지금껏 부부 싸움의 연속으로 엄마가 맞고 사시긴 했지만 이혼은 또 다른 문제였다. 그것도 다 큰 자녀들에게 한 번의 의견도 물어보지 않고 이혼 통보라니. 이런 충격도 잠시 아빠에 대한 원망이 물밀듯이 밀려왔다. 엄마를 한평생 못 살게 구시더니 이럴 거면 진작 놔주지 왜 이제냐고.

이혼을 결정한 아빠의 이야기는 직접 듣지 않았다. 물론 어떤 상황이 생기면 두 사람 모두의 입장을 들어봐야 하는 건 맞다. 하지만 나는 아빠의 이야기는 듣지 않았다. 아빠의 목소리를 들으며 아빠의 변명을 듣고 싶지 않았다. 그동안에 아빠가 해왔던 일이 스쳐 지나가면서 아빠에 대한 분노와 원망만이 남아 있을 뿐이었다.

엄마의 이혼 사유는 이러했다. 엄마는 그 당시에 작은 슈퍼마켓을 혼자 운영하셨고 아빠는 레미콘 사업을 작게 하시다가 연세가 있으셔서 쉬고 계실 때였다. 간간이 엄마의 슈퍼마켓에 물건이 많이 들어오거나 업체에서 직접 물건을 가져와야 할 때 아빠가 도와주셨다. 아빠는 남는 시간을 지역 복지관에서 좋아하는 악기를 배우거나 컴퓨터를 배우셨다. 그리고 지역에서 활동하는 춤 배우는 동아리에 가입하셔서 무대에도 오르곤 하셨다. 노년에 홀로 집에만 있는 것보다는 인간관계를 형성하며 사회 활동을 하는 것은 좋다고 생각한다. 노년의 행복의 비밀 1위도 돈과 건강이 아닌 주변에 친밀한 인간관계라고 하지 않던가.

아빠는 춤을 배우시다 보니 젊으신 아주머님들과 어울리셨다. 그래 봐야 60대 이상이신 분들이셨겠지만 엄마 입장에서는 혼자서 하루 종일 이른 아침부터 밤까지 슈퍼마켓 일을 하시는데 아빠는 복지관에서, 기원(바둑 두는 곳)에서 시간을 보내시니 갈등 아닌 갈등이 생기기도 했을 터였다.

엄마는 아빠가 즐겁게 복지관에서 여러 가지를 배우시며 활동하시는 것에 불만을 품지는 않으셨다. 하지만 춤을 배우기 시작한 어느 날부터 아주머니들이 "오빠~", "오빠~" 하며 전화가 걸려 오기 시작했다. 엄마가 일주일 중 유일하게 쉬는 일요일 오후, 텃밭에서 아빠와 엄마가 일을 하고 계시는데 걸려 온 전화. 옆에서 일을 하던 아빠가 다른 쪽으로 이동하며 "부인이 옆에 있다."라고 하며 전화를 황급히 끊었다고 한다. 이런 상황이 여러 번 반복되다 보니 엄마는 복지관을 더 이상 나가지 말라고 아빠에게 이야기했다. 아빠는 그럴 수 없다고 했다. 엄마는 그럼 복지관에 나가든지 나와 이혼하든지 둘 중에 하나를 선택하라고 하니, 아빠는 엄마를 선택하지 않고 이혼을 선택하였다.

경제적 어려움, 폭언, 폭행, 도박, 그리고 노년의 바람까지. 톨스토이의 장편소설인 《안나 카레니나》 첫 줄 문장처럼 불행한 가정의 갖가지 이유가 다 있는 가정에서 나는 자라왔다. 나는 '나의 불행한 가정사는 결혼을 해서까지 내 발목을 잡는구나.' 하며 탄식했다. 가정사는 단순히 시간 속에 남겨진 일이 아니라, 나라는 사람의 가장 깊은 뿌리가 된다.

하지만 이제는 안다. 가정사는 내 발목을 잡는 게 아니라, 나를 이해하게 만드는 열쇠였다는 것을. 그걸 외면할 때는 모든 것이 힘겨웠지만, 있는 그대로 받아들일 때 비로소 한 걸음 앞으로 나아갈 수 있었다. 불행했던 과거는 여전히 내 안에 있지만, 그 위에 나는 새로운 삶을 하나씩 쌓아가고 있다. 그 삶에는 내가 선택한 사랑과, 내가 지켜내고 싶은 평온이 있다.

산동네 달동네 웃음 동네

결혼을 하고 안정적인 가정생활을 하고 있는 현재가 감사하던 어느 날이었다. 저녁 설거지를 마치고 음식물 쓰레기를 버리러 나갔다가 들어오면서 내가 현재 살고 있는 아파트를 올려다보며 문득 이런 생각이 들었다. 나도 이만하면 성공했다. 결혼해서 예쁜 딸 낳고 남들처럼 평범하게 잘 살고 있으니 말이다. 남들은 평범하다고 생각할지 모를 이런 일상이 나에게는 그동안의 힘든 삶이 주마등처럼 스쳐 지나가면서 감사함으로 다가온다.

음식물 쓰레기를 버리고 집으로 들어와서 신랑과 딸에게 방금 떠올랐던 나의 생각을 이야기하며 덧붙여 말했다. "나는 부산 산동네에서 살았잖아. 우리 집은 큰길 가에서 언덕을 한 번 오르고, 그 언덕에서 좌회전을 해서 조금 가다가 다시 우회전해서 가파른 언덕을 오르고, 그 언덕에서 좌회전해서 조금 오르면 단칸방 집이 우리 집이었어."

내 이야기를 듣던 신랑이 말했다. "그건 산동네가 아니고 달동네잖아? 달에 닿을 거 같은데?" 이 말이 너무 웃겨서 한바탕 웃었다. 그래서 내가 말했다. "그런가? 산동네 위에 달동네인가? 그러네. 달에 닿겠네." 우리 가족은 모두 한바탕 웃었다. 과거를 이야기하며 웃을 수 있는 현재가 또 한 번 감사했다.

"행복한 가정은 모두 비슷하지만, 불행한 가정은 모두 저마다의 방식으로 불행하다."라는 톨스토이 장편소설 《안나 카레니나》 1장 첫 줄에 나오는 문장이 있다. 이 문장처럼 불행한 가정의 갖가지 이유가 종합 선물 세트처럼 다 있었던 집에서 나는 태어나고 자랐다.

행복한 가정은 기본적으로 비슷한 이유로 행복하다. 아니, 이유 없이 그냥 행복하다. 아이들이 태어나는 기쁨, 아이가 자라나는 모습에서 오는 행복, 부부 간의 작은 배려들 등 사랑이 바탕이 된 가정이 행복한 가정이라고 생각한다. 불행한 가정은 부모 간에, 부모와 자식 간에, 형제간에조차도 소통과 배려가 없다. 외도, 폭력, 경제문제, 질병 등 갖가지의 불행한 이유들이 있다, 행복한 가정의 모습은 비슷하지만 불행한 가정은 각 가정마다 불행의 이유가 다양하듯 그 불행의 모습도 각 가정마다 다르게 불행하다.

꿈조차 꿀 수 없었고 희망조차 없는 힘든 어린 시절을 보냈다. 우리 집은 지독한 가난과 깊이 뿌리 박힌 남아선호사상, 신체 폭력, 언어폭력, 아빠의 도박까지 갖가지 이유가 다 있었다. 아빠는 한 달 월급을 도박으로 다 날리고 오시는 것이 일상이었다. 엄마는 그 사실을 알고 난 후부터 힘이 들 때마다 우셨는데 자녀들이 엄마가 울어서 아빠가 도박을 했다는 것을 알게 되었다고 엄마를 때렸다. 맞는 엄마가 너무 불쌍해서 말리다가 나도 같이 맞았다. 이런 악순환이 반복되었다.

 맞아야 하는 이유도 갖가지였다. 우리 집은 말 그대로 '사회적 이슈 종합 세트' 같은 곳이었다. 가정폭력, 아동학대, 정서 학대, 황혼이혼, 매일같이 반복되는 부부 싸움까지…. 어린 나이에 그 모든 것을 매일 눈앞에서 지켜봐야 했다. 매일같이 반복되는 싸움의 끝은 늘 폭력이었다. 왜 맞아야 하는지도 모른 채, 그 공포의 분위기 속에 묻혀 살았다.

 부모님의 이혼은 딸아이가 초등학교 3학년 때였다. 어른이 되고 나서야 알게 되었다. 부모의 싸움이 아이에게 끼치는 영향은 단지 '기분 나쁨'이나 '불편함'이 아니라는 걸. 전문가들은 그것이 실제 전쟁을 겪은 성인의 외상 후 스트레스 수준에 필적한다고 한다. 상상만으로도 끔찍한 전쟁 같은 일이, 내게는 매일의 현실이었다. 그래서 나는 이제 알린다. 아이 앞에서의 싸움은 작게라도 해서는 안 된다. "어린애가 뭘 알겠어."라는 말로 넘기기엔, 아이는 모든 것을 기억한다. 말보다 더 강하게, 표정보다 더 선명하게. 그 기억은 어른이 되어서도 쉽게 지워지지 않고, 삶의 구석구석에 영향을 미친다. 나는 매일매일 부모님의 싸움과 폭력을 보고 자랐다. 또한 아빠에게 엄마가 맞듯이 그 이상으로 나도 아빠에게 맞으며 언어폭력까지 시달리며 자랐다.

아빠 고향은 전라도이다. 엄마 고향은 부산이다. 엄마 고향에서 직장을 다니셨던 아빠는 회사에서 "너는 전라도 놈이라서 그래."라는 말을 들으며 일을 하셨고 직장에서 받은 스트레스는 고스란히 엄마와 나에게로 왔다. 남동생과 바로 위 2살 터울의 언니도 있었지만 유독 중간에 낀 내가 가장 만만하셨는지 난 항상 아빠의 화풀이 대상이었다. 맞고 또 맞았다. 원래 사람의 본성이 만만한 사람을 함부로 대하는 경향이 있다. 언니는 맏이라, 남동생은 삼대독자라서 아빠도 화가 났을 때 화풀이를 할 수 있는 대상으로 심적으로 만만한 나를 선택하지 않았을까 하고 지금에 와서 생각해 본다.

가정폭력에 노출이 된 아이들은 성인이 되었을 때 여러 가지 심리적, 정서적, 행동적 트라우마를 겪기 쉽다. 정체를 알 수 없는 불안감, 우울감, 만성적인 스트레스, 성인이 되어서도 꾸는 어릴 적 상황에 대한 악몽, 정체성 혼란, 학습된 무기력, 플래시백(과거의 충격적인 사건이나 트라우마가 마치 지금 다시 일어나는 것처럼 느껴지는 경험) 등 정서적, 행동적 문제가 나타난다.

나는 지금도 어디서 "쿵" 하는 소리가 나면 머리가 흔들리는 느낌이 난다. 내 머리가 벽에 박힌 어릴 적 경험들이 지금 일어난 것처럼 생생하게 그려지며 심장이 빨라지곤 한다. 그럴 때마다 속으로 조용히 되뇐다. '지금 일어난 일이 아니라 다행이다. 지나간 과거이다. 현재, 다시는 이런 일이 일어나지 않는다. 나는 현재 맞지 않고 살아서 이 이유만으로도 감사하고 행복하다.' 하며 내 마음을 평온의 상태로 이끌어 본다. 사랑받지 못한 경험은 자아존중감도 한없이 낮아지게 한다. 나의 지난 모습이다. 과거를 끊어내지 못하고 현재에 영향을 미치게 두면 평생 영향을 줄 수 있는 것이 가정폭력이다.

 나는 책을 읽고 좋은 글들을 접하면 필사를 한다. 필사한 노트가 현재 열 권 이상이다. 생각을 다지고, 공부를 시작하고, 성취감을 경험하면서 자아존중감을 회복하고 과거의 상처도 치유할 수 있게 되었다. 나는 스스로 나를 다지며 마음을 회복할 수 있었지만 혼자서 하기 힘든 분들은 심리상담사를 통해 꼭 과거의 상처로부터 해방이 되기를 바란다. 한 발 내딛기 힘들고 누군가에게 나의 이야기를 하는 건 쉽지 않다는 걸 안다. 하지만 쉽지 않은 그것을 시작한다면 내 인생에도 볕 들 날이 생긴다.

 나는 어릴 때부터 사랑이라는 것을 모르고 자라다가 고등학교 3학년 때 우연히 가정 선생님의 따뜻한 관심을 받게 되었고 자연스럽게 내 꿈은 가정 선생님이 되었다. 그때 당시 4년제 대학교 가정 과목과 관련된 과에 원서를 냈는데 부모님의 반대로 면접을 가지 못했다. 면접일에도 나는 엄마가 근무 중이셨던 장갑을 만드는 공장에서 아르바이트를 했다. 부모님은 형편이 어려워서 연년생인 남동생만 대학교를 보내려고 하셨다. 부모님은 내가 고등학교를 졸업하고 취업을 해서 동생 대학교 학비를 보태주기를 바라셨다. 하지만 그때 왜 그랬는지 정말 대학교가 가고 싶었다. 매일 울었다. 대학교에 보내달라고 말이다. "대학교 가고 싶어요.",

"대학교 보내주세요." 매달리고 매달린 만큼 아빠에게 맞으며 매일 울었다. 아빠는 우는 나를 때리며 이렇게 말씀하셨다.

"화장시켜 줄 테니, 나가 뒈져."
"죽어라."도 아니고 "나가 뒈져."였다.

형편이 어려운데 부모 생각 못 하고 이기적이게 혼자 잘 살자고 대학 가려고 한다는 게 이유였다. 매일 나가 죽으라고 하는데도 대학에 가고 싶었다. 우여곡절 끝에 아르바이트를 하며 전문대학 유아교육과를 졸업하고 지금까지 유아교육 기관에서 근무를 하고 있다. 직장 생활을 하며 신랑을 만나 결혼하고 딸 하나를 둔 평범한 아줌마가 되었다. 힘든 어린 시기를 지나고 나서 생각해 봐도 잠깐의 가출이 두 번 있었지만 집을 벗어나지 않은 것은 막연히 더 나쁜 환경에 노출될 거라는 불안감이 있었기 때문이다.

또한 내 인생은 '망했다.'가 아니라 무언가를 항상 막연하게나마 나의 성공적인 삶을 간절하게 '희망'하고 있었던 건 아니었을까. 지나고 나서 이렇게 글을 쓰며 어린 시절의 나를 만나니 어린 시절의 내가 한없이 가여우면서도 기특하다. 잘 지나오고 잘 이겨냈다. 외부의 나쁜 환경에 노출되지 않고 성인이 된 것에 감사한다. 내가 나를 놓지 않는다면 어떤 상황에서건 이겨낼 수 있는 힘이 어디선가 생긴다.

지금 내가 처한 현실에 희망이 없다 할지라도 나를 믿고 버틴다면 어느 순간 빛이 나는 시점은 분명히 있다. 희망은 늘 눈에 보이지 않는 자리에 숨어 있다. 때로는 아무것도 남지 않은 듯 느껴질 때가 있다. 하지만 나를 믿고, 하루하루 견디고, 한 걸음씩 앞으로 나아간다면 어느 순간 분명 빛이 나기 시작한다. 노력과 운이 맞아떨어지는 순간은 한 번은 온다지 않은가.

누가 믿어주지 않더라도 자신을 스스로 믿고 살아낸다면, 더딜 수는 있지만 내 삶의 방향이 나쁜 길로만 가지 않을 거라는 것을 알게 될 것이다. 내 삶을 이끄는 힘은 이성이 아니라 희망이며, 두뇌가 아니라 심장이다. 오늘도 나는 꿈이 있기에 나의 희망과 심장은 뛴다. 지나고 보니 알게 되었다. 이 세상은 생각보다 나를 더 오래 기다려 줄 준비가 되어 있다.

"이 세상은 생각보다 당신을 더 오래 기다려 줄 준비가 되어 있다."

어린 나에게 건네는 위로

　어릴 적, 아빠의 입에서 가장 자주 들은 말은 "너 도망가면 너희 친정 식구들 다 총으로 쏴 죽일 거니까 알아서 해."였다. 그 말은 언제나 아빠가 엄마를 협박할 때마다 반복되었다. 아빠에게 맞고 엄마가 도망갈까 봐 던졌던 아빠의 협박. 엄마는 늘 엄마가 나가면 아빠가 정말로 친정 식구들을 총으로 쏴서 죽일 거 같은 불안한 마음에 붙잡혀 있었다. 나는 그런 말을 수시로 들으며 자라야 했다.

　아빠는 감정이 격해질 때만 그런 말을 한 게 아니었다. 마치 습관처럼, 일상처럼, 화를 낼 때마다 어김없이 "다 죽인다."라는 위협이 따라붙었다. 엄마 주변 사람들, 엄마 가족, 어쩌면 우리 모두가 그 말의 대상이었다. 무서운 건, 그 말이 허세처럼 들리지 않았다는 거다. 아빠는 실제로 총을 가지고 있었다. 사냥을 즐기셨고, 총을 손에 익숙히 다루셨다. 그래서 더 공포스러웠다. 아빠가 화가 나서 이성을 잃는 순간, 정말로 무슨 일이 일어날 수도 있겠다는 불안이 집 안 가득 맴돌았다.

나는 어렸지만 알 수 있었다. 그 말이 단순히 협박이 아니라는 것을. "혹시 나에게도 총을 겨누면 어떡하지?" 하는 두려움은 내 안에 늘 그림자처럼 따라다녔다. 아빠는 화가 나면 누구든 향할 수 있을 것 같았다. 심지어 나도, 예외가 아니란 걸 알았다. 엄마도 무서우셨을 것이다. 그 눈빛, 그 표정, 그 침묵 속의 긴장은 내 어린 마음에도 생생하게 전해졌다. 우리는 언제나 무언의 공포 속에서 살았다. 아빠의 말 한마디가, 한 행동이, 마치 방아쇠처럼 우리의 하루를 바꿔놓을 수 있었으니까.

뒤늦게 들은 이야기지만 엄마도 우리가 어려서 도망 못 가신 것도 있지만 아빠가 말로만이 아닌 실행으로 옮길 수도 있다는 것을 알기에 더 집을 나가지 못하신 거라고 하셨다. 그래서 엄마는 가정폭력에 시달리시면서도 도망을 가지 못하셨다. 나의 초등학교 시절을 떠올려 보면, 학교를 갔다 와서 제일 먼저 한 일이 장롱을 살펴보았던 기억이 난다. 엄마가 내가 학교를 다녀온 사이 도망을 갔을까 봐 엄마 옷이 있는지 없는지 매일 살펴보았다. 어린 마음에도 엄마가 힘들어 보였나 보다.

현재가 힘들 때마다 나의 어린 시절이 생각나서 더 우울해지고 무너지곤 했다. 하지만 어른이 되어 심리학을 공부하면서 내 유년기의 모습을 직면하고 어린 시절의 '나'를 보듬게 되면서 현재를 과거의 연결 고리로 생각하지 않고 일어설 수 있게 되었다. 나는 더 이상 과거를 회피하거나 막연히 덮어두지 않고 과거의 나를 마주하며, 어린 시절의 나를 스스로 위로하며 있는 그대로의 나를 바라보고 성찰하면서 뒤늦은 나이에 성장 중이다. 이제 나는 내 안의 감정과 상처, 문제들을 외면하지 않고 잘 바라보며 타인에게 털어놓을 수 있는 용기도 생기게 되었다. 나의 아픈 경험들과 과거의 상처를 치유한 나의 경험들이 나처럼 힘든 시기를 지났던, 지나오고 있는 단 한 사람에게라도 작은 울림과 위로가 되어줄 수 있다면 이 글을 쓰는 이유로 충분하다.

지금도 몸서리쳐지는 온 얼굴과 몸이 피투성이가 된 엄마의 모습과 나의 모습이 겹친다. 어른이 된 나는 가끔 어린 나를 떠올린다. 혼자 감당해야 했던 밤, 말없이 눈물을 삼키던 순간들, 아무도 몰래 쓴 일기장 속 그 조용한 외침들. 그 시절의 나는 세상에도, 가족에게도, 심지어 나 자신에게도 솔직하지 못한 아이였다. 울고 싶었지만 몰래 눈물을 삼키고, 무너지고 싶었지만 버텼다. 누구의 위로도 닿지 않았던 외로운 시간 속에서 나는 단지 '엇나가지 말고 버티자.', '나를 놓지 말자.'라고 스스로 다짐했던 거 같다.

지금, 나는 그 아이에게 말해주고 싶다. "잘 자라주었구나. 그 누구도 아닌, 바로 너의 힘으로. 엇나가지 않고, 사회의 험한 곳에 노출되지 않고 조용히, 꿋꿋이 잘 자라주었구나." 어른이 된 내가 어린 나에게 위로를 건넨다. 이 말 속에는 엇나가지 않은 나의 사춘기가 포함된다.

어린 시절
최초 기억에
대해

알프레드 아들러 개인심리학에서는 어린 시절 중에서 최초의 기억에 대해 이야기를 나누면 그 사람의 현재 마음의 심리까지 연결된다고 한다. 어린 시절의 최초 기억은 과거에 대한 설명이 아니라, 현재의 나를 비추는 거울이자 미래를 향한 나침반이 된다는 것이다. 아들러는 내담자의 최초 기억을 통해 그의 핵심 신념, 대인관계 방식, 문제 해결 태도 등을 파악했다.

과거의 경험에 대한 이야기를 통해 어린 시절에 형성되어 평생을 통해 지속되고 있는 자신만의 사고방식과 행동 패턴을 스스로 이해하게 되면서 현재의 문제점을 파악하고 해결할 수 있게 되는 것이다. 아들러는 "사람은 우연히 특정 기억을 간직하지 않는다."라고 말했다. 어린 시절을 생각하며 떠오르는 최초 기억은 무의식적으로 선택된 것이며 한 사람이 세상을 어떻게 인식하고 살아가려 하는지를 보여준다고 하였다.

현재 '나'를 이해하려면 과거로의 여행이 필요하다. 심리학에서는 현재에 마주한 문제점이나 과거에서부터 이어온 나의 걱정과 불안, 우울한 이유를 제3자 입장에서 바라보는 '직면'이라는 용어를 쓴다. 또 다른 심리학자인 지그문트 프로이트는 나의 내면에 잠들어 있는 그 무엇을 '무의식'이라고도 했다. 내가 기억하지 못하는 어린 시절로 인해 현재의 내가 상처받고 우울하고 알 수 없는 불안감이 엄습해 온다면, 한 번쯤 내 최초의 기억에 대해 떠올려 보고, 온전히 내 무의식의 세계로 여행을 떠나보는 것도 좋겠다.

당신의 최초의 기억은 무엇인가?

내 최초의 기억에 대해 생각해 보았다. 내 최초의 기억은 소리에서 시작된다. 하나는 나의 울음소리이고, 또 다른 하나는 우당탕 물건이 던져지는 소리이다. 어떤 것이 먼저였는지는 모르겠지만, 그 둘은 늘 함께 떠오른다. 조금 더 또렷이 기억을 떠올려 보면, 엄마가 외출하려던 순간이 눈앞에 그려진다. 어린 나는 엄마를 따라가고 싶어 달동네 산동네 골목까지 달려 내려갔다. 하지만 끝내 따라가지 못하고, 골목 어귀에 서서 목 놓아 울고 있는 '나'를 만난다.

그 장면은 지금도 너무 선명하다. 엄마가 저만치 걸어가고, 나는 끝까지 울면서 따라가다 결국 엄마의 뒷모습조차 보이지 않게 되는 길가 모퉁이를 붙잡고 엉엉 울던 나. 엄마는 그때를 회상하며 "네가 얼마나 목청껏 울었는지 저 아래까지 다 들렸단다."라고 말씀하시곤 한다.

왜 엄마는 나를 데려가지 않았을까. 왜 혼자만 외출하셨을까. 남동생은 데려가곤 하셨는데 왜 나는 늘 집에 남겨졌던 걸까. 그 어린 마음은 그저 따라가고 싶은 마음 하나였을 텐데, 왜 그렇게 버려진 듯한 기분이 들었을까. 지금 생각해 보면 그 울음은 단순한 떼가 아니었다. 나도 모르게 발동된 생존 본능이었고, 엄마를 붙잡고 싶은 절박한 마음이었던 것이다. 그날의 기억은 아주 오래된 흑백 필름처럼 내 마음 한쪽에 남아 있다.

'그래서였을까? 나의 무의식이 발동해서일까?'

나는 교사로, 어린이집 원장으로 일을 하며 두 자녀 이상 있는 학부모님들과 상담을 할 때면 꼭 말씀드리는 한 가지가 있다. 두 자녀, 세 자녀 중 한 명의 자녀와 특별한 데이트를 즐기면 그 자녀의 자아존중감이 올라간다고 말이다. 자아존중감은 어떤 교육으로 올라가는 것이 아니다. 뿌리 깊은 자아존중감은 내가 알지 못했던, 인식하지 못했던 어린 시절의 자연스러운 경험으로 인해 생겨나고 튼튼해진다.

특히 동생이 태어난 큰아이를 따로 챙겨주면 동생이 태어남으로써 부모님의 사랑을 나눠야 하는 큰아이의 마음이 조금이나마 위안이 된다. 또한 부모님의 사랑을 느끼며 나도 특별하고 사랑받고 있구나 하고 느낄 수 있는 시간이 될 것이다. 동생이 태어나는 맏이의 마음은 남편이 둘째 부인을 데려와서 "잘 지내."라고 말했을 때의 느낌을 떠올려 보면 맏이의 마음을 이해할 수 있다고 한다.

물론 온 가족이 함께하는 시간이 많으면 좋다. 하지만 한 자녀와 한쪽 부모와의 특별한 둘만의 데이트는 자녀에게 또 다른 특별한 추억이 된다. 그 특별한 추억 속에서 온 가족이 함께할 때 느끼지 못했던 아빠에 대한 마음, 엄마에 대한 마음이 다르게 새겨진다. 아빠는 아이의 사회성 발달에 큰 영향을 미친다는 연구 결과가 있다.

어린 시절, 부모와의 '데이트'는 단순한 외출이 아니다. 그것은 세상을 배우는 시간이며, 존재를 인정받는 순간이다. 아빠와 함께한 외출은 세상을 향해 문을 여는 경험이 된다. 낯선 사람들과의 인사, 새로운 공간에서의 규칙, 차분한 기다림, 고개를 끄덕이며 듣는 자세. 이 모든 것은 아빠와의 데이트에서 자연스럽게 배우는 사회성이다. 아빠는 손을 꼭 잡고 자녀를 바깥세상으로 이끌어 주는 존재이며 자녀와 손을 잡은 채 사람들과 어울리는 법을 가르쳐 줄 수 있는 존재이다.

반면 엄마와의 데이트는 조금 다르다. 엄마는 자녀를 품에 안고 세상의 따뜻함을 보여줄 수 있다. 함께 나눠 먹는 음식들, 마트에서 고른 머리핀 하나, 버스, 지하철 창밖을 바라보며 나눈 이야기들 속에서 자녀는 세상이 아직은 안전하다고 느낀다. 엄마의 시선으로 본 세상은 덜 날카롭고, 덜 두렵다. 엄마와 있을 땐 모든 것이 천천히 흐르고, 그 속에서 마음은 조용히 풀어진다.

아빠와의 데이트는 사회적 자극을 통해 외부 세계와의 접촉을 확장시켜 주고, 엄마와의 데이트는 심리적 안정감을 통해 내면의 안전지대를 마련해 준다. 아이는 두 세계를 오가며 자란다. 밖으로 뻗어가는 힘과, 안으로 깃드는 힘. 이 두 힘이 균형을 이룰 때 아이는 비로소 세상과 자신을 조화롭게 연결하는 법을 배운다. 그래서 나는 말하고 싶다. 어린 시절 부모와의 작은 데이트가 남긴 것은 짧은 하루의 기억이 아니라, 평생을 살아갈 내면의 기초가 된다는 것을. 그것이 곧 자녀가 세상에 뿌리내리는 방식이 되며 자아존중감의 기초가 된다는 것을.

어린 시절의 자아존중감은 평생의 심리적 건강과 사회적 적응에 깊은 영향을 미친다. 어린 시절부터 '나는 소중한 존재야.'라고 느끼도록 지원해 주는 환경과 경험은 중요하다. 또한 정서적으로 안정된 부모에게서 자라는 아이들은 더 없는 행운아이다. 정서적으로 안정된 부모, 갈등이 지나치지 않은 환경은 자아존중감을 형성하는 토대가 된다. 아이들은 내가 여기에 있어도 괜찮은 존재라는 소속감과 내가 무엇인가를 하면 할 수 있다고 느끼는 유능감을 통해 자아존중감을 키워나간다. 따라서 존중받고 기여할 기회가 주어지는 것은 중요하다.

두 번째 최초의 기억은 물건이 던져져서 부딪히는 소리이다. 우리 집은 산동네 어느 단칸방이었다. 현관문을 열면 부엌이 있고 부엌 한쪽 귀퉁이에 방으로 들어가는 문이 있었다. 문을 열고 들어가면 왼편에 다락방이 따로 있었다. 작은 밥상에 상이 차려지면 다섯 식구가 옹기종기 모여 식사를 했다. 식사를 하려고 하면 어느 순간 밥상이 엎어졌다. 밥상 위에 있던 밥, 국, 반찬 통들이 부엌으로 흩어져 나뒹군다. 방바닥에, 부엌 바닥에 데굴데굴 굴러가는 반찬 통과 아무렇게나 흩어진 반찬들.

범인은 항상 아빠다. 밥상을 엎는 이유는 두 가지이다. 음식이 짜게 되었거나 맛이 없거나. 엄마가 전문 요리사도 아닌데 아빠는 완벽한 간 맞추기를 원하셨다. 아빠 입맛에 맞는 완벽한 음식이어야 한다. 국이 짜서, 나물이 짜서 하다못해 젓갈이 짜다는 이유로 우리의 밥상은 수시로 엎어졌다. 아니 상을 던졌다는 말이 맞는 표현이겠다. 상이 공중으로 날아가 부엌 바닥에 엎어졌으니 말이다. 부엌에 상이 엎어지면서 상 위의 모든 그릇들이 음식과 함께 뒤엉켜졌다.

"젓갈이 짜지, 젓갈이 안 짜면 그게 젓갈일까?"

우리는 누구나 한 가지쯤은, 마음속 깊이 자리 잡은 최초의 기억을 가지고 있다. 그 기억은 살아가며 조금씩 색이 바래기도 하고, 때로는 전혀 다른 의미로 다시 다가오기도 한다. 같은 사건이지만, 그때와 지금의 내가 다르기에 기억의 얼굴도 달라진다. 삶의 방식이 바뀌고 마음의 온도가 달라지면, 같은 장면도 전혀 다른 이야기처럼 느껴지기 마련이다.

심리학자 알프레드 아들러는 이런 말을 했다. "한 사람이 기억하는 최초의 기억은 그 사람의 삶을 가장 잘 설명하는 이야기다."

무슨 일이 먼저였는지, 어느 장면이 처음이었는지보다 더 중요한 건, 내가 지금 어떤 기억을 '처음'이라고 고르고 있는가이다. 그 선택 안에는 지금의 내가 어떤 삶을 살아왔고, 어떤 감정과 관계를 품고 있는지가 담겨 있다.

어떤 사람은 최초의 기억이 떠오르지 않는다고 말한다. 혹은, 떠오르지만 그것이 특별한 의미를 가지지는 않는다고 말하기도 한다. 심리학에서는 그런 경우조차, 마음 깊숙이 눌러놓은 감정이나 아직 다 풀리지 않은 삶의 매듭을 반영하고 있다고 본다. 다시 말해, 사람마다 기억하는 '처음'은 그 사람의 내면을 비추는 거울이자, 살아온 이야기의 서문인 셈이다.

내가 지금 나의 이 두 가지 기억을 최초의 기억으로 떠올리는 그것이 내 삶의 감정선과 맞닿아 있기 때문일 것이다. 기억은 단순한 기록이 아니라, 마음이 스스로 선택한 이야기이기 때문이다. '처음'이라는 단어 앞에서 우리는 진짜 나를 조금 더 들여다보게 된다. 그 기억이 아프든, 따뜻하든, 불분명하든 상관없다. 중요한 건, 내가 그 기억 속에서 무엇을 보고, 무엇을 느끼며 살아왔는가이다. 그 고요한 질문 앞에 서는 것만으로도, 우리는 이미 자신을 이해하려는 길 위에 서 있는 것이다.

내가 쓴 이 책의 주요 내용을 차지하는 대상은 아빠이다. 나의 최초 기억에도 아빠가 존재한다. 주변의 누가 최초의 기억에 존재하는지는 그 사람의 인생에서 그리고 현재에서도 중요한 영향력이 있다. 최초의 기억에 등장하는 사람이 누구이든 그 사람이 현재에 영향력을 끼치고 있다는 것은 확실하다. 나의 성장에 그림자를 드리우든, 행복감을 심어주었던 최초 기억에 등장하는 인물은 나의 현재 마음 상태에까지 영향을 미친다. 최초 기억의 상황과 등장인물에 대해 이야기를 하다 보면 현재 나의 마음 상태까지 점검하게 되고 나 자신을 좀 더 알아갈 수 있다.

나의 최초 기억을 따라가다 보면 현재의 나와 마주한다. 과거로부터 도망치고자 애썼던 나, 과거로부터 도망치고자 애쓰는 나, 나는 과거의 나를 극복하며 나아가고 있다. 나는 최초 기억에 대한 감각과 감정이 아직도 고스란히 느껴진다. 나는 심리학책들을 읽으며 나의 삶을 깊이 있게 성찰할 수 있는 내면의 힘을 키워나갔다.

책 속에 담긴 의미 있는 글들을 내 삶에 적용하려고 기준점으로 삼고 노력했다. 감정과 생각도 노력으로 충분히 긍정적인 방향으로 변화시킬 수 있다는 것을 나는 경험을 통해 알게 되었다. 지금도 노력 중이다. 그리고 조금씩 더 나은 나의 삶을 가꾸고자 노력한다. 하지만 이제 너무 애쓰지 않는다. 지금은 현재 이대로의 내가 좋다. 과거와 화해하고 꿈을 향해 나아가는 현재의 내가 좋다.

나는 현재 나를 지킬 수 있는 어른이 되었고 어린 나를 보호할 수 있는 힘을 독서를 통해 키웠다. 내가 겪은 어린 시절의 경험은 내 잘못이 아니기 때문에 상처는 아직 다 지워지지 않았지만 현재의 내 삶을 뒤흔들지 않게 단단한 내면을 키웠다. 내 과거의 경험이 내 삶 전체가 정의되는 것은 아니기에 현실에 집중하며 고통스러운 과거의 기억을 충분히 회복시킬 수 있는 마음의 여유도 키워나간다. 과거의 상처를 말할 수 있다는 것은 치유할 수 있는 힘이 스스로 있다는 것이다. 이제는 내가 경험한 상처들과, 상처들을 치유하는 과정에서 느낀 감정과 생각들을 공유하며 누군가의 작은 힘이 되어주고 싶다.

어릴 적부터 키워온 내면의 불안감이라는 정체를 실체가 있게 인지해 보자. 지금 현재 여기에 집중하며 지금부터라도 마음 돌보기를 시작해 보자. 선량의 불꽃이 미약하게 서서히 피어오르다가 어느 순간 활활 타올라 우리의 자존감을 높여줄 것이다. 그리고 살아갈 힘을 줄 것이라고 믿는다.

어린 시절 행복한 경험은 중요하다

내가 살아온 과거를 회상하면서 엄마 뱃속에서 있을 때의 태내 환경에 대해 깊이 생각해 보았다. "나의 알 수 없는 불안감은 어디서부터 오는 것일까?", "평화롭고 행복한 순간에도 따라다니는 불안감의 근원은 무엇일까?"

내가 걸어온 삶을 찬찬히 되돌아보면, 문득 태어나기 이전 엄마의 뱃속에 있었던 그 시간까지 생각이 미친다. 아직 세상의 빛을 보기도 전, 따뜻한 양수 속에서 들려오는 소리들과 감정들은 내게 어떤 영향을 주었을까. 평화로운 순간에도 이유 없이 마음 한편에 머무는 이 불안감은 과연 어디에서 시작된 걸까. 분명 행복한 순간인데도, 어딘가 모르게 마음이 불안하게 흔들릴 때가 있다. 그 감정의 근원을 찾고 싶어 나는 심리학책들을 많이 찾아 읽었다. 그리고 나의 무의식을 따라가는 여행을 시작했다. 무의식을 따라가며 마음속 깊은 곳에 가라앉은 감정을 천천히 끌어올리는 연습을 한다. 그것은 과거의 나를 이해하고, 지금의 나로 온전히 살아가기 위한 조용한 노력이다.

엄마에게 들은 나의 태내 환경은 이렇다. 내가 엄마 뱃속에 있을 때 아빠는 교도소에 계셨다. 아빠는 택시 운전을 하셨는데 사람을 치어 교도소에 수감되셨다. 아빠 차에 치인 분이 돌아가셨는지 기억은 나지 않는다. 일단 내가 엄마 뱃속에 있을 때 아빠는 교도소에 계셨던 것이 중요하다. 합의금이 없었기 때문이다. 그때가 엄마 인생에서도 제일 힘든 시기였으리라 짐작한다. 생계를 책임지셔야 했던 엄마는 산동네 어느 길목에서 붕어빵 장사를 하셨다. 나와 2살 터울의 언니도 이미 있었기 때문이다.

어느 날 엄마는 토마토가 너무 먹고 싶었는데 토마토 살 돈이 없었다고 한다. 늦은 밤 구멍가게를 가니 팔다 남은 한쪽이 썩어 시든 토마토 5~6개가 바구니에 담겨 있었다고 한다. 팔 수도 없는 그 토마토를 엄마는 아주 싼값에 사서 먹고 싶었던 토마토를 먹을 수 있었다. 엄마의 가장 힘들었던 시기에 나는 엄마 뱃속에 있었다. 언니와 2살 아래의 남동생은 돌 사진이 있지만 나는 돌 사진도 없다. 안 그래도 가난한 시절이었지만 내가 엄마 뱃속에 있을 때와 내가 태어난 그 해가 제일 힘든 시기였기 때문이다. 아빠가 교도소에 계셨으니 말 안 해도 그 사정이 익히 상상된다.

태교에서 가장 중요한 부분은 엄마가 스트레스를 받지 않는 환경에 놓이는 거라고 한다. 하지만 나는 가장 많은 스트레스와 삶에 대한 걱정이 쏟아졌던 엄마의 인생 중에서 가장 힘들었던 시기에 엄마 뱃속에서 온전히 그 모든 것을 함께했다. '그래서일까?' 나의 삶은 엄마 뱃속에서의 삶만큼 순탄하지 않았다.

자궁 밖에서 일어나는 일은 뱃속에 있는 태아에게 큰 영향을 미친다. 스트레스 호르몬이 태반을 지나가기 때문에 임신 중 엄마의 정서 상태는 태아의 두뇌에 직접적으로 영향을 준다. 샬럿 피터슨의 《세계가 인정한 전통육아의 기적》이라는 책에서는 이렇게 말했다. "아기가 수태 순간부터 자궁에서 겪는 경험은 두뇌를 형성하고 고차원적인 사고력과 정서적 기질, 인격의 기틀을 형성한다."

지금은 많은 육아 서적이나 연구 결과들에 대한 정보가 넘쳐나서 태교의 중요성이 부각되고 있다. 임산부들은 평온한 클래식 음악을 듣거나 요가를 하며 마음을 다스리고, 태아에게 읽히면 좋은 책들을 선정해 엄마의 목소리로 읽어주며 뱃속에 있을 태아가 평온하기를 바라며 태교에 많은 노력을 기울인다. 태아가 엄마 뱃속에 있을 때 시작하는 태교는 태아에게 많은 긍정적인 영향을 준다는 것은 과학적으로 증명된 결과이다. 사람이 살아가는 데 있어 가장 깊이 뿌리가 되는 그 출발이 자궁 안, 그러니까 세상에 태어나기 전부터라고 많은 전문가들은 말하고 있다. 엄마 뱃속에서부터 시작되는 경험은 아이의 뇌를 만들고, 삶을 살아갈 준비를 차곡차곡 해간다.

특히 태어난 순간부터 두 돌이 되는 24개월까지의 시간은 아이에게 매우 중요한 시기다. 이 시기의 경험은 단순히 몸의 성장뿐 아니라, 사회성과 감정, 정서 발달까지 두루 영향을 미친다. 어떤 연구에서는 이 시기에 안정적인 관계와 자극을 충분히 경험한 아이들이 이후 발달 단계에도 더 앞서 있었다고 말한다. 반대로 이 시기를 외롭고 자극 없이 보낸 아이는, 그 영향이 훗날까지 이어지기도 했다.

아기의 뇌는 태어나자마자 빠르게 자라고, 그중에서도 전전두엽은 사람과 관계를 맺고 감정을 조절하는 데 중요한 역할을 한다. 생후 몇 년 동안 이 부위가 제대로 자라지 않으면, 나중에 사회생활을 하거나 감정을 조절하는 데 어려움을 겪게 된다. 결국 아기에게 안정감 있는 돌봄과 사랑은, 단순히 지금만을 위한 것이 아니라 앞으로의 삶 전반을 위한 '마중물'이 되는 셈이다.

어린 시절에 받은 상처나 스트레스는 아이의 몸과 마음, 그리고 기억에 오래 남는다. 가벼운 일 같아 보여도, 그때의 불안감은 성인이 되어서도 영향을 끼친다. 마음의 상처는 시간이 흐른다고 저절로 사라지지 않는다. 특히 어린 시절의 경험은 신체적, 정서적으로 깊은 자국을 남겨 어른이 되어서도 삶의 방식에 큰 그림자를 드리운다. 그래서 아이는 품 안에서부터 길러져야 한다. 돌봄의 품, 사랑의 품, 따뜻한 눈길의 품, 그 품이 단단할수록 아이의 삶도 튼튼하게 자랄 수 있다. 우리의 하루하루 보살핌이, 아이의 평생을 만드는 벽돌 한 장이 되는 것이다.

미국 하버드 대학교의 잭 숀코프 박사는 '생애 초기 1,000일'이 인간 발달에서 가장 결정적인 시기라고 강조한다. 그의 연구에 따르면 아이가 태어난 후 24개월까지 어떤 환경에서 어떤 돌봄을 받는지가, 그 아이의 두뇌 구조뿐 아니라 평생의 사회성, 정서, 심지어 건강에까지 영향을 미친다고 한다. 영양적인 면에서도 태어나서 24개월까지 집중적으로 영양 섭취를 한 경우, 24개월까지 영양 섭취를 못 하다가 24개월 이후에 영양을 충분히 섭취한 경우보다 모든 발달 면에서 앞섰다. 다시 말해, 이 시기에 긍정적이고 안정적인 관계와 자극을 충분히 경험한 아이들은 이후 삶의 여러 도전에도 더 유연하게 대응하며 성장한다는 것이다.

신체적, 사회, 정서적으로 건강하게 발달할 수 있는 기회는 생후 2년간이 최적기이다. 이 시기에 호의적이고 신뢰로운 사랑으로 자녀를 양육한다면 자녀에게 자아존중감이라는 삶에 있어서 용기 있게 헤쳐나갈 수 있는 강력한 내면의 무기를 선물할 수 있으리라. 태아를 잉태한 순간부터 부모 됨을 준비하자. 그러면 그 아이는 자신의 잠재력을 최고로 발휘하는 용기 있고 마음까지 따뜻한 어른으로 자라리라. 자신의 몸과 감정을 잘 통제하고 자기인식도 폭넓어지고 인간관계도 탄탄해지며 학교생활, 사회생활도 잘하는 아이로 자라리라.

드라마 〈신사의 품격〉을 보면, 여자주인공은 배우 김하늘이 맡은 인물로 어려운 환경에서도 당당하게 일어선 인물로 그려진다. 반면 남자주인공은 태어날 때부터 귀하게 자란, 말 그대로 금수저를 물고 태어난 사람이다. 그가 가진 넘치는 자신감에 여자주인공은 이렇게 말한다. "나처럼 만들어진 자존감을 가진 사람은, 태생부터 자존감을 가진 사람을 단번에 알아볼 수 있어요."

이 대사는 많은 생각을 불러일으킨다. 자존감이란 것이 누군가에게 자연스럽게 주어진 선물처럼 따라오지만, 누군가에겐 치열한 삶의 결과로 쟁취해야 하는 과제처럼 느껴진다. 여자주인공은 남자주인공의 자신감이 오히려 부담이었을 것이다. 이 말에는 통찰이 담겨 있다. 자존감이란 단지 스스로를 사랑하는 마음을 넘어서, 삶을 살아가는 데 있어 내면의 뿌리 같은 역할을 하기 때문이다. 그것이 자연스럽게 형성된 사람은 흔들림 없이 중심을 지키지만, 그렇지 않은 사람은 끊임없이 흔들리며 삶과 싸워야 한다.

   나 역시 이 말에 깊이 공감한다. 내 삶 또한 만들어진 자존감을 향한 여정이었다. 자존감이 낮았던 시절, 나는 누구도 알아주지 않는 싸움터에서 매일을 버텼고, 아무도 밀어주지 않았지만 스스로를 밀어내며 조금씩 나아가야 했다. 마치 물살을 거슬러 오르는 연어처럼, 나의 과거는 나의 현재를 조금이라도 덜 아프게 하기 위한 치열한 노력의 시간들이었다. 가수 강산에의 〈거꾸로 강을 거슬러 오르는 저 힘찬 연어들처럼〉 노랫말처럼 치열하게.

   자존감이란 누군가 대신 쌓아줄 수 없는, 삶의 경험 속에서 천천히 만들어지는 것이다. 타고난 자존감은 선물처럼 가볍지만, 만들어진 자존감은 무게를 가지고 있다. 그 무게는 상처로 만들어졌지만 동시에 나를 단단하게 해주는 힘이 되었다. 결국 나는 나 자신을 위해, 나를 무너뜨리지 않기 위해 살아온 셈이다. 그리고 이제는 말할 수 있다. 나의 자존감은 스스로 만든 것이라고. 그렇다면, 누군가의 자존감이 '스스로 만들어지지 않아도 되게 도와주는 일이 가능할까?' 나는 그것이 바로 부모의 역할이라고 믿는다.

부모로서 자녀에게 줄 수 있는 가장 큰 선물은 바로 '행복한 어린 시절의 기억'이다. 아이가 울 때 민감하게 반응해 주고, 안아주고, 함께 웃고 놀아주는 따뜻한 경험은 아이의 뇌 발달뿐 아니라 마음 깊숙이 '나는 사랑받는 존재'라는 믿음을 심어준다. 이 믿음이야말로 자존감의 뿌리다. 요즘처럼 자녀를 한두 명만 낳는 시대에, 아이를 '많이' 키우는 대신 '잘' 키우는 것이 중요해졌다. 하지만 안타깝게도 학대나 방임, 정서적 결핍으로 고통받는 아이들의 소식을 들을 때면, 그 간단하면서도 중요한 역할이 아직도 제대로 이루어지지 않고 있음을 실감하게 된다.

부모가 되기로 결심한 순간부터, 아니 그 이전부터도 우리는 어떤 부모가 될지를 고민해야 한다. 자녀를 임신 중이거나 출산을 앞둔 부모라면, 태교만큼이나 중요한 것이 바로 '아이의 마음을 어떻게 품을 것인가.'에 대한 생각이다. 부모의 따뜻한 반응과 애정 어린 양육 태도는 아이의 자존감을 자연스럽게 길러낸다. 아이는 자신이 사랑받는 존재임을 몸으로 느끼며, 스스로를 존중하는 방법을 배운다. 이런 아이는 어른이 되어도 흔들리지 않는 내면의 중심을 갖게 된다.

자녀에게 긍정적인 영향을 주기 위해 애쓰는 부모가 있는 한, 그 아이는 반드시 행복하게 자랄 것이다. 자존감은 만들어지는 것이며, 그 시작은 부모의 품 안에서 비롯된다는 것을 우리는 잊지 말아야 한다.

분노, 눈물, 그리고 무기력의 반복

오늘도 공포의 삼계탕이다. 코와 입이 예민한 나는 닭 특유의 냄새와 맛이 싫다. 어릴 때부터 그랬다. 돼지고기도 돼지 고유의 냄새와 맛 때문에 먹지 못하다가 20대 이후 삼겹살은 바짝 구워진 것만 먹을 수 있게 되었다. 그 정도로 어릴 때부터 돼지고기, 닭고기 먹는 걸 싫어했다. 못 먹었다기보다는 냄새와 맛이 싫어서 먹지 않았다. 이상하게 나만 빼고 부모님, 언니, 남동생은 모든 고기류를 좋아한다.

이날도 어김없이 삼계탕이 등장했다. "이 가시나는 줘도 못 먹냐? 얼른 먹어!", "아무거나 잘 먹어야지. 좋은 거 해줘도 이 가시나는 바보같이 못 먹어. 남기지 말고 국물까지 싹 다 먹어. 알겠어?" 아빠의 화내는 소리를 들으며 나는 어기적어기적 구토가 나올 거 같은 삼계탕을 "우웩, 우웩" 소리 죽이며 꾸역꾸역 '한입, 한입' 먹었다. 아빠는 그런 나를 보며 욕설과 함께 머리를 여러 대 쥐어박았다. 지나고 보니 나쁜 기억도 담담히 이야기할 수 있게 상처가 아물고 지워지나 보다.

사람에게 망각곡선이 있다는 것이 얼마나 감사한지 모른다. 많은 욕설을 들었는데 기억이 나지 않는다. 그래서 사람은 힘든 순간이 와도 그 기억을 잊고 다시 일어나서 살게 되어 있나 보다. "가시나", "가시나" 하시며 억지로 삼계탕을 먹으라고 하시며 아빠는 회사에서 쌓인 스트레스를 어김없이 나에게 푸셨던 거 같다. 삼계탕을 한입 한입 먹으며 눈물이 국물에 떨어졌다. 콧물도 뒤범벅이 되었다. 아빠가 먼저 다 드시고 일어나시면서 한 말씀 더 하시더니 안방으로 들어가셨다.

아빠가 안 보이니 더 억눌린 슬픔이 솟구쳤다. 눈물도 아빠 앞에서는 무서워 눈치를 보는지 제대로 안 나오다가 아빠가 안 보이니 절로 눈물이 주르륵 흘렀다. 보다 못한 남동생이 "누나, 내가 먹어줄게." 하며 나의 삼계탕을 덜어갔다. 돼지고기, 삼계탕 등 고기류를 먹을 때마다 벌이지는 일이었다. 나는 밥을 먹으면서도 아빠의 미움을 받는 존재였다. 어릴 때 형성한 자의식은 알게 모르게 성인이 된 현재까지 영향을 받을 수밖에 없다.

성인이 된 나는 무엇인가가 잘 안 풀리고 할 때는 괜히 나 스스로를 자책하고, 나는 이래서 어쩔 수 없다고 좌절을 했다. 해도 안 될 거라고 지레짐작하고 시도조차 하지 못했던 어른이었다. 어른 아이라는 말이 있다. 다 자라지 못한 아이처럼 어른이 되어서도 아이 때 영향을 크게 받았던 어른 아이. 내가 꼭 어른 아이였던 거 같다.

하지만 독서를 하며 나의 자의식을 높여나갔으며, 그 누구도 아닌 내가 나를 사랑해야 변화할 수 있다는 것을 깨닫게 되었다. 책에서 인생의 답을 얻었다. 특히 알프레드 아들러의 개인심리학을 접하며 나는 내가 느끼는 불안의 실체와 마주할 수 있었다. 사람의 느낌을 결정하는 것은 그 상황을 해석하는 방식에 달려 있다고 알프레드 아들러는 말하고 있다. 나는 책에서 얻은 통찰을 실생활에 적용하고 체계적이고 적극적인 삶을 살고자 노력해 왔다.

누가 뭐라든 내가 나를 사랑한다면 그 어떤 환경에 굴하지 않고 일어설 수 있는 내면의 힘을 키울 수 있다는 것도 알게 되었다. 인정을 받지 못하고 자란 어린 시절이 나의 전부가 아니며, 내가 못났기 때문에 인정을 못 받은 것이 아니라는 것도 이제는 안다. 태어날 때 가정을 선택할 수 없듯이, 내가 못나서, 전생에 나쁜 짓을 해서 벌을 받는 것이 아니라는 것도 이제는 안다.

어린 시절이 힘들었기에 내가 지금 이렇게 힘들게 사는 것이 아니라는 생각을 하게 되면서 세상을 보는 마음의 창이 더 따뜻해지고 긍정적으로 변화하게 되었다. 감사한 것들도 조금씩 늘어났다. 그리고 나 자신을 스스로 따뜻하게 바라보고 나를 사랑하는 연습을 했다. 생각도 연습이다. 연습을 하다 보면 진짜가 된다. 이제 과거에 집착하지 않는다. 인정과 사랑을 받지 못한 건 과거의 '나'일 뿐이다. 나는 누가 뭐라든 소중하고 귀한 존재이다. 나 스스로를 사랑하며 꿈을 꾸고 이루어 가는 이 과정에서 무한한 행복을 느끼고 있다.

타인이 나의 가치를 올려주는 것이 아닌, 나 스스로 자신의 가치를 높이며 자의식을 높여나가고 있다. 자의식이란 자기 자신을 인식하고 이해하는 능력이다. 내가 어떤 감정을 느끼고 있는지, 무엇을 원하고 있는지, 왜 그런 행동을 했는지를 스스로 알아차리는 것. 자의식은 단순한 자기 인식이 아니라, 삶의 방향을 잡는 나침반이자 내면의 근육과 같다.

자의식을 높이기 위해서는 작은 실천들이 필요하다. 첫째, 하루에 단 10분이라도 나에게 집중하는 시간을 만든다. 가만히 앉아 오늘 하루 내 마음에 남은 감정들을 떠올리고, 그 감정의 뿌리가 어디에서 비롯되었는지를 살핀다. 때로는 눈물이 나기도 하지만, 그 눈물은 치유의 시작이 된다.

둘째, 감정을 글로 적는 습관을 들인다. '나는 지금 서운하다.', '이 상황에서 화가 난 이유는 무엇일까?' 이런 문장들을 써 내려가다 보면, 내가 진짜 원하는 것이 무엇인지 점점 더 명확해진다. 나 자신을 관찰자처럼 바라보는 이 연습은 내 마음의 주인이 되는 훈련이 된다.

셋째, 타인의 시선을 내려놓는 연습도 자의식 강화에 큰 도움이 된다. 예전에는 누군가의 말 한마디에 하루 종일 흔들릴 만큼 약했다. 그러나 이제는 내 감정의 주체는 '나'라는 것을 안다. 타인이 나를 어떻게 평가하든, 내가 나를 인정하면 그것으로 충분하다.

이런 작은 실천들이 쌓여, 나는 조금씩 내면이 단단해졌다. 자의식을 키운다는 것은 나를 이해하고, 나를 존중하는 길이다. 그 길은 내가 진정 원하는 삶으로 나아가게 해준다. 어릴 때는 세상이 나를 정하는 줄 알았다. 하지만 이제는 안다. 나의 가치는 내가 인식하는 나로부터 시작된다는 것을. 자의식이란 결국, '나는 나로 살아도 괜찮다.'라는 내면의 허락이다.

타인의 시선이 나를 만드는 것이 아니며, 과거의 내가 현재의 나를 만드는 것이 아닌, 현재의 내가 미래의 나를 만들어 가며 나는 지금도 성장 중이다. 사랑은 나로부터 오는 것이지 타인으로부터 오는 것이 아니다. 내가 나를 사랑한 만큼 내 마음의 깊이도 그만큼 커져서 타인을 사랑할 수 있다. 나의 내면을 바라보며 나와 동행한다. 나를 나에게, 나에게 나를 다독이며, 사랑하며 지금도 나는 나와 동행 중이다.

컴컴한 누에고치 속에서 벗어나 날기 위해 겨울을 견뎌내는 번데기처럼 정신적인 회복을 하고 있다. 삶의 소중함도 느끼고, 타인으로부터 사랑을 갈망하기보다 이제 온전히 스스로를 사랑하게 되었으며, 숨을 깊게 들이쉬는 이 자체가 행복이라는 것을 깨닫고 너무 기뻤던 순간도 있다. 크게 숨을 들이마시며 살아 있음을 느끼는 그 자체가 행복이라는 것을 말이다. 절망의 끝에서도 희망은 있듯이, 나는 뒤늦은 나이에 희망과 행복을 만끽하고 있다.

좋다. 이렇게 죽지 않고 살아 있어서 좋다. 나를 안아주고 싶다. 죽지 않고 이렇게 살아낸 나를.

자살 충동에서 다시 삶으로

내가 중학교 2학년이 되던 해, 우리 가족은 내가 태어난 도시인 부산을 떠나 전라남도 한 작은 시골 마을로 이사를 갔다. 도시의 분주한 풍경 대신, 논과 밭이 있는 고요한 산자락 아랫마을이었다. 시골로 이사를 간 이유는 아빠가 그때 당시 아프셨기 때문이다. 남동생과 나는 동네 가까운 시골 중학교를 다녔고, 언니는 상업고등학교 진학을 위해 홀로 도시로 나가 자취를 시작했다. 어린 마음에 언니가 집을 떠난 빈자리는 생각보다 크게 느껴졌고, 주말에 집에 오는 언니의 발걸음이 기다려지는 날들이 많았다.

하지만 언니로 인해 우리 집은 한바탕 큰일을 앞두었다. 그 사건은, 언니가 고등학교 3학년 졸업을 몇 달 남짓 앞두던 어느 날 일어났다. 언니는 매주 금요일 저녁이나 토요일에 시골집에 와서 일요일 점심을 먹은 후 다시 자취 집으로 갔다. 언니가 다녀간 일요일 저녁에 우연히 언니 방에 들어갔다. 감수성이 풍부한 언니 방에는 언니가 직접 옮겨 적은 시들이 여러 개 붙어 있었다. 언니가 옮겨놓은 시들을 따라 읽다가 책상 위에 놓여 있는 하얀 봉투를 발견했다. 책상 위에 놓인 하얀 봉투를 열어보았다. 언니 글씨였다. 한 장의 편지지에 길게 글이 쓰여 있었다. 내용의 핵심은 언니가 자살을 한다는 내용이었다.

언니의 자살하려는 이유는 이랬다. 언니가 다니는 상업고등학교는 3학년 2학기가 되면 취업 준비를 했다. 아니면 그 전에 취업을 나가는 친구들도 있었다. 언니는 취업을 하지 않고 경찰이 되고 싶다고 했다. 경찰이 되려면 체력을 길러야 해서 합기도도 다녀야 하고, 혼자 공부하기 힘드니 경찰 공무원 시험 준비를 도와주는 학원에 등록하고 싶다고 부모님께 말씀을 드렸었다. 하지만 언니 밑으로 나, 남동생까지 있는 우리 집은 부모님께서 맞벌이를 하셨지만 형편이 너무 좋지 않았다.

부모님은 언니가 취업을 하기를 원하셨다. 언니가 자살 편지를 쓴 그날, 부모님은 학원비를 내줄 수 없다고 단호하게 말씀하셨다. 그러고는 취업을 바로 하라고 재촉하셨다. 부모님을 설득하기 위해 여러 번 반복해서 자신의 꿈을 이야기하던 그날이었다. 설득을 포기하고 발길을 돌린 그날, 언니는 유서를 남기고 집을 떠났던 것이다. 언니는 점심을 먹은 후, 집을 나섰고 나는 저녁을 먹고 늦은 밤에 그 유서를 보았다.

그때 나는 고등학교 1학년이었다. 언니가 그사이 죽었을까 봐 너무 불안해서 편지를 보자마자 엄마에게 달려갔다. 설거지를 하던 엄마도 힘없이 털썩 주저앉으셨다. 아빠한테도 이 소식을 전하고 부모님과 나는 언니를 찾아 나섰다. 핸드폰도, 삐삐도 없던 시절이었다. 우리는 무작정 집을 나서서 언니 자취방에 갔다. 언니는 없었다. 언니와 단짝이었던 친구 집에도 가고 언니가 다니는 학교도 찾아갔다. 그 어디에도 언니는 없었다.

　어둠 속을 무작정 헤맸다. 언니 자취방 주변을 막연히 돌아다녔다. 다시 언니 자취방으로 갔다. 자취방 옆 방에 불이 켜져 있었다. 혹시나 싶어 문을 두드렸다. 그 방에 언니가 있었다. 다행이었다. 혼이 날 거 같아 잔뜩 움츠린 모습이었다. 언니를 부모님은 조용히 데리고 나왔다. 목숨까지 걸고 하고 싶었던 공부라면 학원비를 지원해 주신다고 하셨다. 언니는 하고 싶었던 공부를 자살 소동 후, 시작할 수 있었다. 하지만 언니는 학원을 다니며 알게 된 친구 소개로 만난 한 남자와 고등학교를 졸업하고 혼인 신고만 하고 언니 자취방에서 신혼살림을 시작했다. 물론 힘들게 등록한 학원도 몇 달을 다니지 못했다. 현재 언니는 두 딸의 엄마로 살고 있다.

　예전에 제주도 펜션에서 나이대가 다른 네 명의 사람들이 모여 자살을 하였다는 뉴스를 보았다. 묻지 마 자살로 서로 모르는 사람들이 인터넷 사이트에서 알게 되어 오프라인에서 만나 자살하는 사건이 자주 발생하는 뉴스를 종종 접한다. 자살 뉴스를 접하면 언니의 자살 소동이 생각난다. 언니가 죽지 않아서 참 다행이다. 그 순간이 아무리 괴롭고 좌절되고 힘들어도 사는 것이 더 가치롭다. 너무 힘들 땐 이런 생각도 들지 않는다는 것을 나도 안다.

나도 죽고 싶은 순간이 한두 번이었겠는가.

하지만 나는 요즘 어떤 힘든 순간이 와도, 때론 지친 마음이 들어도 사는 것이 좋다. 살아 있음을 느끼는 그 자체만으로도 감사한 마음이 든다. 자살을 생각하는 사람들이 자살하려는 마음을 내려놓고 살았으면 좋겠다. 쥐구멍에도 볕 들 날이 있다지 않는가. 내 삶에도, 당신 삶에도 볕은 언제고 뜬다.

언니도 하고 싶은 공부를 못 해 자살을 생각했지만, 그 순간의 절망을 이겨내고 나니 자신을 진심으로 아껴주는 사람을 만나고, 사랑하는 두 딸의 엄마가 되어 경제적으로 넉넉하진 않지만 행복하게 살고 있다. 현재 볕이 안 들었다고, 볕이 졌다고 소중한 목숨을 버리지 마라. 작은 볕이라도 맞으며, 볕이 안 드는 현재라도 버티고 살아내다 보면 언젠간 눈부신 햇살을 맞으리라.

죽지 말자. 그럼에도 불구하고 살자. 죽지만 않으면 살아진다. 어떤 순간일지라도 살아내 진다. 정말이다. 잘 버티자. 지금 내가 타인보다 뒤처졌다고 느껴지고 초라한 모습이라고 생각이 들더라도 잘 버텨낸 자가 결국 승리하는 날이 꼭 온다. 나의 인생은 이제 반백 년이 지났다. 앞으로의 반백 년은 과거의 연결 고리를 끊어내고 온전히 나로 살아내려고 한다.

"인생에서 어느 지점을 지나든 지금, 현재, 여기에서 잘 살아내기로 하자."

드러내기
어려운 상처도
회복된다

자신의 이야기를 담은 '자서'는 잘 드러내기 어렵다. 자기 연민과 나르시시즘에 빠져 자신의 이야기가 왜곡될 수 있기 때문이다. 자기 이야기를 쓴다는 것은 경험을 쓰는 것이기도 하지만 경험에 대한 해석, 생각, 고통에 대한 사유를 쓰는 것이기도 하기 때문이다.

나를 드러낸다는 것은 쉽지 않은데 미움받으며 자랐다는 것을 드러내기는 더 어렵다. 나의 속살을 보여주는 것 같은 불안과 걱정이 동반하기 때문이다. 하지만 나는 이제 나를 드러내고자 글을 쓰고 있다. 인생을 백 년으로 따지면 이제 반백 년을 산 현재의 내가 과거는 놓쳤지만 현재는 놓치지 않기 위해서이다. 도구로서의 글쓰기를 통해 나의 과거를 마주하고 현재를 온전히 느끼며 미래를 준비하는 좋은 계기를 마련해 줄 거라고 믿기 때문이다. 나의 삶은 쉽지 않았고 최악의 상황으로 치닫기도 했지만 이겨냈다. 옛 속담에 "안에서 새는 바가지 밖에서도 샌다."라는 말이 있다. 옛 선조들의 지혜와 경험이 담긴 속담들은 정말 현실에서 보면 맞다. 안에서 새는 바가지 밖에서도 샌다.

내가 엄마 뱃속에 있을 때, 앞부분에도 언급했지만 아빠는 교도소에 계셨다. 그때 당시 아빠는 택시 운전을 하셨는데 사람을 치었는데 합의금이 없어서 교도소에 수감되었다. 엄마는 붕어빵 장사를 하며 2살 터울의 언니를 돌보며, 뱃속의 나를 키웠다. 엄마는 혼자서 뱃속의 나를 키우며 내가 태어날 때도 혼자서 나를 낳으셨다.

병원에서 나를 낳으시고 엄마는 병원비가 없어서 퇴원을 할 수가 없었다. 한 달 정도를 병원에 있다가 아빠가 출소를 하고, 아빠가 병원에 찾아가 기회를 엿보다, 병원 직원들 몰래 야반도주하듯이 퇴원을 했다고 한다. 뒤늦게 병원에서는 이 사실을 알았지만 고소하지 않으셨다고 한다. 나중에 부모님께서 병원에 찾아가서 사죄를 하고 일부라도 병원비를 지불하려고 하니 받지 않으셨다고 한다. 얼굴도 모르는 그 병원장님께 정말 감사하다.

나는 엄마 뱃속에 있을 때도, 태어나서도 쉽지 않은 삶을 살았다. 엄마를 때리는 아빠, 나를 때리는 아빠, 무책임하게 한 달 월급을 도박으로 날리기 일쑤인 아빠로 인해 항상 생활고에 시달렸다. 늘 입에 달린 욕설과 그 외 무수히 많은 삶의 굴곡에서도 꿋꿋하게 버틴 내가 여기 서 있다.

나는 사회생활을 하는 첫해에 우연한 친목 모임에서 신랑을 만났다. 하지만 시댁에서는 결혼을 완강히 반대하셨다. 결혼뿐만 아니라 교제도 반대를 했다. 4년제 대학교를 나오지 않았고, 전문직이 아니라는 이유에서였다. 물론 가난하고 내세울 거 없는 집이라 더 심한 반대를 하셨다. 안에서 새는 바가지 밖에서도 샌다고 나는 결혼조차도 아주아주 힘든 과정을 거쳤다.

신랑은 2남 3녀의 막내이다. 나는 007작전처럼 단계, 단계를 넘으며 작전을 짜듯이 결혼 승낙을 받기 위해 노력했다. 나는 큰누나 내외와 셋째 누나 내외를 만나 허락을 받고, 결혼을 할 수 있도록 도와주겠다는 지원을 약속받은 후 다시 둘째 누나 내외를 만나 허락을 받았다. 다음 순서로 신랑의 형인 아주버님을 만나 허락을 받았다. 그리고 다시 어머님을 만나 허락을 받았다. 최후로 아버님을 뵈러 가는 날에 신랑에게 말했다. 너무나 지친 나는 아버님을 만났을 때 결혼을 반대하시면 그땐 정말 헤어지겠다고 말이다. 아버님을 만나 다행히 최종 결혼 승낙을 받았다.

남편을 만나 연애를 하고 결혼을 하기까지 무수한 산을 넘었다. 연애를 하는 것조차 시댁에서는 반대를 했으니 오죽했으랴. 그러니 결혼을 할 때는 어떠했을지 짐작하고도 남음이다. 우여곡절 끝에 상견례까지 하게 되었다. 상견례 날이 되었다. 양가 부모님이 함께했다. 엄마가 시어머님께 이렇게 말씀하셨다.

"혼수는 어떻게 해야 할까요?"

"우리가 혼수품 말하면 그대로 해 올 수도 없으면서 그런 질문이 무슨 의미가 있나요?"

우리 집 형편이 좋지 않음을 아시는 시어머님은 상견례 날까지도 나를 탐탁지 않아 하셨다. 엄마는 두 손을 모으고 이내 고개를 떨구셨다. 나는 상견례가 끝나고 펑펑 울며 남편에게 헤어지자고 했다. 상견례까지 오는 과정도 너무 힘들었고 나를 부정하는 남편 가족들이 원망스러웠지만 남편의 사랑만 믿고 상견례까지 간 것이다. 하지만 상견례 날 고개를 떨구는 엄마의 모습이 너무 마음이 아파서 도저히 결혼을 하고 싶지 않았다. 무엇보다 아빠에게도 늘 외면받은 내가 시댁에서까지 환영을 못 받는 결혼을 꼭 해야 하는지 의문이 들었다. 남편은 나를 달래며 결혼하면 괜찮아질 거라며 위로했고 나를 다시 붙잡았다.

신랑한테는 미안하지만 한없이 낮은 자존감의 '나'가 아닌 지금의 '나'였다면 완강히 나를 거부하는 결혼은 하지 않았을 것이다. 환영받지 못하는 결혼에 나의 삶을 걸고 싶지 않았을 거 같다. 하지만 과거는 과거이니 돌아갈 수는 없다. 그리고 지금 이렇게 잘 살아내고 있지 않은가. 우리는 어려운 과정을 여러 번 넘기며 결혼을 했다. 나는 왜 결혼조차도 이렇게 힘든 걸까. 왜 나는 시댁에서조차 환영받지 못하는 존재일까. 나는 왜 미움만 받는 존재일까. 자존감이 바닥을 치며 결혼을 했다.

우여곡절 끝에 결혼을 했지만, 시부모님께서 반대한 결혼은 만만치 않은 현실로 다가왔다. 의사, 약사, 교사 등 '사'자 돌림의 직업을 가진 신랑의 형제들, 내가 무슨 말을 하면 "목소리가 너무 촌스럽다.", "말을 잘 이해를 못 한다.", 실수로 오타가 있는 글을 남기면 "맞춤법이 틀렸다."라며 바로 지적을 하며 고쳐주었다. 나는 내 목소리가 촌스럽다는 이야기를 들은 날 이후 내 목소리가 남들한테 촌스럽게 들릴까 봐, 말을 할 때 그때까지 의식하지 않았던 내 목소리에 지나치게 의식하게 되고 말을 하면서도 자신감이 없어졌다.

자존감이 낮은 내가 결혼을 하면서 더욱더 낮은 자존감을 갖게 되었던 것이다. 의식하지 못했던 내 목소리조차 촌스럽다고 하니, "난 목소리까지 부정당하는 존재구나." 하고 자책을 하게 되었다. '누구에게나 삶은 쉽지 않지만 내 삶은 왜 이렇게 어려운 걸까.', '나는 왜 어디서든 환영을 받지 못할까.' 하며 자책한 무수한 시간들을 지나왔다. 나에게는 결혼조차도 쉽지 않은 일이었다.

지나고 보니 내 삶의 시간들이 힘들었기에 지금 현재를 더 감사히 살고 있는지도 모르겠다. 지나온 시간 속 기억들의 그때 감정들이 고스란히 남아 있는 것은 아니지만 나름대로 객관적으로 나의 과거를 바라보며 쉽지 않은 여정으로 글쓰기를 하고 있다.

또한 나 스스로 독서를 하며 꿈을 꾸고 성장하며 내면의 힘을 키울 수 있게 되었으며 심리학 서적들을 읽으며 타인의 시선에서 자유로워질 수 있게 되었다. 물론 아직도 사람인지라 때때로 타인에게 상처를 받기도 하지만 그 상처를 깊이 받아들이지 않고 털어낼 수 있는 마음도 탄탄하게 기르게 되었다.

심리학을 만나고 나서야 나는 깨달았다. 단지 읽는 것으로 끝나는 독서는 나를 바꾸지 못한다. 책 속의 문장을 내 삶에 적용하고, 나의 행동과 태도를 바꾸려는 노력이 함께할 때, 비로소 독서는 내면의 힘이 된다. 나는 이제 '행하는 독서'를 한다. 책 한 권 속, 단 한 줄의 문장이라도 마음에 깊이 새겨 실천하려 애쓰고, 그 의미를 내 의식 속으로 끌어올리는 훈련을 해왔다. 그 작은 실천들이 쌓여 지금의 나를 만들었다.

내 삶은 여전히 완성되지 않았고, 여전히 나는 나를 알아가는 중이다. 하지만 분명한 것은, 내가 읽고 느끼고 행동한 만큼 내 내면은 더 단단해졌다는 것이다. 나는 오늘도 한 줄의 문장을 품는다. 그리고 조용히 다짐한다.

"나는 읽고, 느끼고, 살아낸다."

그것이 나를 바꾸는 가장 확실한 길임을 이제는 알기에.

웃음 뒤에 숨겨진 생존의 전략

"언니와 남동생은 운전해도 너는 하면 안 돼.", "너는 호들갑스럽고 겁이 많아서 운전은 절대 하면 안 돼." 아빠는 내가 보는 앞에서 언니와 남동생에게만 운전을 가르쳐 주셨다. 나는 항상 그 모습을 멀리서 바라보았다. '아~ 이렇게 나의 자존감은 점점 무너져 내렸구나.' 아니, 처음부터 나의 자존감은 형성되어지지 못했다.

나는 29살에 운전면허증을 땄다. 언니는 현재 운전면허증이 없다. 남동생은 대학교를 졸업하고도 한참 후에 운전면허증을 땄다. 아빠의 자식 중에서 내가 가장 먼저 운전면허증을 따고 운전대를 잡았다. 운전면허증을 따고 다들 연수도 받는데 나는 연수도 받지 않고 마티즈 소형 새 차를 뽑아서 바로 운전을 시작했다. 영아용 카시트를 바로 구입해서 어린 딸까지 태우고 다녔다. 지나서 생각해 보니 무모하긴 했지만 아빠 말대로 겁이 많은 사람은 운전을 못 한다는 논리는 맞지 않다는 것을 증명해 보였다.

운전은 겁이 많은 것과는 전혀 상관이 없다. 성격과도 연결성이 없다. 아빠는 내가 미웠나 보다. '왜 나를 이토록 미워했을까?' 나는 끊임없이 비난받고 비교당하며 자랐다. 밭이나 논에서 자라는 잡초들보다 더욱더 험난하게 이리 치이고 저리 치이며 자랐다. 바위틈에서 자라난 잡초보다 더 강하게 자라났다. 잡초는 땅만 있으면 땅에 의지해서 자라는데 돌이켜보면 나는 땅조차 없는, 의지할 곳이라고는 하나도 없는 환경에서 나고 자랐다. 이 글을 쓰며 생각해 보니 나는 잡초보다 더 강하다.

나 스스로 길을 내고 꽃을 피우고 있는, 잡초보다 강한 척박한 땅에서도 스스로 꽃을 피우는, 누가 알아봐 주지 않아도 조용히 꽃을 피우는 풀꽃 정도라고 할까?

나는 내가 만드는 것이다. 지금 내가 이 자리에 있기까지 나는 내가 만든다. 감나무가 있다. 감에 상처가 나면, 나무는 그 상처 난 감에 더 많은 영양을 준다고 한다. 나는 상처받은 어린 시절의 나를 마주하며 과거를 탓하고 현재를 부정했던 시기도 있었지만 이제는 상처받은 나를 위로하고 책을 통해 습득한 삶의 지혜로 나 자신의 내면에 영양을 공급해 주고 있다.

무수한 감정의 소용돌이 속에서 잘 버티고, 넘어져도 다시 일어나는 법을 스스로 터득하며 내 삶은 내가 통제할 수 있고 스스로의 힘으로 의미 있는 삶을 만들어 갈 수 있는 튼튼한 열매를 맺을 수 있게 되었다. 앞으로도 묵묵히 의지와 지혜의 열매를 맺으며 내 삶의 이야기가 단 한 사람에게라도 닿아, 나처럼 꽃을 피울 수 있기를 바라본다.

　가끔은 내 이야기가 너무 작고, 보잘것없어 보일 때가 있다. 그렇지만 나는 안다. 작은 이야기에도 힘이 있고, 누군가의 삶을 물처럼 적실 수 있다는 것을. 내가 걸어온 길은 결코 곧고 평탄하지 않았다. 넘어지고, 흔들리고, 다시 일어나는 반복 속에서 나는 조금씩 나를 알아갔다. 그러던 어느 날, 깨달았다. 내가 살아온 이야기가 누군가에겐 길이 될 수 있지 않을까.

　그래서 조심스럽게, 용기를 내어 나의 이야기를 꺼낸다. 어쩌면 아주 멀리까지 닿지는 못할지도 모른다. 여러 사람들의 마음을 흔들 수 없을지도 모른다. 하지만 괜찮다. 단 한 사람에게라도 닿는다면, 그걸로 충분하다. 그 한 사람이 내 이야기를 듣고 자기 안의 꽃 한 송이를 피우게 된다면, 그것만으로 나는 내 삶을 참 잘 살아낸 거라고 믿는다. 이 책을 쓰며 날밤을 새운 보람도 클 거 같다.

　나는 기적을 바라지 않는다. 그저, 내가 피운 이 꽃이 또 다른 누군가의 씨앗이 되기를 바란다. 그래서 오늘도 나는 쓰고, 마음을 나누고, 묵묵히 나의 길을 걸어간다. 단 한 사람에게라도, 그 마음의 문이 열리기를 바라면서 말이다.

늦게 빛나는 별도 여전히 아름답다

나는 지방의 한 전문대학을 졸업했다. 주어진 환경 속에서 그저 주어진 만큼 살아내며, 익숙함이라는 이름의 틀 안에 조용히 안착해 있었다. 어쩌면 그것이 현실을 견디는 최선이라고 믿었던 것 같다. 청소년 시절은 길고 어두운 터널 같았다. 희망보다 체념이 더 익숙했고, '꿈'이라는 단어는 나와는 거리가 먼, 어딘가 먼 세상의 이야기처럼 느껴졌다. 나이는 점점 들어가고, 삶은 익숙한 반복 속에 흘러갔다.

마흔쯤, 마음 깊은 곳에서 조용히 어떤 갈망이 피어올랐다. 아주 늦게 시작된 꿈이었다. 처음으로 나의 의지로 꿔보는 꿈이었다. 남들보다 많이 돌아온 길 위에서, 나는 처음으로 내 삶의 주인으로 살아보고 싶다는 마음을 품기 시작했다. 비록 출발은 느렸지만, 나는 알게 되었다. 늦게 빛나는 별도, 충분히 아름답다는 사실을 어렴풋이나마 느끼게 되었다. 그리고 내가 꿈에 발을 들여놓으면 꿈을 이룰 수 있지 않을까 하는 용기를 갖게 되었다.

심리학을 통해(특히 알프레드 아들러의 개인심리학), 다양한 자기계발서를 읽으며 용기를 키워나갔다. 주변에서는 모두 안 된다고 했다. "나이가 많아서, 지금 도전해서 무얼 하겠냐, 지금 직업도 훌륭하다. 그 돈으로 노후 대책을 하는 것이 좋다." 수많은 부정적인 시선과 타인의 말들에 나 자신을 지켜나가며 도전했고 지금도 도전하고 있으며 앞으로도 도전할 것이다.

나는 마흔쯤부터 꿈을 꾸게 되었고 뇌 속에서 생각한 이미지들을 현실로 이루고자 기록하고, 기록한 것들을 실천하다 보니 좀 더 꿈이 구체화되어 가고 있다. 나의 꿈은 현재진행형이다.

나는 행복 심리에 관심이 많다. 대학원 박사과정을 수료했지만 다시 상담심리학을 전공할 계획이다. 이렇게 공부해서 무엇에 쓰려고 하느냐, 열등감 때문에 쓸데없는 공부를 하고 있다는 타인의 비난을 뒤로하고 늦은 나이지만 꿈을 꾸고 이룰 수 있다는 것을 꼭 보여줄 것이다. 힘든 청소년기를 잘 이겨내면 늦게라도 뭐든지 이룰 수 있다는 희망을, 삶의 증거를 보여주고 싶다. 꿈꾸기를 망설이는 사람들에게 동기부여가 되고 싶다.

나의 간절한 마음과 선한 영향력이 단 한 사람에게라도 전해진다면 좋겠다. 무엇보다 꿈을 꾸고 이루는 과정이 힘들지라도 이것이 진정한 삶의 행복이라고 생각한다. 꿈을 이루는 과정에서 뒤늦게 알게 되었다. 워낙 힘들게 자라서 돈을 많이 버는 것에 초점을 맞추는 성공을 꿈꿨다. 하지만 돈을 쫓았더니 돈이 도망가더라. 지금은 하고 싶은 일과 하고 싶은 공부를 하며 돈을 좇는 성공이 아닌, 진정으로 내가 원하는 것들을 이루어 가는 그 자체가 행복이고 성공이라고 확신한다.

　중국 극동 지방에는 '모소 대나무'라는 대나무의 한 종류가 자라고 있다. 이 대나무는 아주 특별한 성장 과정을 가지고 있다. 이 대나무는 씨앗이 뿌려진 뒤에 4년 동안 3cm밖에 자라지 않는다. 처음 4~5년 동안은 아무리 물을 주고 정성을 들여도 땅 위로는 거의 자라지 않는다. 사람의 눈에 보이지 않는 것이다. 4년이 지나고 5년째 되는 해의 어느 날부터 갑자기 매일 30cm씩 자란다고 한다. 5년째 되는 해의 어느 시점에서 6주간의 초고속 성장을 하는 나무이다.

　이 대나무는 겉으로 보기에는 아무런 변화가 없어서 성장이 멈춘 듯 보이지만, 사실 뿌리를 단단하게 내리며 성장을 할 준비를 하고 있었던 것이다. 겉으로는 아무 일도 일어나지 않는 것처럼 보이지만 보이지 않는 곳에서 성장의 기반을 준비하고 있는 것이다. 그 성장의 밑거름이 되는 시간이 4년~5년이다. 5년이 지난 어느 날, 모소 대나무는 단 6주 만에 15m 이상 자란다. 믿기 어려울 정도로 빠른 속도로 자라는 모습이 사람의 눈으로 이제 보이는 것이다. 지금은 보이지 않아도 모소 대나무처럼 뿌리를 내리는 시간은 언젠가 분명히 열매를 맺는다.

　우리가 무언가를 시작하거나 도전할 때도 마찬가지이다. 일이든 공부든 나만 더디게 나아가고, 열심히 노력했는데 이룬 것이 없다고 생각되는 그 순간에도 내가 생각하고 목표한 것을 멈추지 않는다면, 모소 대나무처럼 어느 순간에 꿈이 이루어진 나를 만날 수 있다. 보상의 수레바퀴는 천천히 돌아간다. 서두르지 마라. 가속도가 붙을 때까지 꾸준히 나아가는 것이 필요하다. 그 긴 인내와 노력 끝에 높이 자라고 있는 인생이 올 수 있다. 눈에 보이지 않는 성장의 의미를 이제 안다. 묵묵히 타인의 눈에는 보이지 않아도 단단한 뿌리를 지금부터 내려보자.

나는 유아교육학 전공으로 박사과정을 수료했다. 하지만 상담심리학을 다시 전공해서 혼자의 힘으로 어둠의 긴 터널을 지나갈 용기를 내지 못하는 분들에게 작은 빛이 되어주고 싶은 꿈이 있다. 그리고 지금 취미로 배우는 유화를 잘 연마해서 그림으로도 따뜻한 감동을 주는 미국의 모지스 할머니처럼, 한국의 할머니 유화 화가가 되고 싶은 꿈도 있다. 무엇보다 나의 최종 목표는 나처럼 어려운 시기를 지나고 있는 청소년들에게 꿈을 전하는 희망의 증거가 되고 싶다.

요즘 사람들은 말한다. 이제는 개천에서 용이 나지 않는 시대라고. 태어날 때부터 부모의 능력과 배경에 따라 인생의 출발선이 달라지고, 그 선은 결코 좁혀지지 않는다. 부모의 능력에 따라 기회도 달라지고, 잘사는 능력 있는 부모를 둔 아이들은 기회 위에서 자란다. 학연, 지연, 금수저. 이제는 노력보다 배경이, 땀보다 관계가 성공의 키가 되어버린 세상에 산다고, 그래서 할 수 있는 게 없다고 말한다. 이런 조건을 갖추지 못한 사람들은 낙심하기도 하고 무기력해지기도 한다. 내가 그랬으니까.

그래서 많은 이들이 꿈꾸기를 멈춘다. 아무리 애써도 오르지 못할 사다리라면 애초에 오르지 않겠다고 생각한다. 그러나 나는, 그렇게 말하는 이들에게 조용히 말해주고 싶다. 아직은 개천에서 용이 나올 수 있으니 한번 도전해 보라고 말이다.

"어떻게 알아?"
"이미 늦었어. 우리나라는 이제 개천에서 용이 나올 수 없는 구조야."

나는 내 삶으로 대답할 것이다. 좋은 배경도, 힘 있는 부모도 없었지만 배움에 대한 갈증과 사람에 대한 따뜻한 애정 하나로 조금씩 나만의 길을 걸어왔노라고. 넘어지고, 부서지고, 주저앉으면서도 그 길 위에서 '용'이 되겠다는 마음 하나로 묵묵히 나를 일으켜 세웠노라고. 개천은 낮고 좁지만, 그 흐름은 언제나 하늘을 향해 흘러간다. 진흙탕 속에서 자란 연꽃이 가장 아름다운 향기를 내듯, 불리한 환경에서 피어난 사람은 더 강하고 깊은 내면의 힘을 지닌다. 나는 나와 같은 누군가에게 말해주고 싶다. "네가 자라온 환경은 너의 전부가 아니야. 지금의 너는, 스스로 길을 낼 수 있는 존재야. 네가 가고자 하는 방향이 바로 너의 사다리야."

진짜 용은, 드러나는 스펙보다 보이지 않는 내면의 단단함에서 나온다. 누구보다 낮은 곳에서 자라난 이들이 진짜 세상을 바꾼다는 것을 나는 여전히 믿고 싶고, 믿고 있다. 그래서 오늘도 나는 말한다. "개천에서 용이 아직은 나올 수 있다." 아니, 나 같은 평범한 사람이 매일을 포기하지 않고 살아내는 것 자체가 이미 '용이 되어가는 과정'이 아닐까.

모소 대나무가 단단한 뿌리를 내리기 위해 더딘 성장을 한 것처럼 나 역시 느리지만 열심히 달린다. 더불어 사는 사회, 타인 속에서의 개인 즉 사회 공헌을 강조한 알프레드 아들러처럼 나는 나의 공부를 통해, 나의 경험을 통해, 그 누군가에게 꿈을 심어주고 싶다. 그리고 그 꿈을 응원하는 멘토가 되고 싶다. 그래서 나는 오늘도 느리게 공부를 한다. 늦더라도 괜찮다. 조금 늦게 빛나는 별도 있지 않은가.

"당신도 충분히 할 수 있다."

죽으라던 세상에
나로
답하다

    중학교 3학년 겨울, 세상은 유난히 차갑고 조용했다. 친구들이 하나둘씩 원하는 고등학교에 원서를 넣고 희망을 이야기할 때, 나는 부모님의 반대 앞에 망설이고 있었다. 형편을 생각하라는 말, 현실을 먼저 보라는 말들이 내 마음을 자꾸만 꺾어놓았다. 단지 고등학교 선택이고, 친구들은 도시에 있는 고등학교를 간다는데 나는 도시로 보내달라는 것도 아니었다. 시골에 있는 종합고등학교의 인문계 반에 보내달라는 건데도, 나에겐 너무 큰 욕심처럼 느껴졌던 시기였다.

    하지만 그해 겨울, 나는 마음속에서 아주 작은 불씨 하나를 지켰다. 처음으로 이룬 나의 의지대로의 선택이었다. 끝내 포기하지 않고, 조심스레 내 뜻을 밀어붙였다. 대단한 용기였다. 간절함 끝에 허락받은 진학이었다. 나는 겨우겨우 인문계 고등학교의 문을 열 수 있었다. 인문계 고등학교라기 보다는 인문계 반과 실업계 반이 같이 있는 종합고등학교였다. 누군가에겐 당연한 선택이었고, 아무것도 아닌 고등학교 선택이 내겐 처음으로 스스로 이뤄낸 아주 큰 걸음이었고, 하고 싶은 대로 나의 의지로 이룬 성과였다.

내가 진학한 고등학교는 시골 고등학교이기 때문에 학생들이 그리 많지 않아서 한 고등학교 안에 인문계 반, 실업계 반으로 나뉘었던 것이다. 부모님은 언니처럼 실업계 반을 가기를 원하셨다. 하지만 나는 어린 마음에 대학교에 가고 싶었다. 그래서 부모님의 반대에도 불구하고 인문계 반에 지원해서 입학을 했다. 엄마는 형편이 나아지면 대학교에 보내주겠다고 하셨지만, 고등학교 졸업 후 취업을 희망하시는 마음이 100%였다.

고3 겨울, 수능이 코앞으로 다가오고 있었다. 차가운 바람이 교실 창틈으로 스며들던 날들, 내 마음은 그 바람보다 더 차갑게 식어갔다. 그리고 얼어갔다. 여전히 우리 집 형편은 넉넉하지 않았고, 부모님은 완강히 대학이 아닌 취업을 권하셨다. 마치 문이 닫히는 소리처럼 내 가슴 깊은 곳에 문이 닫혔던 날들…. 공부를 그리 잘하진 못했지만 죽어도 대학교에 가고 싶은 마음뿐이었다.

그해 겨울, 내 또래 친구들이 대학이라는 꿈을 안고 설레는 시간을 보낼 때 나는 다시 한번 포기할 수 밖에 없었다. 친구들도 다 가는 대학교를 나는 왜 못 가게 하는 것인지 너무 슬펐다. 부모님이 원망스러웠다. 형편이 어려운 친구들도 부모님의 지원을 받고 대학 입학을 준비하는 모습에 더 슬펐다.

우리 집은 남아선호사상이 깊었는데, 그래서 남동생만을 대학교에 보내신다고 하셨다. 형편이 어렵지만 남동생만은 어떻게 해서든 대학교를 보낸다고 하셨다. 나는 특히 남동생과 2년 터울이지만 남동생이 생일이 빨라 7살에 초등학교를 입학해서 학년으로는 1년 차이였다. 그래서 두 명이 대학교에 다니고 있으면 생계가 더 어려워지니 절대 나는 대학교를 보내줄 수 없다고 하셨다.

그래도 나는 대학교에 가겠다고 우겼다. 아빠는 대학교에 가겠다는 나에게 매번 욕설을 퍼붓기도 하고 때리기도 하셨다. 나는 수능 보기 전부터, 수능 보러 가는 날에도 울면서 시험을 보러 갔다. 혼자 새벽에 도시락을 싸서, 먼 거리의 수능시험을 치르는 학교를 가는데 눈물이 났다. 수능을 치르고 입시 준비 기간에도 내내 울었다. 엄청난 욕설과 폭행을 당하면서도 대학교에 보내달라고 부모님께 애원을 했다.

"이 가시나는 부모가 힘들다는데도 자기 생각밖에 못 하는 못된 년이야.", "화장시켜 줄 테니 나가 뒤져라.", "너 뒤지면 화장시키는 돈도 아깝지만 화장은 시켜줄게. 그러니 나가 뒤져." 100번, 1,000번 그 이상 들은 말은 "화장시켜 줄 테니 나가 뒤져."

작은 일로 자살을 하는 사람들을 뉴스에서 종종 본다. 분명 본인 입장에서는 너무 힘든 순간이라고 할 테지만, 힘든 순간을 더 잘 살라가 아니고, 버티고 서 있기만 해도 버텨온 시간을 보상해주는 때는 반드시 온다는 것을 알면 좋을 텐데, 개인적으로 안타까운 마음을 금할 길이 없다.

나는 아빠가 죽어라, 죽어라 노래 부르는 가정에서도 꿋꿋하게 죽지 않았다. 너무 많은 일들이 학창 시절에 일어나고 폭언과 폭행을 당했지만 가출은 딱 2번(자랑은 아니다.)! 그것도 친구 집과 대학 다닐 때 같은 동기 동생 집에서 잤다. 한 번은 학교를 다니지 않고 있을 때이고, 한 번은 대학을 다닐 때라 가출한 다음 날에도 학교 수업은 빠지지 않고 갔다. 이탈은 하지 않았다. 무엇보다 죽지 않고 이렇게 살아 있다. 왜냐하면 불우한 가정환경으로 이탈을 하기에는, 죽기에는 내 삶이 너무 불쌍했다. 무엇보다 죽을 용기가 없었다. 그리고 나의 무의식엔 삶에 대한 희망이 조금은 자리하고 있지 않았을까. 주변 환경의 영향으로 나쁜 길로 가고 싶지 않았다. 꿋꿋하게 집에서 버텼다.

    가출을 하면 위험에 노출될 우려가 많다는 것을 어린 마음에도 알았다. 의식주가 얼마나 중요한지도 알았다. 힘들지만 의식주를 해결할 수 있는 집에서 버텨내야 했다. 매일매일 "화장시켜 줄 테니 나가 뒈져라."라는 말을 들으며 입시를 준비했다. 성적은 반에서 중위권이었지만 수능을 괜찮게 봐서 그 지역 사립대학교에 지원할 수 있었다. 고3 때, 많은 사랑을 주신 가정 선생님의 영향으로 가정 선생님이 되고 싶은 꿈이 있었다.

    지원 대학교에 서류를 내고 면접일이 다가왔다. 나는 그때 엄마가 일하시는 공장에서 아르바이트를 하고 있었다. 공사장에서 쓰는 목장갑이 기계에서 만들어져 나오면 바르게 펴서 포장하는 일이었다. 면접일 날 공장에서 일을 하다가 면접 장소로 가야 하는데 엄마의 만류로 면접을 가지 못했다. 한 명이라도 4년제에 더 입학시키려는 담임선생님의 전화를 받았지만 결국 면접을 가지 못했다. 지나고 보니 한국장학재단이 있다는 것을 알았다면 부모님께 목매며 대학교에 보내달라고 애원하지 않았어도 되었을 텐데….

그때 당시에는 입학금도 없고, 학비도 없는 내가 대학교에 진학할 수 있는 방법은 부모님께서 학비를 내주시는 방법밖에 몰랐다. 부모님께서 학비를 내주실 수 없다니 결국 대학교 입학을 포기한 것이다. '한국장학재단이 내가 고3이었던 때에도 있었을까?' 알 수 없지만 집안 형편이 어려워도 대학교에 갈 수 있는 방법을 누가 알려주었더라면 나는 내 꿈을 이루지 않았을까. 어쩌면 빚내서 대학교에 가는 건 더더욱 안 된다고 노발대발하실 아빠의 모습이 그려지긴 한다.

가난은 꿈을 가로막는 절대적인 장벽처럼 느껴질 수 있다. 하지만 때로는 꿈을 이루지 못한 이유가 돈의 부족만이 아니라, 길을 안내해 줄 사람이 없었던 것 때문이기도 하다. 나는 학비를 감당할 방법을 몰라 대학을 포기했다. 만약 그때 누군가가 장학금이나 학자금 지원 제도를 알려줬다면 꿈의 길은 달라졌을지도 모른다. 정보는 기회의 문을 여는 열쇠다.

나는 이제, 누군가의 꿈 앞에서 특히 청소년들의 꿈 앞에서 작은 안내자이자 멘토가 되고 싶은 꿈이 있다. 내가 알고 있는 한 줄의 정보, 한마디의 격려가 어떤 이에게는 인생을 바꾸는 힘이 될 수 있으니까. 나는 그 한마디의 격려가 책 속 문장이었다면 어떤 이의 마음엔 나의 글이, 나의 말이 인생을 사는 한 줄기 빛과 용기가 될 수 있다고 생각한다. 아니, 그러기를 간절히 바라며 이 글을 쓰고 있다.

그날, 엄마는 처음으로 떠났다

　엄마가 늦은 밤 전화를 하셨다. 아빠랑 무서워서 도저히 못 살겠다고 하시며 아빠가 엄마를 죽일 거 같다고 하셨다. 언니에게 다시 전화가 왔다. 엄마는 아빠가 잠들면 집을 나온다고 하셨다고 했다. 그래서 아빠가 사는 집에서 먼 우리 집이 있는 서울로 도망을 치시기로 계획을 짰다. 언니가 서울로 가는 고속버스의 표를 미리 끊었다. 아빠가 안방에서 잠든 것을 확인하고 엄마는 처음으로 가출을 하셨다. 우리가 어릴 때는 엄마 없이 자랄 우리가 불쌍해서, 또 아빠의 협박으로 무서움에 가출을 할 수 없었던 엄마였다.

　아빠는 엄마가 집을 나가면 처갓집을 찾아가서 그 식구들과 주변 친척들을 모두 다 총으로 쏴서 죽일 거라고 엄마를 협박했다. 그런 공포스러운 상황이었지만 이날은 아빠가 엄마를 정말 죽일 수도 있을 거 같다는 두려움이 공포보다 앞섰기 때문에 드디어 엄마는 탈출에 성공했다. 엄마는 택시를 타고 고속버스터미널로 향했다. 언니가 마중을 나갔다. 새벽 4시경 엄마는 서울에 도착했다. 강남 고속버스터미널에 도착한 엄마를 우리 집에 모셨다. 엄마는 딸아이 방을 쓰며 딸 침대에서 거의 나오시지 않으시고 며칠을 우시며 보냈다.

엄마의 가출 사연은 이랬다. 엄마는 작은 슈퍼마켓(구멍가게)을 운영하셨는데, 간이 테이블에서 간단히 맥주 등 술을 마실 수 있는 테이블이 여럿 있었다. 아무래도 싸게 술을 마실 수 있어서 나이 든 아저씨, 할아버지들이 많이 오셨다. 물론 부부끼리, 엄마 또래의 어머님들도 많이 찾아오시며, 시골에서 사랑방 같은 역할을 했던 구멍가게였다. 아빠는 엄마가 슈퍼마켓을 하면서 남자들과 어울린다고 의처증 아닌 의처증이 날로 심해지셨다. 아주 작은 행동도 의심하며 엄마를 괴롭혔는데 그날 또 그런 일이 일어났다고 한다.

막걸리를 좋아하시는 아빠는 막걸리에 취해 또다시 남자 이야기를 꺼내며 혼자 상상하고 분노하시다가 엄마를 죽여버리겠다고 협박을 했다. 이러다가 정말 술에 취한 아빠 손에 죽을 것 같았다며 엄마는 공포스러워하시며 말씀하셨다. 며칠 우시던 엄마와 뒤늦게 많은 이야기를 하였다. 우리 집 근처 작은 빌라를 얻어서 살기로 계획도 세웠다. 엄마는 24시간 입주 도우미라도 한다며, 아빠와 아주 떨어진 서울에 사는 것에 안심하며 동의하셨다. 언니도 그렇게 하는 것이 안전할 거 같다고 동의를 했다.

남동생은 당시 직장 때문에 자취를 하고 있었기에 집을 나오는 엄마가 서울에 좀 더 마음 편히 오셨을 것이다. 엄마가 서울에 있는 며칠 동안 아빠에게서 줄기차게 전화가 왔다. 엄마는 처음 몇 번은 아빠의 전화를 받지 않으시다가 전화를 받았다. 그리고 둘째 딸 집에 있다는 것을 말했다. 아빠는 분노 조절이 안 되어 화를 내는 순간에는 본인의 온 감정을 실어 욕설을 퍼붓고 폭력을 행사하시다가도 본인의 감정이 가라앉으면 이내 늘 하던 대로 엄마를 달랬다. 아빠와 엄마는 며칠 동안 많은 통화를 했고, 아빠는 더 이상 엄마를 협박하지 않기로 약속했다. 엄마는 아빠의 지키지 못할 약속(?)을 받고 집에 들어가겠다고 했다. 엄마는 혼자 내려갈 수 있다고 하셨지만, 나는 마음이 편치 않아서 엄마를 모시고 집으로 함께 내려갔다.

아빠는 회를 사서 상을 차려놓으셨다. 아빠의 화는 풀어지신 듯했다. 맛있게 저녁을 먹으며 맥주를 가볍게 마셨다. 아빠는 저녁을 다 먹을 때쯤, 열쇠 한 개를 손에 쥐고 가져오며 내게 하소연을 했다. 내가 엄마를 의심 안 하게 생겼냐고.

아빠의 사연은 이랬다. 엄마가 슈퍼마켓으로 출근을 한 후, 우연히 엄마 방에 들른 아빠가 열쇠 1개를 주우셨다고 한다. 엄마와 아빠는 오래전부터 각방을 쓰셨다. 아빠는 텔레비전을 보시다가 늦게 주무시기 일쑤였고, 엄마는 조용하고 캄캄해야 잠이 오는 분이시라 각방을 썼다.

다시 열쇠 이야기로 돌아가서, 아빠는 갑자기 일어나셔서 안방에 가시더니 열쇠 1개를 가져왔다. 엄마 방에서 못 보던 열쇠를 주웠는데, 이게 슈퍼마켓 남자 손님 거라고 하셨다. 엄마가 바람이 나서 남자 손님 열쇠를 받아서 그 집에 아빠 몰래 왔다 갔다 하고 있는 것으로 의심을 하셨다. 그게 아니라면 못 보던 열쇠가 있을 리가 없다는 것이다. 엄마는 자신도 모르는 열쇠라고 하셨다. 아빠는 다그치며 재차 물었다.

나는 그 열쇠를 들었다. 열쇠를 바라보고 나는 어이가 없었다. 그 열쇠는 우리 집 열쇠였다. 열쇠 사건이 있기 몇 주 전, 친정에 다녀갔었는데 그때 흘렸나 보다. 나는 친정에서 열쇠를 잃어버린 줄은 꿈에도 모르고 열쇠를 잃어버렸다고 집에서 찾고 있었는데 이게 여기에 있을 줄이야. 아빠에게 자초지종을 말씀드렸다. 아빠는 엄마를 두둔하려고 내가 거짓말을 하는 것이 아닌지 의심 아닌 의심을 하시며 몇 번 다시 물어보셨다.

나는 신랑에게 전화를 걸어, 잃어버린 열쇠가 친정에 있다고 말했다. 아빠는 그제야 사실인지 믿으시는 듯했다. 엄마에게 미리 열쇠를 보여주며 물어라도 보셨다면 엄마가 자식들에게 하소연을 하셨을 테고, 나는 혹시 '내가 잃어버린 열쇠이지 않을까' 하고 사진이라도 찍어 보여달라고 해서 오해도 금방 풀렸을 텐데 하는 아쉬움이 남았다. 오해가 풀리고 나는 다음 날 서울 집으로 돌아왔다.

나의 깊은 내면에서 알 수 없는 불안감이 올라올 때가 있다. 형체를 알 수 없는 불안과 고통, 고민 등이 엉켜 있는 기분이 들곤

한다. 그 형체의 뿌리는 불행했던 어린 시절, 그리고 현재진행형인 친정의 상황이 나를 아직 놓아주고 있지 않는다. 하지만 이제는 그런 감정들에서 나를 지키는 법을 알게 되었기 때문에 이겨낼 수 있다.

예전에는 불안이 밀려오면 그 감정을 없애려고, 지우려고 애썼다. 하지만 아무리 애를 써도 불안은 사라지지 않았고 오히려 더 커져서 나를 덮치곤 했다. 그래서 이제는 이렇게 생각한다. 불안은 없애야 할 감정이 아니라, 함께 살아내야 할 감정이라고. 우리는 하루에도 수많은 걱정을 하며 살아간다. 내일의 날씨부터 중요한 시험, 인간관계나 건강, 미래의 경제적 문제에 이르기까지 우리의 뇌는 끊임없이 '혹시라도'의 가능성에 반응한다. 하지만 조금만 되돌아보면 알 수 있다. 그렇게 걱정했던 일들 중 실제로 일어나는 것은 얼마나 될까? 나는 심리학에서 밝혀진 이론들을 접하며 불안이라는 존재를 이해하고 불안이라는 감정을 있는 그대로 받아들이는 연습을 할 수 있었다.

심리학자 로버트 리히는 그의 저서 《The Worry Cure》에서 흥미로운 연구 결과를 제시했다. 그는 사람들에게 자신이 걱정하는 내용을 기록하게 한 뒤, 일정 기간 후 그것이 실제로 일어났는지 추적했다. 그 결과는 놀라웠다. 사람들이 걱정했던 일 중 무려 85%는 실제로 일어나지 않았다. 다시 말해, 우리가 걱정으로 밤잠을 설쳤던 대부분의 일은 현실에서 결코 벌어지지 않았던 것이다. 그렇다면 나머지 15%는 어떻게 되었을까? 연구에 따르면 그

중 79%는 실제로 일어났지만 충분히 대처할 수 있었고, 오히려 그 경험을 통해 더 나은 방향으로 성장하거나 배움을 얻었다고 한다. 이를 전체 걱정의 비율로 환산하면 12%에 해당한다. 결국, 실제로 문제가 되었고, 그로 인해 부정적인 결과로 이어졌던 걱정은 전체의 단 3%에 불과했던 셈이다.

이 수치가 우리에게 말해주는 바는 분명하다. 우리가 걱정하는 일의 97%는 현실이 아니거나, 충분히 감당 가능한 일이라는 것이다. 그럼에도 불구하고 우리는 그 3%의 가능성에 인생을 흔들리게 한다. 마음의 여유를 빼앗기고, 현재의 기회를 놓치며, 자신감을 잃는다. 걱정은 아직 오지 않은 미래의 문제를 지금 이 순간으로 끌고 와, 현실보다 더 큰 그림자를 드리운다. 물론 모든 걱정이 해롭기만 한 것은 아니다. 적당한 걱정은 준비와 예방을 가능하게 하며, 우리가 더욱 신중하게 행동하도록 만든다. 그러나 지나친 걱정은 대비가 아니라 마비를 낳는다. 걱정은 준비가 아닌 회피가 될 수 있고, 사고가 아닌 감정의 덫이 될 수 있다.

삶은 본래 불확실하다. 그러나 불확실하다는 이유로 걱정에 지배당하는 삶은, 너무나 많은 것을 놓치게 만든다. 걱정보다는 준비를, 불안보다는 용기를 선택하자. 전체 걱정 중 단 3%만이 실제로 우리를 어렵게 만들 수 있다면, 나머지 97%의 시간은 더 자유롭고 긍정적으로 살아도 좋지 않을까.

나는 이제 나에게 일어날지 모르는 단 3%의 가능성 때문에 현재를 저당잡히지 않는다. 수많은 연구 통계에 의해 밝혀진 과학적 이론이지만 그래도 불안하다면 불안으로부터 나를 지키는 방법을 따라 해보자. 나는 책 속에서 얻은 좋은 생각들, 지혜들을 내 삶에 스며들게 한다. 글로 배운 지혜를 행동으로 옮기며, 내 마음도 차분히 다스려 간다. 책의 언어를 내 것으로 만들어 본 적이 없는 당신이라면, 현재 알 수 없는 불안으로 힘이 든다면 이 방법을 따라 해보자, 작은 것 하나부터 나도 바꿔가며 여기까지 왔다.

불안으로부터 나를 지키는 첫 번째 방법은 바로 그 감정을 있는 그대로 인정하는 것이다. "그래, 나 지금 불안하구나." 이 한마디를 겉으로 내뱉는 순간 마음을 한결 가볍게 해준다. 부정하지 않고 받아들이는 순간, 불안은 나를 지배하는 힘을 잃는다.

두 번째는, 불안을 좁히는 연습이다. 불안은 주로 '미래'라는 커다란 막연함에서 온다. 그래서 나는 오늘이라는 '작은 시간' 안에 나를 머물게 한다. "지금 이 순간 나는 무엇을 할 수 있을까?" 그 질문 앞에서 나는 나를 위해 커피콩을 갈고, 내가 좋아하는 찻물을 끓이고, 노트에 마음을 적고 위로가 되는 좋은 글들을 보며 필사도 한다. 필사한 글을 큰 소리로 여러 번 반복해서 읽는다. 그리고 깊은숨을 한 번, 두 번 내쉬어 본다. 현재를 살다 보면 불안은 조금씩 나를 떠난다.

세 번째는, 내 안에 이미 존재하는 힘을 기억하는 것이다. 불안은 나를 약하다고 속삭이지만, 사실 나는 그동안 수없이 많은 불안을 건너온 사람이다. 견디고, 지나오고, 버텨온 내가 있다. 불안이 나를 흔들 때면 나는 조용히 내 안의 목소리를 꺼낸다. "괜찮아, 이번에도 지나갈 거야. 그리고 나는 그걸 해낼 수 있는 사람이야."

마지막으로, 나는 이제 불안 속에서도 나를 다정하게 대하는 법을 배워가고 있다. 무조건 이겨내려 하지 않고, 불안한 나 자신을 안아주는 것. "불안해도 괜찮아.", "그 불안 속에서도 살아가는 내가 참 용감해." 이 말을 매일, 매 순간 나 자신에게 건넨다. 불안은 사라지지 않는다. 하지만 나는 배웠다. 불안해도 괜찮은 삶, 불안해도 나를 지킬 수 있는 삶이 가능하다는 것을. 지금, 이 글을 쓰는 순간에도 나는 여전히 나를 지키고 있다. 불안과 함께, 그러나 불안에 지지 않고.

소설가 조지프 콘래드는 이렇게 탄식하지 않던가. "어린 시절 바라고, 사랑하고, 삶에 대해 확신하는 법을 배우지 못한 사람의 인생은 얼마나 비극인가!" 아동기에 형성한 나의 기대의식과 무의식은 이후의 삶을 풍요롭게 하거나 그렇지 않은 환경을 만들어 낸다. 하지만 나는 극복해 냈다. 상처받지 않는 내면의 단단함도 키웠다. 이제 나는 누군가의 위로가 될 수 있을 정도로 성장했다. 앞으로 마음이 힘든 사람들에게 선한 영향력을 전하며 사회에 공헌하는 사람이 되고 싶다.

2장

나를 일으켜 세운 연습

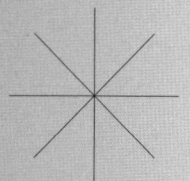

꿈을 향한 늦깎이 도전

100세 인생, 오늘도 여전히 꿈꾸는 삶

나이 들수록 인생이 짧게만 느껴지는 건, 아직도 하고 싶은 일이 많기 때문이다. 한때는 퇴직하면 여유롭게 살리라 믿었다. 그러나 막상 30년이 지나고 80대가 된 한 어르신은 말한다. 50대 중반, 회사를 떠날 때 새로운 무언가를 시작하지 못했던 것이 가장 후회된다고. 그분은 그 시절을 돌이키며, "그때 뭐가라도 시작했다면 지금쯤 삶이 달라졌을 텐데…."라고 하셨다. 죽음을 기다리는 하루하루가 아니라, 작은 배움이라도 쌓아가며 보내는 시간이었기를 바랐던 것이다.

김병완의 《40대, 다시 한번 공부에 미쳐라》라는 책에서 나오는 내용의 일부이다. 나는 이 책을 읽고 또 읽었다. 김병완은 삼성전자에서 10년 이상 연구원으로 재직하였는데 자신의 인생의 길을 찾는다고 회사를 그만두고, 고향으로 내려와 3년 동안 도서관에서 목숨을 걸고 책을 읽었다고 한다. 중국 최고의 시인인 두보는 "만 권의 책을 읽으면 글을 쓰는 것도 신의 경지에 이른다."라고 말하였다. 김병완은 3년간 구천 권 이상의 책을 읽고 그 후 만 권 이상의 책을 읽으며 작가가 되었다.

나는 평범한 직장인이자, 아내이자 한 아이의 엄마이다. 어린 시절 어렵고 힘들게 자라서 학벌도 그리 좋지 않았다. 학창 시절 공부도 반에서 중위권 정도의 평범한 학생이었다. 나는 31살이 되던 해에 공부를 좋아하지 않았는데 뭔가를 해야 할 거 같았다. 가진 재산도 없었고 이렇다 할 전문직도 아니었던 나는 내가 스스로 무언가를 이루어 성공하고 싶었다. 가진 돈이 없으니 사업은 아닌 거 같았다. 공부만이 성공의 열쇠가 될 거라는 막연한 생각이 들었다. 그동안 관심이 있었던 장애 아동 관련 일을 하고 싶어서 사이버대학교 특수교육학과에 3학년으로 편입하였다. 육아와 일을 병행하며 공부를 한다는 건 힘들다는 걸 몸소 체험하고 한 학기만에 자퇴를 했다. 지금 생각하면 선명한 꿈이 아닌 막연한 생각에서 출발한 공부였기 때문에 포기를 했다고 생각한다.

　그로부터 8년 후인 39살 때. 다시 무언가에 도전하고 싶었다. 당장 나에게 이득이 되는 공부가 아닐지라도 60대, 70대를 내다보고 공부를 하여 제2의 인생, 제2의 직업을 갖고 싶었다. 그래서 다시 장애 아동에 관심이 많았던 나는 31살에 편입하였던 사이버대학교 미술치료학과 3학년으로 편입을 했다. 이때도 나는 육아와 직장 생활을 병행했지만 딸아이도 어느 정도 커서 인터넷을 통해 강의를 듣고 공부하기에는 큰 무리는 없었다. 또한 막연한 꿈이 아닌 뚜렷한 꿈이 생긴 시기도 이때쯤이었다.

　어느 날 딸아이가 퇴근 후 집안일을 끝내고 강의를 듣고 있는 나에게 다가와 하는 말, "엄마, 나는 엄마가 대학교 안 들어갔을 때가 더 좋은 거 같아. 엄마가 대학교 안 다녔으면 좋겠어." 딸아이는 저녁에 자신을 바라보지 않고 컴퓨터를 바라보고 있는 엄마가 서운했나 보다. 딸아이가 컸다고 생각해서 시작한 공부였는데 딸아이는 아직 엄마의 손길이 필요했다. 그 후로 딸아이에게 조금 더 신경을 썼지만, 공부는 놓지 않았다.

공부를 놓아야 하나 고민되는 순간들도 있었지만 이번에는 무사히 학사 졸업을 마쳤다. 학창 시절에 그토록 하기 싫은 공부가 꿈이 생기고 목표가 되니 더 하고 싶어졌다. 지금보다 점점 더 나은 나의 미래에 발을 내딛고 싶었다. 미래는 현재가 모여 만들어진다고 하지 않던가. 지금까지 헛되이 보낸 시간들을 다시 반복하고 싶지 않았다. 하나의 목표를 완성하고 나니 또 다른 목표를 만들게 되었다. 작은 성취와 성공의 경험이 또 다른 성공을 만든다고 하지 않던가. 작은 꿈들을 키우며 이렇게 나아가고 있다. 나는 다시 목표를 세웠다. 대학원에 가자.

목표를 세우고 바로 미술치료학 전공 대학원 진학을 위해 정보를 찾으며 관련 공부를 이어나갔다. 지금 생각하면 필요 없는 상담 관련 민간 자격증을 비싼 돈을 들여 여러 개 따두었다. 그래도 그 모든 것들이 경험이 되고 나의 현재를 만들었다고 생각한다. 헛된 경험은 없다. 필요 없는 자격증일지라도 그 과정 속에서 나의 인생에 남을 그 무엇이 있지 않았을까?

미술치료학 전공 대학원을 목표로 방향을 잡았다가 미술치료

관련 상담 경력이 없어서 대학원을 졸업해도 왠지 길이 보이지 않을 거 같았다. 고민, 고민 끝에 학부 때 전공한 유아교육학과로 다시 방향을 틀어서 대학원에 진학하였다. 직장을 다니며 정말 열심히 야간 대학원을 다녔다. 내가 다닌 대학원은 교육대학원이라 저녁에 수업이 이루어진다. 대학원을 다니며 2년 동안 한 번 결석을 했다. 휴가 기간에 홍콩으로 여행을 갔을 때 갑자기 태풍이 불어 예정된 날에 비행기가 결항이 되어 비행기를 탈 수 없었다. 그래서 그다음 날 예정된 수업을 듣지 못했다. 천재지변으로 일어난 일이라 인정 결석 처리가 되었다. 이날을 제외하고 모든 수업에 참석하였다. 나와의 약속이었다. 주어진 기회에 성실하게 임할 것. 준비된 자만이 오는 기회를 놓치지 않는다.

어렵게 마음먹고 늦깎이 학생으로 들어간 대학원을 헛되게 보내고 싶지 않았다. 지나고 봐도 후회 없는 2년을 보내고 마지막 논문 학기에는 학점 졸업 대신에 논문을 썼다. 내가 다녔던 대학원은 학점 졸업과 논문 졸업을 마지막 5학기 때 선택할 수 있었다. 이때만 해도 책을 그다지 좋아하지 않았었다. 그래서 논문도 잘 써지지 않았다. 읽는 만큼 써진다고 하지 않던가. 글이 논리적으로 써지지 않고 문맥 연결도 어려웠다. 고치고 또 고치고 다시는 내 글이 보고 싶지 않을 만큼 또 보고, 또 보고 했다.

우여곡절 끝에 논문이 완성되고 논문을 써서 석사를 졸업했다. 지금 나의 석사 논문을 보면 오타도 많이 보이고 문장 연결도 어색한 부분이 많다. 그런들 어떠하고 저런들 어떠하리. 뒤늦은 나이에 또 하나의 목표를 완성했다는 것이 중요하지 않을까. 100세 시대이지 않은가. 나는 지금 나의 60대, 70대, 100세 인생을 위해 다시 또 다른 꿈을 꾼다.

그대는 무엇이든 될 수 있다

나는 40살이 될 무렵 만학도의 삶을 살기로 마음먹었다. 구립 어린이집 원장이 될 생각으로 교육대학원 석사과정 입학을 생각했는데 방송통신대학교 학점이 좋지 않아서 관심이 생겼던 미술치료학과에 학사 편입을 하게 되었다. 그 대학교가 바로 대구사이버대학교 미술치료학과이다. 대구사이버대학교를 졸업한 후 바로 교육대학원에 진학을 했고 교육대학원 졸업 후 공백기를 거쳐 유아교육학으로 박사과정까지 수료했다.

고등학교를 졸업해서는 지방 전문대학 유아교육학과를 겨우 졸업했지만 현재는 만학도의 삶을 이어서 성신여자대학교 일반대학원 유아교육학 전공 박사과정을 수료했다. 직장도 유아교육기관에서 23년 차 근무를 하고 있다. 유아교육학을 전공하면 주로 유치원 교사로 첫 직장으로 일을 하는데, 그때 당시 유치원 교사 월급은 55만 원이었고, 민간 어린이집이 아닌 국가에서 지원해 주는 구립, 공립 등의 어린이집 교사 첫 월급은 80만 원대였다. 지금은 유치원 교사 월급이 더 많은 것으로 안다. 급여 차이가 많이 나서 첫발을 어린이집 교사로 시작하다 보니 지금까지 어린

이집 교사 및 원장으로 근무를 하고 있다.

 당시에는 퇴근 시간이 딱히 없을 정도로 밤 12시 퇴근은 일상이었다. 물론 시간 외 수당은 없었다. 이때까지 나는 삼겹살과 닭고기를 전혀 먹지 못했는데(냄새에 민감해서) 늦게까지 일을 하고 항상 먹는 메뉴가 수입산 삼겹살 또는 치킨이었다. 배가 고파서 한 쪽 한 쪽 먹다 보니, 요즘은 삼겹살이 추억의 음식이자 맛있는 음식이 되었다. 당시에는 힘들게 일을 했지만, 지나고 나니 다 추억이 되어 아름답다. 사람에게 있는 '망각곡선'의 위대함이다. '망각'은 삶에 있어서 꼭 필요하다. 어린이집 뒷산 텃밭에서 아이들과 함께한 추억, 다양한 곳으로 견학을 다니고, 아이들과 신나게 율동도 했던 그 시절이 아련한 추억이 되어 떠오른다.

 나는 내성적이고 마음도 무지 여린 아이였다. 나는 고등학교 2학년까지는 학교에서 존재조차 인식할 수 없을 정도로 조용한 학생이었다. 공부도 중위권이었기 때문에 선생님들 눈에도 딱히 띄지 않는 학생이었다. 그런데 고등학교 3학년이 되어 우리 반을 가르치시지 않는 다른 반 쪽의 수학 선생님께서 유독 나를 예뻐해 주셨다. 뿐인가? 불어 선생님, 담임선생님의 예쁨도 듬뿍 받고, 가정 선생님의 크신 사랑으로 따뜻한 한 해를 보낼 수 있었다. 나중에 안 사실이지만 내가 예의 바르고 착하다고 선생님들 사이에 소문이 났다고 한다. 집에서는 늘 겉돌던 아이가 학교에서 사랑과 인정을 받는 경험을 했던 것이다. 이렇게 따뜻한 관심과 사랑은 내 인생에서 처음이었던 거 같다.

한번은 이런 일도 있었다. 가정 선생님께서 아끼는 제자 몇 명을 집으로 초대하여 손수 저녁도 지어주시고, 집 근처 남편이 재직 중인 대학교 교정도 함께 산책을 했었다. 수학 선생님도 나를 예뻐해 주었다. 나이 지긋하시고 인자하신 선생님이셨다. 방과후 청소를 하고 있으면 담임선생님께서는 뒷문을 여시고 "정미야~ 수학 선생님 오셨다." 하며 말씀해 주셨다. 그러면 나는 청소하다 말고 복도로 나가서 선생님과 이런저런 이야기를 나누었고, 수학 선생님은 애정 어린 말씀을 해주시며 나를 진심으로 격려해 주셨다. 졸업 후 찾아뵈었어야 했는데 고등학교 졸업해서 결혼할 때까지도 집 상황이 좋지 않아서 그런 생각조차 해보지 못했다.

담임선생님의 추천으로 1학기 때 효행상을 받고, 가정 선생님의 추천으로 2학기 때도 효행상을 받았다. 담임선생님께서 이렇게 1년에 2번 효행상을 받은 학생은 지금까지 '나'밖에 없었다고 하셨다. 1학기 때 받았지만 다른 과목 선생님께서 추천해 주셨기 때문에 안 줄 수가 없어서 같은 상을 두 학기 연속으로 주셨다고 하셨다.

나는 따뜻했던 고3 시절을 거치면서, 조금은 자신감이 있는 아이가 되었다. 고3 때 담임선생님의 추천으로 부장이라는 직함도 맡으면서 반에서 활약한 것도 그때가 처음이었다. 나는 선생님들과 친구들의 격려와 위로 덕분에 힘든 시절을 잘 견뎠다. 주변의 격려와 지지의 중요성, 단 한 사람의 따뜻한 격려와 위로는 나의 삶을 변화시켰듯이 다른 누군가의 삶도 분명 주변의 지지만으로도 충분히 변화시킬 수 있다.

　내가 고3 때, 우리집은 가장 힘들었다. 그 많은 일들을 담기는 어렵지만 당시 나는 학교 선생님들에게 진심으로 위로를 받았다. 고3 우리 반 친구들도 참 좋았다. 시골 학교였고 한 반에 30명밖에 없는 남녀 합반이었다. 친구들이 다 착하고 모난 친구가 없었다.

　하루는 남자 친구들이 장난을 치며 교통카드 날리기(교통카드를 엄지와 검지로 잡고 누가 멀리 날리는지 시합하기)를 하는데 여자 친구들이 앉아 있는 쪽으로 카드를 날려 등에 맞곤 했다. 다른 여자 친구들은 다시 카드를 돌려주었는데, 나는 "한 번만 더 내 등에 카드 날라오면 창밖에 던져버린다."라고 선포를 했다. 그런데 또다시 나의 등에 카드가 날아오자 그 카드를 들자마자 4층 창밖으로 던져버렸다. 자신의 하교 시 필요한 교통카드였으니 얼마나 소중했을까. 누가 주워 갈세라 남자 친구들이 우르르 1층으로 뛰어내려 갔다. 화낼 법도 한데 화를 내지 않았다.

　그날 이후로 카드놀이를 할 때면 "야~ 정미 쪽으로는 던지지 마라. 자기 맞으면 창밖에 던져버린다."라고 하며 더 이상 내 쪽으로는 카드를 날리지 않았다. 고등학교를 생각하면 추억거리가 많다. 아마도 선생님들의 사랑을 듬뿍 받아서 남자 친구들에게도 당당할 수 있었던 것 같다.

　선생님들의 관심과 따뜻한 사랑을 받고 보니 자연스럽게 내 꿈은 가정 선생님이 되는 것이었다. 4년제 가정교육과 관련된 학과에 원서를 냈는데 면접을 가지 못했다. 그때 당시에 수능을 보고 엄마가 근무하시는 공장에서 아르바이트를 하고 있었다. 엄마가 가정형편이 어려워 면접을 못 가게 하셔서 나는 대학교 면접일에도 공장에서 아르바이트를 했다. 우여곡절 끝에 지방 전문대학 유아교육학과에 진학을 할 수 있었다.

딱히 꿈이 있거나 희망이 있지는 않았다. 그냥 주어진 환경에서 최선을 다하지 않는 삶이 이어졌다. 그러다가 시댁에서 내가 전문대학을 나오고 전문직이 아니라는 이유로 결혼을 반대했다. 그때쯤부터 공부를 해야겠다고 마음먹었다. 결혼을 하자마자 한국방송통신대학교 유아교육학과 3학년으로 편입을 하고 여러 가지 사정으로 4년 만에 졸업을 했다. 그때만 해도 뭔가 꿈이 있어서 편입을 하고 공부를 했던 건 아니었다. 학벌에 대한 콤플렉스는 없었는데 결혼을 계기로 학벌에 대한 콤플렉스가 생겼나 보다. 알프레드 아들러는 말한다. 열등감이 성장 동력이 되어 자아실현을 이끈다고 말이다. 나의 열등감이 전화위복이 되어 꿈을 꾸게 하고 도전 정신과 성장 동력으로 작용되고 있는 거 같다.

공부를 계속하다 보니 이제는 구립 원장이 아닌 다른 꿈을 꾸고 있다. 청소년들, 은둔 청년들의 멘토가 되고 싶은 꿈과 우울감을 경험하는 성인과 자살을 생각하는 사람들에게 삶의 의미와 가치를 일깨워 주는 심리학자이자 '꿈'을 심어주는 동기부여 강사가 되고 싶다. 목표를 잡고 그 꿈을 위해 내가 살아온 이야기를 조심스럽게 꺼내며 책을 내고자 글을 쓰고 있다. 나의 이야기가 단 한 사람의 삶을 용기와 꿈으로 가득 채워줄 수 있다면 그것 자체만으로도 너무 감사하다. 단 한 사람에게라도, 나의 간절하고 진정성 있는 마음이 닿을 수 있기를 바라는 마음에 글을 쓰게 되었다.

사람들은 말한다. 성격은 타고나는 거라고, 혈액형에 따라 성격이 형성되는 거라고 말이다. 하지만 혈액형에 따라 성격이 나뉘지 않는다는 것은 과학적으로 이미 증명이 되었다. 성격은 혈액형에 따라 전혀 정해지지 않는다. 나도 혈액형에 따라 성격이 어찌고, 저쩌고 하는 정보에 동의하지 않는다. 또한, 성격은 타고나서 변하지 않는다는 것에도 동의하지 않는다. 기질은 유전적으로 바꾸기 어렵지만 성격은 본인의 노력에 따라 충분히 달라질 수 있다. 심리학자 아들러의 말처럼 내가 변하고자 하는 마음만 있다면 성격도 충분히 변할 수 있다. '무엇이든 마음먹기에 달렸다.'는 말처럼 아들러가 말한 긍정심리학의 핵심도 우리가 '현재', '지금 이 순간'에 집중하고 결심하고 변화하고자 한다면 과거와 상관없이 충분히 긍정적으로 삶이 변화할 수 있는 것이다.

나는 한때 프로이트 심리학자의 이론을 좋아했다. 그래서 프로이트 이론에 심취하며 파고들었다. '나는 무능해.', '나는 할 수 없어.', '나는 나이가 너무 많아.', '나는 부끄러움이 많아.' 등 프로이트는 과거의 무의식과 트라우마가 현재에 영향을 미쳐 인간이 발전하는데 어떤 한계를 긋기도 한다고 말한다. 하지만 과거가 현재에 지대한 영향을 미치는 프로이트 이론에 의문을 갖게 되었다. 과거의 무의식과 과거에 의해 영향을 받는 '나'가 아닌 '지금, 현재' 이 자리에서 다시 시작하고 싶다고 생각하던 찰나에 접하게 된 이론이 알프레드 아들러의 개인심리학이다.

알프레드 아들러는 인간의 무의식과 트라우마에 의해 현재가 정해지지 않는다고 말한다. 알프레드 아들러는 처음에는 프로이트 학파에서 프로이트 제자가 되었다가 프로이트가 창설한 정신분석학회를 탈회하고 본인이 직접 학파를 만들었다. 그 학파의 이론이 '개인심리학'이다. 개인심리학은 '개인'이라는 단어가 들어가서 뭔가 '개인'에 초점을 맞춘 '나'만 아는 개인주의 같지만 여기서 '개인'이란 사회 속에서의 개인, 타인과 더불어 함께하는 개인을 말한다. 알프레드 아들러 개인심리학은 과거가 어떻든, 현재가 어떤 상황이든 간에, 내가 마음먹기에 따라 무엇이든 될 수 있고, 무엇이든 이룰 수 있도록 삶의 용기를 심어주는 긍정심리학이다.

내가 하고자 하는 마음과 꿈만 있다면, 한 발짝 내딛는 용기만 있다면, 그대는 무엇이든 될 수 있다. 나 또한 꿈을 꿀 수 없는 환경에서 지냈으며 그 무엇도 할 수 없는 무기력한 상태였지만 뒤늦게 하고 싶은 일들이 생기면서 꿈을 향해 용기 있게 나아가고 있다. 힘든 가정환경 속에서 꿋꿋하게 살아왔지만 내 삶의 행로가 불행하지만은 않다는 것을 알게 되었다. 지지와 용기를 주신 선생님들을 만나고, 따뜻한 인간관계를 형성하게 되었다. 나는 여러 사람들의 도움을 받으며 성장했다. 내가 어려움을 극복해

낸 것처럼 나 또한 그 누군가에게 진심 어린 따뜻한 손길을 내밀어 주고 싶다. 그리고 이렇게 말해주고 싶다.

"그대는 무엇이든 될 수 있다."

내 잘못은 아니잖아

'내 잘못은 아니잖아. 그런 가정에 태어난 것이. 내가 어릴 때 맞고 자란 것이. 내가 못나서, 내가 전생에 죄를 많이 지어서 선택한 내 잘못이 아니잖아.' 그렇기에 나는 부끄럽지 않다. 나의 내면이 성장하기 전에는 나의 가정사가 부끄럽고 '내가 이런 가정에서 태어나서 어른이 된 지금도 이렇게 힘들게 사는구나.'라며 환경을 탓하며 원망하고 분노하곤 했다. 그리고 우울한 기분에 사로잡히면 헤어나기도 힘들었다.

내 마음을 잊기 위해 잠을 자고, 또 잠을 자며 잠으로 잊으려 한 날들도 있었다. 때론 폭식도 해보고 술로 나를 달래보기도 했다. 그러던 중에 우연히 만난 심리학이라는 학문이 나에게 위로를 건네주었다. 책은 나에게 '괜찮아. 너의 잘못이 아니야. 힘든 환경에서도 지금까지 잘 살아낸 너를 칭찬해.' 하며 의식의 힘을 키워주었다. 나는 나에게 진심 어린 칭찬과 격려를 해주었다.

과거와 화해하고 과거의 어린 '나'가 얼마나 힘들었을지 공감해 주고 위로해 주고 난 후 나는 내면이 성장할 수 있었다. 알프레드 아들러의 이론에서 과거가 어떻든 우리는 지금 이 순간에 마음먹기에 따라 변할 수 있다고 한다. 내가 어떤 과거를 가지고 있든 현재 얼마나 힘든 순간이 왔든 지금 이 자리에서 변화하고자 마음을 먹고 용기를 낸다면 우리는 과거를 끊어내고 어제와 다른 오늘을, 지금 이 순간을 변화시킬 수 있는 내면의 힘이 존재한다고 본다.

나는 나의 자라온 이야기를 친한 친구에게조차 털어놓은 적이 없다. 몇 년 전에 우연한 계기로 나의 이야기를 지인분들에게 털어놓았다. 예전에는 나의 힘든 이야기를 조금이라도 하고 난 후 돌아서면 '왜 그런 이야기를 했을까?', '나를 어떻게 생각할까?,' 내가 이렇다고 흉보지 않을까?', '나를 이제 어떻게 바라볼까?' 하며 타인의 시선에 연연해 했었다.

하지만 이제는 내가 누군가에게 어떤 해를 가하지 않는다면 굳이 타인의 시선에 의해 나 자신이 위축될 필요는 없다고 생각하게 되었다. '나'는 있는 그대로의 '나로서' 받아들일 수 있었던 건 심리학을 공부하며 나를 알아가고 과거의 나를 위로했기 때문이다. 꿈조차 꿀 수 없던 어린 시절을 지나 뒤늦은 나이에 꿈을 꾸게 되면서 현재에 더 감사하게 되었고, 나 자신을 사랑하지 않았던 사람이 이제 이 세상에서 그 누구보다 나를 온전히 사랑하게 되었다.

'왜 나만 이래. 왜 나는 그럴까? 남들은 이렇게 잘만 사는데 말이야.', '나보다 못생긴 여자도 나보다 시댁에서 사랑받고 잘 사는데 나는 왜 이렇게 사는 거지?', '나보다 못난 여자도 나보다 더 능력 있는 신랑 만나서 편하게 잘사는데 나는 왜 이렇게 힘들까?' 하며 항상 나와 타인을 비교하며 살았기 때문에 삶이 풍요롭지 못했고 감사한 삶을 살지 못했다.

하지만 지금 경제적으로 그리 넉넉해서가 아니라, 삶이 내가 원하는 방향으로 바뀌어서가 아니라, 타인과의 비교를 내려놓았더니 감사한 것들이 그만큼 늘어났다. 어제의 나와 오늘의 나, 과거의 나와 현재의 나를 비교하며 누군가를 앞지르기 위한 노력이 아닌 나 스스로의 발전과 꿈을 이루기 위한 여정으로 하루하루 충실하게 살게 되었다. 지금 현재 누군가에게 맞지 않는 것만으로도 감사한 삶이었는데 나는 일상의 작은 감사들을 원망과 분노로 놓치고 있었다. 꿈을 꾸고 스스로 경제활동을 하며 꿈을 이루기 위해 노력하는 현재가 좋다.

어떻게 보면 많은 나이로 무엇을 이룰 수 있을지 모르겠지만 '꿈을 이룰 수 있을까?' 하는 불안감은 없다. 지금 현재 감사하며 꿈을 꾸는 여정이 행복하기 때문이다. 내가 얼마만큼의 꿈을 이룰 수 있을지 알 수 없지만 글을 쓰고 공부를 하며 나의 마음이 단 한 사람에게라도 닿아 그 사람을 꿈꾸는 삶으로 만들어 주고, 현재를 이겨낼 용기를 갖게 해줄 수 있다면 그것만으로도 가치 있다.

나는 가난과 아픔 속에서 자랐다. 대학에 가고 싶었지만 학비를 감당할 수 없어서 잠시 접어야 했고, 내 의지와는 무관한 환경이 때로는 나를 꺾었다. 그 시절에 왜 나는 더 일찍 꿈을 꿀 수 없었는지, 왜 나는 몰랐는지를 자책한 적도 있었다. '내가 못나서, 내가 잘못해서 나는 이렇게 사는구나.' 하며 자책했던 무수한 날들. 이제는 안다. 그것은 내 잘못이 아니었다. 결코 내가 살아온 어린 시절만큼은 내 잘못이 아니다. 태어날 가족도, 자랄 환경조차 선택할 수 없는 어린 나 자신에게 무엇을 기대할 수 있었겠는가. 나는 이제 내 지난 시간을 탓하지 않는다. 그리고 지금 나는, 나의 이야기를 꺼내놓는다.

이 글을 읽는 누군가가 나처럼 아팠고, 나처럼 꿈을 미뤘던 사람이라면, 작은 용기 하나라도 건네고 싶기 때문이다. 그 아픔은 당신의 잘못이 아니다. 나도 그랬다. 오늘도 나는 늦지 않았다는 믿음으로 꿈을 향해 걷고 있다. 내가 다시 피울 이 꿈이 단 한 사람에게라도 전해진다면 그것으로 충분하다. 나는 오늘도, 담담하게, 당당하게 살아간다.

"내 잘못이 아니잖아."를 외치며.

정성은 결국
인생을
바꾼다

    2023년도 대한민국 한복 모델 선발 대회에서 1차 및 2차 대회에 합격을 했다. 또 다른 새로운 경험이자 도전이었다. 대한민국 한복 모델 선발 대회는 지역별로 열리는데 서울에서는 2차에서 떨어졌었다. 내년에 다시 응시해 보려고 했는데 다른 지역에 재도전이 가능해서 인천으로 신청해서 다시 도전해서 2차도 합격하게 되었다. 전국에서 1만여 명이 경합한 이 대회는 최종 사백 명 정도가 합격하여 높은 경쟁률로 3차 대회에서 입선상을 받았다.

    한국 한복 모델 대표로서 수교 맺은 나라에 가서 패션쇼 무대에 오르는 기회도 있다니 의미 있는 경험이 될 거 같다. 민간사절단이 된 것이다. 나로서는 진정 새로운 도전이었다. 나는 김미경 강사님처럼, 세계적인 동기부여 강사이신 보도 섀퍼 님처럼 사람들에게 꿈을 꾸고 이룰 수 있도록 '용기'와 '도전 정신'을 안겨주는 강사가 되고 싶다. 또한 지치고 힘든 상황에 놓인 사람들에게는 위로와 격려를 전하며 삶의 의미를 깨닫게 해주어 삶을 향한 의지와 자의식을 높여줄 수 있는 심리상담사가 되고 싶다.

특히 나는 너무나 힘든 청소년기를 지나와서 청소년들에게 긍정적인 영향력과 선한 영향력을 전하는 사람이 되고 싶다. 내가 유아교육학 박사과정을 마쳤지만 다시 상담심리학을 전공하려는 이유이다. 공부하는 과정 속에서 다양한 도전과 내가 생각한 것들을 하나하나 이루는 모습을 청소년들에게 보여주고 나의 경험을 들려주고 싶어서 한복 모델에도 도전을 하게 된 것이다.

나는 오래전부터 생각했다. 내가 성공해서 책을 내게 되면 나의 모교에 가서 책 기증을 할 것이라고 말이다. 시골 학교에서 다양한 상황으로 힘들게 공부하고 있을 후배들에게 작은 빛이 되어주고 싶고 멘토가 되고 싶기에 열심히 살았던 이유이기도 하다(실제로 나는 출판사와 계약을 체결하고 바로 한 일이 시골 모교에 전화를 넣은 것이다. 책이 나오면 고3 후배들에게 책을 기증하고 싶다고 말씀드리며 고3 수험생이 몇 명인지를 물어보았다. 책이 출간되면 시골 모교에 나의 책을 기증할 것이다.). 경제적인 성공이 아닌 정신적인 승리로 다른 사람들의 작은 용기와 빛이 되고 싶기 때문이다.

때로는 인생이 너무 늦은 것만 같아 마음이 조급해질 때가 있다. 이미 지나온 세월이 아쉬워 후회하고, 남들보다 느리게 가는 내 걸음에 눈이 간다. 하지만 나는 깨달았다. 늦더라도 괜찮다고, 돌아가는 길이어도 의미 있다고. 중요한 것은 포기하지 않는 마음, 그리고 그 마음을 지키는 태도라는 것을. 나는 이제 무엇을 하든, 작은 일 하나라도 정성을 담으려 한다. 비록 그 일이 누군가의 눈에는 별것 아닐지 몰라도, 내가 진심을 담는 순간 그것은 더 이상 작지 않다. 작은 일에 성의를 다하다 보면 내 마음은 단단해지고, 그런 마음은 나를 조금씩 밝혀준다. 나의 작은 빛이 또 누군가를 비출 수 있다면, 그것은 내 삶이 남에게 닿았다는 증거일 것이다.

내가 정성으로 살아가는 이유는 단 하나다. 내가 원하는 삶을, 내가 바라는 마음으로 이루고 싶기 때문이다. 누군가를 따라가거나 억지로 끌려가는 삶이 아니라, 내 진심이 이끄는 방향으로 나아가는 삶. 그것이 비록 천천히 흘러가더라도, 조용히 단단하게 쌓인 시간은 언젠가 큰 울림이 되어 나를 감싸줄 것이라 믿는다. 예전에 들은 말이 있다. "정성을 다하는 사람은 결국 세상을 바꾼다." 그 말은 내게 참 깊이 박혔다. 세상을 바꾸는 건 거대한 힘이 아니라, 묵묵히 자신의 자리를 지키며 하루하루 성실하게 살아가는 마음이라는 걸 알게 되었다. 그 믿음을 안고 나는 오늘도 천천히 걷는다. 나의 길을, 나의 속도로.

작은 성실이 쌓이고, 그 성실이 진심이 되어 내 삶을 조금씩 따뜻하게 바꾸고 있다. 그 길 위에서 나는 진정으로 원하는 나를, 조금씩 만나가고 있다. 작은 성실이 쌓이고, 그 성실이 진심이 되어 내 삶을 조금씩 따뜻하게 바꾸고 있다. 그 길 위에서 나는 진정으로 원하는 나를, 조용히 만나가고 있다. 이것이 바로 '중용'의 삶이기도 하다. 중용은 크고 특별한 것을 추구하기보다, 지금 이 순간의 나를 있는 그대로 바라보고 치우치지 않는 마음으로 매일을 살아가는 것이다. 어떤 감정에도 흔들리지 않으려 애쓰며, 내가 할 수 있는 작은 최선을 다해 한 걸음씩 나아가는 길. 그 길 위에서 나는 안다. 거창한 성공이나 화려한 이력이 아니라, 오늘도 최선을 다해 묵묵히 살아가는 이 순간들이 결국 나를 빛나게 한다는 것을.

나는 오늘도 크게 소리치지 않아도, 누구에게 보이지 않아도, 내 마음의 중심을 잃지 않으려 애쓰며 '중용'이라는 이 길을 따르며 걷고 있다.

꿈이 있는
사람은
달라진다

　　　　　　　　나는 어려운 가정환경에서 꿈조차 꿀 수 없었지만 늦은 나이에 심리학이라는 학문을 만나 배움을 이어왔으며, '나'를 사랑하는 마음이 커질수록 '꿈'이라는 단어가 내 마음속에 빛으로 다가왔다. 사람에게 운명이 있다고 믿는가? 운명을 바꿀 수 있다고 자기 자신을 굳게 믿는 사람들은 자신의 운명을 바꾸어서 원하는 삶을 살아갈 수 있다. 그 운명을 바꿀 수 있는 내면의 힘은 바로 용기이다. 이 용기의 뿌리는 바로 자신이 간절히 바라던 '꿈'이다.

　나는 마흔쯤부터 꿈을 꾸게 되었다. '만학도'이자 '만꿈도'인 셈이다. 마흔쯤부터 계획한 것들을 하나하나 이루고 있으니 나는 이 꿈도 꼭 달성할 것이다. 나는 꿈을 향한 공부를 시작하기 전에는 운명에 끌려가는 사람이었다. 하지만 꿈을 가지고 있는 현재는 나의 운명에 지지 않고 운명을 개척하는 사람으로 변했다. 그 중심에는 나의 '꿈'이 있었다.

　꿈을 이루는 삶보다 더 좋은 삶은 없다고 생각한다. 막연한 성공이나 부자가 되고 싶다는 꿈보다는 내가 진정 하고 싶은 구체적인 '꿈' 말이다. 지금 당장 꿈이 없다는 사람도 생각해 보면 어릴 적 꿈이라도 분명 가지고 있을 것이다. 그 꿈의 크기는 중요하지 않다. 현재 상황의 어려움과 늦은 나이도 꿈 앞에서는 그리 중요한 요소가 되지 않는다. 그 꿈의 크기와 가치가 어떻든 자신의 꿈을 자기 자신만 놓지 않는다면 그 꿈에 닿을 수 있다. 사람은 꿈을 가지면 분명 조금씩 자기도 모르게 달라진다. 꿈을 가지고 행동하는 사람은 조금씩 달라진다. 자신의 꿈에 대한 확신을 가지고 행동하면 결국 꿈을 이루게 된다.

지금 현재 꿈을 가지고 있지 않은 사람일지라도 이 글을 읽으며 작은 꿈이라도 품어보기를 권한다. 나 역시 꿈조차 없는, 꿈조차 꿀 수 없는 어려운 어린 시절을 거쳐왔지만 뒤늦은 나이에 꿈을 갖게 되었고 그 꿈을 꿈으로만 그치지 않고 그 꿈을 향해 한 발짝 내디뎠더니 내 삶이 조금씩 달라지고 있음을 느낀다. '내가 이루고 싶은 꿈은 무엇일까?' 지금 당장이 아니더라도 오늘 하고 싶은 것들, 내일 하고 싶은 것들, 올해 하고 싶은 것들을 직접 기록하며 생생하게 꿈꾸다 보면 장기적인 관점으로 이루고 싶은 꿈은 분명 나타날 것이다.

가슴 뛰는 설레는 꿈이 생기면 삶의 의미도 덤으로 가질 수 있다. 삶의 의미가 있다는 것은 실패해도 다시 일어설 수 있는 힘을 기를 수 있다는 것을 의미한다. 이 말은 삶에서의 진정한 의미는 성공에만 있는 것이 아니라, 실패를 통해 성장하고 다시 일어설 수 있는 능력에 있다는 것을 말한다. 실패는 끝이 아니며, 그 실패 속에서 배우고, 더 강해지며, 결국 자신을 재건할 수 있는 기회를 맞이하는 것이다.

　삶의 의미는 어떤 목표를 달성하는 과정에서 발생하는 것이 아니라, 실패를 마주하고 그것을 이겨내는 과정 속에서 발견되는 것이다. 실패를 겪을 때마다 좌절하거나 포기하는 것이 아니라, 그 경험을 통해 더 나은 내가 되기 위해 노력하는 것이 바로 진정한 삶의 의미가 된다. 실패는 끝이 아니며, 일어설 수 있는 기회를 준다는 점에서, 그 자체로도 삶의 중요한 의미로 작용하게 된다. 그 의미를 찾을 때, 우리는 더 강하고, 지혜롭고, 담대하게 삶을 맞이하고 살아갈 힘을 얻게 될 수 있다.

나 자신을
사랑하는 법을
배우다

"예전의 마흔과 지금의 마흔은 참 다르다."

- 김미경,《김미경의 마흔 수업》

김미경,《김미경의 마흔 수업》을 읽으며 와닿은 문장이다. 책장에서 우연히 꺼낸 김미경 작가의《김미경의 마흔 수업》을 펼치며 나는 고개를 끄덕였다. 그 말이 참으로 와닿았기 때문이다. 예전의 마흔은 인생의 절반쯤 지나 이제는 속도를 줄이고 안정을 추구해야 하는 시기로 여겨졌다. 하지만 지금은 다르다. 백세시대를 살아가는 우리는, 마흔이 끝이 아니라 새로운 인생을 설계하는 첫 번째 관문에 서 있다.

누구도 우리에게 앞으로 어떻게 살라고 가르쳐 주지 않는다. 옛날처럼 답이 정해진 삶이 아니기 때문이다. 마흔쯤이면 누군가는 부모로, 누군가는 일터의 중심으로 살아왔고, 바쁘게 지나온 세월 속에서 정작 '나'라는 사람은 어디쯤 있는지 모를 때가 많다. 그래서 혼란스럽고, 때론 막막하다. 그러나 그 혼란은 곧 가능성이기도 하다. 누군가가 깔아준 길이 아니라 내가 스스로 만들어

가는 길, 그것이 지금 우리가 살아가는 시대의 마흔이라는 생각이 들었다. 그리고 나는, 이제 그 길을 걸어가 보려 한다.

요즘 40대는 중년이라 하기엔 사고방식부터 라이프 스타일, 외모까지 너무 젊어 보이기 때문에 30년 전의 마흔을 생각하면 안 된다. 지금의 마흔은 예전의 마흔이 아니라는 김미경 강사님의 말씀에 내면의 깊은 울림과 함께 용기가 다시금 생겼다. 나는 마흔하고도 플러스알파, 알파지만 지금도 늦지 않았다는 나 자신에 대한 믿음과 확신이 생겼다. 나 자신에 대한 믿음만 확고하다면 문제없다. 사실 타인보다 자기 자신이 자신을 더 의심하고 믿지 못하는 것이 현실이다.

나 자신에 대한 믿음과 사랑도 연습이다. 나 또한 수없이 무너지고 다시금 용기를 내고, 또 무너지고 다시 일어서기를 반복했다. 그 중심에는 책이 있었다. 자기계발서, 심리학서 등을 읽으며 다른 사람들의 생각을 엿보고 어떻게 현실을 극복해 나갔는지 자기 자신을 어떻게 사랑하게 되었는지를 터득하고 나에게 적용해 나갔다. 많은 사람들이 "자신을 사랑하라."라고 말하지만, 그 말은 생각보다 실천하기 어렵다. 나를 괴롭히는 건 언제나 남이 아니라 바로 나 자신일 때가 많으니까.

나는 심리학을 통해 '자기 사랑'이 단순한 자기 합리화나 자기중심적인 태도가 아니라는 걸 알게 되었다. 그것은 오히려 '자기 수용'에서 시작된다는 것을. 심리학자 칼 로저스는 이렇게 말했다. "자신을 있는 그대로 받아들일 때, 비로소 변화가 시작된다." 이 말은 내게 큰 울림을 주었다. 부족한 나, 상처 많은 나, 때로는 이기적이고 모자란 나를 받아들이는 것이야말로 사랑의 시작이라는 것을 나는 늦게서야 배웠다.

나는 이제 심리학책들에서 배운 대로 일상생활에서 나를 사랑하는 법을 실천하는 중이다. 이유 없이 불안감이 밀려올 때, 괜한 우울감이 찾아올 때 나는 나를 바라보며 나에게 이야기해 준다. "괜찮아. 아무것도 아니야. 나는 나를 믿어.", "누가 뭐라든 든든한 네 편이 되어줄게. 나는 나라서 참 좋아." 나는 스스로 나를 위로하는 '자기 연민'을 배워갔다. 자기를 비난하지 않고, 오히려 가장 힘든 순간에 스스로를 감싸안아 주는 것, 그것이야말로 자기 사랑의 깊은 뿌리가 된다.

또한 실수를 하거나, 아무것도 이룬 게 없어 보일 때, "왜 이렇게 바보 같아?", "역시 너는 안 돼."가 아니라, "괜찮아, 누구나 실수할 수 있어."라고 말한다. 그리고 딸에게 늘 하는 말을 나에게 건네본다. "매일, 매 순간 웃고 있으면 그건 미친○이야." 항상 행복할 순 없고, 그렇다고 매일, 매 순간이 불행하지도 않다. 나는 이제 안다. 나를 사랑한다는 것은 언제나 내가 내 편이 되어주는 일이며, 세상이 등을 돌려도 내가 나를 지지해 주는 일이라는 것을. 그 사랑은 하루아침에 완성되는 것이 아니라, 매일 매일의 작고 따뜻한 선택으로 만들어지는 연습이라는 것을. 나를 사랑하는 방법을 찾는 모든 이들에게 말해주고 싶다. 그 길은 멀고 때로는 울퉁불퉁하지만, 반드시 당신을 더 단단하게 만들 것이다. 그리고 언젠가 그 사랑이 당신을 감싸줄 것이다. 아무 이유 없이, 그저 당신이기 때문에.

책 읽기를 단순한 활동으로 치부하고 책 읽기 자체에만 의미를 부여한다면 발전은 없다. 이런 사람들에게는 자기계발서 책을 읽어도 도움이 전혀 되지 않는다. 뻔한 소리만 적혀 있다고 말하게 되는 것이다. 나는 자신있게 말한다. 어느 책이든 의미 있는 문장은 꼭 반복해서 읽으며 나의 삶에 들여오기를 말이다. '어떻게 하냐고?' 의심하지 말고 책에서 하라는 단 한 문장이라도 실천해 보면 된다. 작은 성공이 모여 큰 성공이 되지 않던가.

'나이가 많아서, 주변에서 지지를 안 해줘서, 돈이 없어서.' 수만 가지의 핑계와 이유에서 단 한 번이라도 벗어나서 진정한 나와 마주해 가다 보면 자기 자신을 객관적으로 알게 되고 자아존중감도 향상되며 그 누구보다 더 자기 자신을 사랑할 수 있게 된다. 타인의 시선에도 자유로워질 수 있다. 감정도 연습이며, 나의 생각도 연습을 통해 고정관념의 틀에서 벗어날 수 있다.

백세시대에 나이로 한계 짓거나 "내 나이에는 이래야 해."라고 하면서 내 삶에 선을 그을 필요는 없다. 나는 돌아가고 싶은 나이도 없을뿐더러 20대이고 싶지도 않지만, 마음은 20대 못지않게 열정과 꿈으로 가득한 삶을 현재 살고 있다. 이렇게 되기까지 나 또한 주어진 현실과 주변의 반대와 경제적 여건 등을 뛰어넘어야 했다. 수많은 난관도 있었으며 가장 가까운 남편조차 이해를 해주지 않았었다. 경제적 여건도 발목을 잡았다. 하지만 지금, 현재가 만나 미래로 연결되듯 내 미래가 찬란해지려면 현재에 투자를 하고 준비를 해야 하는 것 아닐까?

꿈이 생기고 꿈을 위해 실행하는 과정 속에서 현재의 여건과 늦은 나이가 나의 발목을 잡고 부정적인 말들을 들어야 했다. 하지만 내 꿈만 확고하게 단단히 지켜나간다면 이 또한 해결할 수 있는 문제가 된다. 김미경 강사님과 보도 섀퍼가 나의 롤 모델이다. 롤 모델을 설정하고 그분들의 인생 여정에서 현재 이룬 성공만을 보지 않고, 성공을 이루기까지의 과정을 나도 하나하나 따라가다 보면 나 또한 누군가의 롤 모델이 될 수 있지 않을까 하고 생각한다. 나도 60살이 되었을 때, 그 누군가 단 한 명에게라도 롤 모델이 될 수 있다면 내 인생은 성공했다고 생각한다. 미래에 누군가의 롤 모델이 되기 위해서만 노력하는 것은 아니다.

나는 혼자 생각하는 것들을 머릿속 생각만으로 끝내지 않고 꿈을 꾸고 실행하는 현재가 감사하고 좋다. 내가 나 자신을 사랑할 수 있기까지 힘들었던 여정에 나 스스로 나를 안아주고 위로해 주고 칭찬해 주고 싶다. 버티는 것이 이기는 것이다. 이렇게 살아낸, 살아내고 있는 그 자체가 성공한 인생이다. 나는 잘 살아내고 있다.

인간관계론을 정립한 자기 계발 전문가로 워낙 유명하신 분인

데일 카네기의 명언을 되새기며 나는 내 꿈을 자세하게 정리하고 글로 남기며 다시금 꿈의 방향을 설정한다. 데일 카네기는 이렇게 말했다. "자신을 믿어라. 그러면 남들도 당신을 믿을 것이다." 나는 이 문장을 처음 읽었을 때, 마음 깊은 곳에서 무엇인가 울컥 올라왔다. 평생을 누군가의 인정과 칭찬을 기다리며 살아왔던 내가 놓치고 있던 것이 바로 그것이었다.

"나 자신을 믿는 것."

뒤늦은 나이에 꿈을 가지고 그 꿈을 위해 공부하고 어렵게 공부를 시작한 경험을 책으로 내자고 마음먹고 나서부터는 정말 열심히 달려왔던 것 같다. 무엇이든 생각하고 목표한 것은 일단 저질러 보는 성격이라 생각한 대로 실행하고자 노력한다. 실패는 성공의 어머니라는 말도 있지 않은가. 희망이 보이지 않더라도 꿋꿋하게 견디며 무언가를 계속 도전하고 나아간다면 분명 삶은 내가 가고자 하는 방향대로 움직여지리라 믿는다. 세상의 중요한 업적도, 결국 희망이 보이지 않는 순간들에도 꺾이지 않고 도전한 사람들의 결과물이라는 것을 나는 알고 있다.

어려운 순간들이 쌓여서 내가 원하는 것에 조금씩 다가가고, 그 과정에서 얻은 깨달음들이 나를 더 강하게 만들었다. 나는 내가 도전하는 것에 대한 의미와 가치를 점점 더 깨닫게 되었고, 결국 그 모든 힘든 순간들이 나의 성장을 위한 발판이 되었음을 알게 되었다. 이제 나는 어떤 상황에서도 희망을 놓지 않고, 끊임없이 도전하는 것이 얼마나 중요한지 잘 안다. 그것이 바로 내가 이루고자 하는 큰 꿈을 향한 첫 번째 발걸음이기 때문이다. 나는 오늘도 꿈을 꾸고 도전하고 있다.

"나는 할 수 있다. 당신도 할 수 있다."

사랑받는
경험은
중요하다

사랑받는 경험은 누구에게나 좋은 경험이 된다. 하지만 어린 나이일수록 더 그렇다. 어렸을 때 사랑받지 못하고 자란 경험은 성인이 되었을 때 사랑하고 사랑받는 능력에 영향을 준다. 우리는 타인을 사랑하고 나를 사랑하는 것조차 어린 시절의 무의식과 사랑받고, 사랑받지 않은 경험의 영향을 크게 받는다. 과거는 현재에 영향을 주기 마련이다. 과거를 직면하고 현재를 알면 미래에 대한 불안감은 사라지고 치유의 경험 또한 하게 된다. 나 자신을, 타인을 더 사랑하는 눈도 커지게 된다. 사랑은 단순히 감정적인 연결을 넘어서, 개인적인 성장, 정서적 안정, 자아존중감까지 깊은 영향을 미친다.

사랑받는 경험이 왜 중요할까?

사랑받는 경험은 우리에게 정서적인 안정감을 제공한다. 사랑은 사람이 불안하고 힘든 순간에도, 자신이 혼자가 아니라는 느낌을 준다. 이는 우리가 세상의 모든 어려움을 혼자서 헤쳐나갈 수 없다는 사실을 잘 알면서도, 누군가가 내 곁에 있다는 사실만으로도 큰 위로와 힘이 된다. 사랑을 받으며 자란 사람은 내면의 안정감을 자연스럽게 기를 수 있으며, 그 안정감은 그 사람의 삶의 여러 어려움에 직면했을 때 긍정적인 대처 능력을 높여준다.

사랑받는 경험은 자아존중감을 키우는 데 매우 중요한 역할을 한다. 사랑을 받는다는 것은 내가 존중받고 가치 있는 존재로 여겨지고 있다는 신호이다. 이는 자신에 대한 긍정적인 인식을 심어주고, 스스로의 가치를 인정하는 데 도움이 된다. 사랑을 받으면서 자란 사람은 다른 사람과의 관계에서 자신감을 가지고, 자신의 의견을 표현하거나 선택할 때 더 적극적이고 확신을 가지게 된다. 사랑받는 경험은 자아를 강화시켜 주며, 사람으로서 자신의 위치를 더욱 확고히 해준다.

사랑받는 경험은 사회적 관계에서 중요한 기초가 된다. 사람은 본능적으로 소속감을 느끼고 싶어 하는 존재이다. 사랑을 받으며 자란 사람은 친밀한 관계를 형성하는 데 어려움이 적고, 자연스럽게 다른 사람들과의 관계 속에서 믿음과 존중을 바탕으로 소속감을 느끼며 살아갈 수 있다. 이는 다른 사람들과의 관계에서 신뢰를 쌓고, 협력하며, 사회적 네트워크를 잘 구축하는 데 중요한 역할을 한다.

사랑받는 경험은 감정 조절 능력을 키우는 데 도움을 준다. 사랑을 받는 사람은 감정적인 지지를 경험하며, 갈등이나 스트레스 상황에서 더 나은 방식으로 대처하는 법을 배우게 된다. 사랑이란, 단순히 기쁨을 나누는 것뿐만 아니라 어려움과 슬픔을 함께 나누고, 그 속에서 배려와 이해를 배우는 과정이기도 하다. 사랑받는 경험은 건강한 감정 조절 능력과 대인관계능력을 기르는 데 중요한 역할을 한다.

사랑받는 경험은 종종 무조건적인 사랑을 배우는 기회를 제공한다. 무조건적인 사랑은 조건 없이 나를 사랑해 주는 관계에서 나온 것이며, 이는 나 자신에게 자신감을 주고, 자기 존중의 기초를 다져준다. 이 사랑을 경험한 사람은 타인에게도 무조건적인 사랑을 베풀려고 노력하며, 인간관계에서 더 넓은 연민과 배려를 가지게 된다. 이런 경험은 그 사람의 삶을 보다 풍요롭고 따뜻하게 만들어 준다.

사랑받는 경험은 인생의 고난과 어려움을 이겨낼 수 있는 힘을 준다. 사랑을 받으며 자란 사람은 어려운 상황에서 '나를 사랑해 주는 사람이 있다.'라는 믿음을 통해 힘을 얻고, 고난을 이겨낼 수 있는 용기를 얻는다. 그 사랑이 버팀목이 되어주는 것이다. 인간은 누구나 어려운 시기와 도전적인 순간을 겪는다. 하지만 사랑받는 경험이 쌓인 사람은 희망을 잃지 않고, 다시 일어설 수 있는 힘을 키울 수 있다.

마지막으로, 사랑받는 경험은 타인과의 건강한 관계를 형성하는 데 중요한 역할을 한다. 사랑받는 사람은 자신의 감정과 욕구를 명확하게 표현할 수 있으며, 타인과의 소통에서 편안함을 느끼고, 타인에게 감정을 나누는 데 더 개방적이다. 이러한 사람들은 친구나 연인과의 관계에서 조화롭고 안정적인 관계를 이어가며, 서로의 마음을 깊이 이해하고 배려하는 능력을 자연스럽게 가지게 된다.

결론적으로, 사랑받는 경험은 우리 삶의 가장 중요한 기초가 된다. 그것은 정서적 안정, 자아존중감, 사회적 관계, 감정 조절 능력 등 우리가 건강하게 살아가고 성장하기 위해 필요한 모든 요소들을 충족시켜 준다. 사랑받는 경험은 우리가 세상과 마주할 때, 더 강하고 따뜻하며, 자신감 있게 살아갈 수 있도록 만들어 준다.

결국, 사랑받은 사람은 그 사랑을 다시 세상에 나누며, 더 나은 사람으로 성장해 나갈 수 있게 만들어 준다. 사랑받는 아이, 사랑받은 어른으로 키워야 하는 이유가 바로 여기에 있다.

좋은 영향력은 선한 영향력을 만든다

선한 영향력이라는 말을 심리학책에서 우연히 접하고 내 뇌리에 꽂혔다. 선한 영향력이라는 말을 듣는 순간 나의 가치관과 일치함을 느꼈다. 한 단어에 이리 온몸에 전율이 느껴지는 것은 처음이다. 삶을 살아가며 심리학을 공부하며 내 삶의 의미, 내 삶의 가치관, 내 삶의 목표가 뚜렷해짐을 느낀다.

그 중심에 있는 나의 마음이 '선한 영향력'이라는 말인 것을 선한 영향력이라는 단어를 보는 순간, 느낄 수 있었다. '그래~ 이거야!' 나는 선한 영향력을 미치는 사람이고자 한다. 그동안 살아온 삶에서는 그리 선한 영향력을 미치지는 못한 거 같다. 지나온 나의 삶도 나의 삶이니 있는 그대로 받아들이고, 앞으로서의 삶을 어제보다 오늘, 오늘보다 내일 점점 더 달라지는 삶, 하루하루 더 발전하는 삶을 살며 나를 아는 모든 사람들에게 선한 영향력을 미치는 사람이고자 한다. 내가 그렇게 마음먹고 삶의 자세를 갖추다 보면 하루하루 나를 만나는 사람, 스쳐 지나가는 사람일지라도 나의 미소에서, 나의 행동에서, 나의 말에서, 나의 선함을 느낄 수 있도록 하고 싶다.

각박한 인생 속에서도 나는 여전히 믿는다. 세상은 때때로 각박하고 차가워 보이지만, 나는 여전히 선한 사람, 따뜻한 사람들이 더 많다는 사실을 믿고 있다. 우리가 살고 있는 이 세상은 완벽하지 않지만, 그 속에서도 누군가의 작은 배려와 따뜻한 마음이 세상을 조금씩 더 나은 곳으로 만들고 있음을 나는 잘 알고 있다. 내가 부족하다고 느낄 때, 다른 사람들과 비교하며 불안하거나 자책하는 것보다, 내가 가진 모습 그대로 살아가기로 다짐한다. 부족한 점이 있다면 그것을 받아들이고, 충족되지 않은 부분이 있다면 그걸 채워나가며 주어진 삶을 충실히 살아가고자 한다. 그 과정에서 내가 누군가에게 긍정적인 영향을 미칠 수 있기를, 그것이 나의 바람이다.

마치 은은한 향기를 풍기는 꽃잎처럼, 나는 어떤 큰 소리 없이도 자연스럽게 선한 영향력을 퍼뜨릴 수 있는 사람이 되고 싶다. 내가 의도하지 않아도, 내 존재만으로도 누군가에게 따뜻한 위로가 될 수 있다면, 그것이야말로 내가 살아가는 의미일 것이다. 조용하지만 강한 선한 영향력을 전하는 사람이 되고 싶다. 나의 작은 변화가, 누군가에게 작은 희망이 되고, 그 희망이 또 다른 희망을 키워갈 수 있기를 진심으로 바란다.

실천하기
힘든
인성이라지만

요즘 들어 인성, 인성, 인성이라는 말을 많이 한다. 유독 인성이라는 단어가 어디에서든 화두가 된다. 사람이 기본적으로 당연히 갖추고 있어야 하는 심성, 인성. 그 인성이 무너진 시대를 살다 보니 역으로 인성이 부각되고 있는 듯하다. 원래 부족한 것에 대해서는 더 집착하게 되는 법이니까. 안타까운 현실이다.

초등학교뿐만 아니라 중고등학교도 인성 교육을 따로 배울 정도로 인성은 이제 교육을 통해 알아야 하는 시대가 된 듯하다. '인성이란 무엇인가?' 남을 배려하고 감사하고 사랑할 줄 아는 마음이다. 너무나 쉬운 말이다. 하지만 실천하기 어렵다. 이 인성이라는 놈이 왜 무너지고 있는가. 어릴 적 행복한 기억이 많은 사람은 성인이 되어도 삶을 더 여유롭게 바라볼 수 있는 눈이 키워진다. 또한, 삶의 아름다운 경험을 더 하게 되며, 물질적 풍요보다 심적, 정신적 풍요를 더 즐긴다고 한다. 내면의 긍정성과 삶에서 오는 고통도 더 슬기롭게 이겨내는 힘도 키워진다.

어릴 때 지지받은 경험, 사랑받은 경험이 있는 사람은 인성도 쉽게 무너지지 않는다. 그래서 유아기가 중요하다. 조기 교육, 사교육, 공부로 바쁜 아이들이 조금은 쉴 수 있는 여유를 아이들의 뇌에 허락해 준다면 아이의 인성이 자라날 것이다. 인성이 자라고 감성이 자라날 것이다. 우리 아이들이 성인이 되었을 때는 창의적인 인재가 진정한 리더가 되는 시대가 도래하지 않는가. 인성이 자라고 감성이 자라는 곳에 창의력도 무한대로 자라날 것이다.

장기적으로 보면, 인성은 그 어떤 교육보다도 더 중요한 성공의 지표가 될 수 있다. 왜냐하면 감정과 마음이 하나가 되어, 내가 의미 있고 가치 있는 존재라는 인식을 통해 진정한 인성이 자라기 때문이다. 아이들이 살아가는 이 세상에서, 가장 중요한 바탕은 바로 인성이어야 한다. 우리가 더 이상 이 인성을 화두로 삼고, 논의만 하지 않기를 바란다. 아이들이 스스로의 가치를 깨닫고, 행복을 느끼며 자라날 수 있도록 우리가 더 많은 관심과 사랑을 기울여야 할 때이다.

나는 어린 시절에 그런 기회를 충분히 누리지 못했다는 아쉬움이 있지만, 그 아쉬움을 통해 아이들이 좀 더 행복한 환경에서 자라길 바라는 마음은 더욱 간절해진다. 아이들이 스스로를 소중하게 여길 수 있도록, 자신의 감정을 이해하고, 타인과의 관계 속에서 행복을 찾을 수 있도록 우리가 함께 길을 만들어 가야 한다. 그런 바탕 위에서만, 아이들은 자신감 있게 세상에 나아가고, 진정한 행복을 찾으며 성장할 수 있을 것이다. 우리 아이들이 더 행복해지기를 진심으로 바란다.

아직도 악몽을 꾼다

새벽에 악몽을 꿨다. 악몽을 꾼 밤이면 우울한 마음에 사로잡힌다. 잠에서 깬 나는 신랑 어깨에 안기어 움츠러든다.

"오빠, 악몽을 꿨어."
"무슨 꿈인데?" 잠결에 신랑이 말한다.

나는 "그냥, 무서운 꿈." 하면서 더욱더 신랑 품에 파고들었다. 무서움을 떨치기 위해서 말이다. 한참을 뒤척이다 다시 잠을 잤다. 아침에 신랑은 무슨 꿈이었는지 물어봤지만, "그냥, 꿈." 하고 더 이상 꿈 이야기를 하지 않았다. 신랑은 "무슨 꿈인지 생각도 안 나지?" 하며 대수롭지 않게 생각하고 넘겼다.

하지만 난 매번 선명한 꿈을 꾼다. 40대가 다 지난 현재까지 반복되는 꿈이다. 나는 매번 꿈속에서 아빠에게 무진장 맞는다. 피투성이가 되도록 맞는다. 맞는 이유는 꿈속에서 알 수 없지만, 화가 나 있는 아빠와 맞고 있는 '나'만 등장한다. 난 아빠의 손에 의해 무수히 맞으며 피투성이가 되어간다. 그리고 꿈속에서도 맞은 날, 가출을 결심한다. 가출을 하고 거리를 헤매는 꿈을 꾸곤 한다.

아직도 아빠에게 맞는 꿈을 꾸는 현실이 너무나 마음 아프고 나 자신이 비참해지곤 한다. 이런 마음을 떨쳐 버리고자 노력한다. 어디선가 '쿵' 하는 소리가 나면 덜컥 겁이 날 때가 있다. 몸이 자동으로 움츠러들며 내 머리가 순간 흔들리는 느낌이 난다. '쿵' 소리가 내 머리가 벽에 부딪히는 소리 같다. 어디선가 부딪치는 소리가 나거나, 위층 어린 꼬마가 공을 던지는 소리 등 뭔가 부딪치는 소리가 나면 순간 머리가 흔들리는 느낌이 난다. 뇌가 흔들리는 느낌이다. 기분 나쁜 감정이다.

어쩌면 이 악몽은 단순한 꿈이 아닐지도 모른다. 그건 내 마음속 깊은 곳에 묻혀 있던 과거의 상처가, 내가 잠든 사이에 다시 떠오른 것일지도. 아빠에게 맞던 그 순간의 고통과 절망이, 내 의식 속에서 다시 살아나 꿈이라는 형태로 나를 괴롭히고 있는 것 같다. 그 순간의 아픔은 말로 표현할 수 없을 정도로 강렬하고 깊다. 머리채를 잡힌 채 무자비하게 벽에 부딪히는 내 머릿속의 느낌은 여전히 생생하다. 그 충격, 그 아픔이 내 뇌리에 그대로 박혀 있고, 그 기억은 시간이 지나도 나를 떠나지 않는다.

그때의 나는 몸도 마음도 모두 나약했다. 아무리 애써도 내 몸은 움직이지 않았고, 소리 한마디 내지 못했다. 그저 무력하게 당하고만 있었을 뿐이었다. 그때의 느낌은 나를 완전히 무너뜨린, 말로 할 수 없는 고통이었다. 그 아픔은 단지 육체적인 고통에 그치지 않는다. 아직도 글로만 떠올리는데도 심장이 뛰며 아프다. 내 영혼 깊숙한 곳까지 상처로 남은듯하다. 내가 사랑받지 못하는 존재로 느껴졌고, 그 순간부터 나를 믿고 사랑하는 법을 잃어버린 것 같았다. 그 후로 나의 마음 깊은 곳에는 그 상처가 계속 남아, 누구에게도 내 아픔을 쉽게 이야기할 수 없게 만들었다.

그 꿈속에서 느꼈던 고통은 마치 과거의 나에게 되돌아가 다시 한번 그 아픔을 경험하게 한 것처럼 너무나 선명하다. 그 고통이 아직도 내 안에서 살아 숨 쉬고 있다는 것을 느꼈다. 아빠의 거친 손길을 기억하며 자라온 그 세월은 그 자체로 두려움이었고, 그 두려움이 여전히 내게 영향을 미친다. 그 아픔은 단순히 지금의 내가 겪는 아픔이 아니다. 그것은 어린 시절, 내 영혼을 짓누르던 무거운 짐이었고, 그 짐을 벗기지 못한 채 살아가고 있는 나의 모습이 그 꿈속에서 고통받고 있는 것이다.

아직도 그 아픔이 나를 따라다니고, 그 기억이 떠오를 때마다 내 마음은 여전히 떨린다. 꿈속에서라도 그 아픔을 다시 겪는 것만 같아서 나는 그 순간이 현실인지 꿈인지 구분할 수 없을 때가 많다. 하지만 이제 오랫동안 나를 괴롭혀 오던 이런 아픔이 찾아오면 나를 흔들지 못하게 할 힘을 나는 키웠다. 깊고 고통스러운 상처도, 시간이 지나면서 내면의 힘을 키우면서, 나를 무너뜨리지 못하게 할 힘을 키울 수 있게 되었다. 오히려 그 아픔은 내가 더 강해지기 위한 밑거름이 되었다.

온실 속 화초로 너무 귀하게 자라오다 갑자기 찾아온 작은 시련에도 쉽게 무너지는 사람들을 보았다. 나는 어쩌면 이런 점에서는 행운아인지도 모르겠다, 어떤 풍파가 와도 맞서 싸울 수 있는 힘을 길렀으니 말이다. 이제 나는 그 아픔을 단지 과거의 상처로만 보지 않는다. 그것은 내가 이겨낸, 내가 이룬 변화의 증거로 받아들여진다. 그 아픔은 나를 더 성숙하게 만들었고, 나를 진정으로 강하게 만든 원동력이 되었다. 그 고통 속에서 깨달은 것은, 어떤 아픔도 결국에는 시간이 지나면 치유될 수 있다는 것이었다. 내가 이겨낸 그 상처들은 더 이상 나를 억제하지 못한다. 이제 그 아픔은 내 삶의 일부로, 나를 더욱 강하게 만든 교훈으로 남아있다.

"왜냐고?"

"나 이렇게 버티고 살아 있으니까 말이야. 그리고 꺾여도 묵묵히 그 자리를 버티고 지나는 마음, 그 자리에서 버티고 버텨서 새순이 돋듯 내 마음에 새살이 돋도록 기다리는 마음, 새살이 돋아나면 다시 일어설 수 있는 내면의 강인한 마음을 이제 가진 나이기 때문이다."

오늘 이루는 삶으로

나는 계획한 것들이 늘 작심삼일로 끝나는 사람이었다. 어쩌면 계획조차 없이 주어진 삶에 안주하며 살았던 사람이었다. 어릴 때부터 꿈이라는 단어는 나와 먼 이야기였고 늘 "너는 안 돼."라는 환경에서 '그래, 나는 안 되는구나.'하며 타인에 의해 나 자신이 결정되던 사람이었다. 책상에 쌓인 다이어리, 다양한 학원 등록증, 인터넷 강의 수강 목록….

내가 '한때 의욕적이었던 증거들'은 시간이 지나면서 빛바랜 부끄러움으로 쌓여갔다. "나는 왜 늘 끝까지 해내는 것이 없을까?" 그 생각에 빠질 때면 자꾸 내가 더 작아지는 기분이었다. 열심히 살아가는 사람들, 자신감 있는 사람들 앞에서 위축되고, 나는 원래 안 되는 사람이라는 식으로 나 자신을 깎아내렸다. 잘할 수 있는 것도 없었고 잘해낼 수 있는 용기도 없었고 타인의 시선에, 타인의 말들에 이끌려 멈칫멈칫하던 사람이었다. 그렇게 살아온 내가 심리학이라는 학문을 만나며 달라졌다.

"나는 너무 거창한 내일을 꿈꾸느라 오늘을 놓치고 있는 건 아닐까?" 마치 인생을 한 방에 바꿔야 한다는 강박처럼 나는 언제나 내일의 '완벽한 나'를 그리며 오늘을 허비했다. 하지만 그 '완벽한 나'는 단 한 번도 오지 않았다. 늘 내일이 되면 또 내일을 기약했기 때문이다.

어느 날 책을 통해 터득한 대로 방향을 바꿨다. 거대한 결심 대신, 아주 작은 실천 하나. '오늘 하루 단 한 페이지라도 책 읽기', '오늘 하루 작은 감사함 찾기', '움직이기 싫은 날도 플랭크 30초만 하기', '스쿼트 100개 하기' 등 단 한 개라도 이루어 보자는 마음으로 작은 목표들을 실천해 나갔다. 하찮아 보이는 이 실천들이 하루, 이틀, 사흘을 지나면서 조용히 나를 바꿔놓았다.

어느새 나는, "이번엔 또 며칠이나 가려나…." 하던 사람이 "내일도 해보자." 하는 사람으로 바뀌었다. 습관은 작게 시작했고, 그 작음은 매일 쌓이며 결국 삶이 되었다. 우리는 거창한 성공보다 작은 반복으로 변한다. 오늘 하루를 충실히 살아낸 사람들이 어느 날 거울 앞에서 달라진 자신을 마주하는 것이다. 내 인생의 결정권자는 타인이 아닌 '나 자신'이다. 그 누구도 내 인생을 대신 살아줄 수 없고 의외로 타인은 다른 사람들에게 관심이 없다. 뒤늦은 나이에 삶의 의미에 대해 생각하고 현실의 벽을 조금씩 무너뜨려 나갔다. 느리지만 꾸준히, 천천히 멈추지 않고 나아갔다. 나를 직면하며 나 자신을 알아가고 내가 나를 위로하고 격려하며, 어릴 때 형성하지 못했던 자아존중감도 형성하고 지금도 조금씩 성장 중이다.

심리학, 자기 계발, 동기부여 책들과 강의를 들으며 나는 조금씩 내 조그마한 울타리를 벗어나려고 노력하고 있다. 남들은 자기 계발, 동기부여 같은 도서들이 좋은 말들이긴 하지만 딱~ 거기까지라고 한다. 그 순간에는 알겠는데 남는 게 없어서 이런 책들을 읽지 않는다는 사람들도 많이 보았다. 하지만 나는 보도 섀퍼 작가가 쓴 자기 계발, 동기부여의 내용이 담긴 책들을 읽으면 가슴이 뛰었고 책 속의 한 줄 한 줄 문장들이 내 삶의 원동력이 되었다.

너무너무 와닿는 문장들에 줄 긋고, 접고, 또다시 접으며 오늘도 열심히 책을 읽는다. 그리고 오늘은 무언가 이루는 삶을 살아가고자 한다. 내일도, 모레도 여전히 나는 이제 한다면 하는 사람이다.

인성,
작지만
단단한 시작

*"인성이라는 씨앗을 심으면
운명을 수확하게 될 것이다."*

- 윌리엄 제임스, 미국 심리학자

나는 사람을 볼 때 가장 먼저 보는 것은 그 사람의 됨됨이의 기본이 되는 바로 '인성'이다. 어린이집에서 교직원을 채용할 때도 그 사람의 능력보다 우선으로 '인성'을 본다. 그 사람의 인성을 어떻게 한눈에 알 수 있냐고도 한다. 그 사람의 인성을 섣불리 판단하는 오류를 범할 수도 있지만 대화를 하다 보면 그 사람의 인성이 느껴지고 그 사람이 자기 자신에 대해 쓴 자기소개서나 글에서 그 사람의 인성이 묻어 있다. 그래서 나는 자기소개서를 중요하게 생각한다.

자기 글에는 그 사람의 마음이 담겨 있기 때문이다. 사람의 말투에 그 사람의 인격이 담겨 있듯이 그 사람의 글에, 그 사람의 말투에 담긴 인격을 보듯 그 사람의 인성을 엿볼 수 있다. 물론 오류는 있다. 하지만 오래 지켜보다 보면, 결국 그 사람의 말투에 마음이 담겨 있다는 걸 알게 된다. 조용한 사람은 생각이 깊고, 거친 사람은 상처가 많다. 늘 남을 먼저 챙기는 사람은 사실 누구보다 외로웠던 시간들이 있었다. 그래서 나는 누군가를 판단할 때 겉모습이나 성과보다는 그 사람의 말과 태도, 글을 먼저 보게 되는 것이다. "괜찮아요."라는 말속에 담긴 따뜻함, "제가 도울게요."라는 손길 뒤에 숨어 있는 배려, 그 모든 것이 결국 인성이라는 씨앗에서 비롯된다고 믿기 때문이다.

인성이 태어날 때부터 완성되어 있는 게 아니다. 자라는 동안 꾸준히 물 주고, 햇살 주며 키워야 하는 씨앗이다. 어릴 때 받은 칭찬 한마디가 인성의 싹이 되기도 하고, 실수했을 때 누군가 따뜻하게 손 내밀어 준 경험이 다른 사람을 이해하는 나무가 되기도 한다. 그 씨앗을 제대로 키운 사람은 말투부터 다르다. 정중함이 기본이고, 어려운 사람을 대할 때 더 조심스럽다. 자기보다 약한 존재에게 함부로 말하지 않는다. 결국 그 사람의 언어와 행동은 자기 내면의 나무에서 자라난 열매다.

나는 내가 먼저 상대방을 인성의 잣대로 대하기 전에 내가 먼저 그런 사람이고 싶다. 예쁘다는 말보다 "참 인성이 바르군요."라는 말을 듣고 싶다. 내가 누군가에게 작지만 따뜻한 기억으로 남을 수 있다면 그보다 더 큰 성공이 또 있을까. 세상은 여전히 빠르고, 거칠고, 이기적일 수 있다. 하지만 그 안에서도 조용히 인성이라는 씨앗을 가꾸는 사람들이 있다. 그들은 말보다 삶으로 증명하고, 결국 가장 깊은 뿌리로 남는다. 당신의 말투와 태도 속에도 이미 씨앗 하나가 자라고 있을지 모른다. 매일 조금씩 가꾸면, 언젠가 그 나무 아래에서 누군가의 쉼을 얻게 될 것이다.

나도 또한 누군가의 쉼이 되어주고 싶다.

하나하나가 모여 길이 되었다

　살다 보면 가끔 그런 생각이 든다. '도대체 왜 이런 일이 나에게 일어났을까.', '나는 왜 평범조차도 안 되는 삶을 살아가야만 하는 걸까?', '가난해도 좋아. 아빠가 무섭지만 않으면 좋겠어.', '맞지만 않으면….' 이해할 수 없는 시련과, 어린 나이에 감당할 수 없는 아픔, 그 순간에는 전혀 납득되지 않는 선택과 결과들. 그럴 때마다 마음속에 물음표만 쌓였다. 시간이 지나 보니 알겠다. 그 일들이 모두 흩어진 점처럼 보였지만, 어느 순간 그것들이 하나둘 선으로 연결되며 내 인생의 방향을 바꾸고 있었단 걸.

　스티브 잡스가 말했듯, "점과 점이 연결되어 선이 된다." 그 점은 때론 실패였고, 고통이었고, 외로움이었지만 그 모든 순간이 지나고 나니 그것이 없었다면 지금의 나도 없었겠구나 싶다. 과거의 내가 울면서도 버텨온 시간들, 주저앉을 뻔한 순간에도 간신히 다시 일어난 발걸음, 그 모든 것이 지금의 나를 만든 재료였다. 지금 이 순간의 내가 또 하나의 점이 되어 내일의 나와 만나고 있을 것이다. 우리는 살아가며 종종 과거를 부정하려 들고 현재의 고단함에 지쳐, 미래를 포기하고 싶어지기도 한다. 하지만 지금 겪는 모든 경험은 어느 날, 아주 놀라운 방식으로 서로를 만나 당신이라는 아름다운 선이 된다.

   그러니 조급해 하지 말자. 당장 이해되지 않는 일이라도 지금은 그저 '점'일 뿐이다. 그 점이 선이 되고, 그 선이 삶이 되고, 그 삶이 누군가에게 또 하나의 희망이 된다. 점과 점이 연결되어 이어 만나듯 흐르는 시간 속에서 나의 작은 선택, 선택 그리고 작은 경험, 경험들이 이어 만나 나의 미래로 연결된다. 그것이 무엇이든 간에 현재 나의 꿈을, 목표를, 지금 이 순간, 순간마다 이어나가 보자. 그럼, 분명 나는 나의 꿈에 닿아 있을 것이다.

   과거와 현재는 연결되어 있고, 현재도 분명 미래와 닿아 있다. 그러니 오늘을 믿자. 이 작은 하루도 언젠가 큰 그림을 이루는 하나의 귀한 점이 될 테니.

좋은 글, 좋은 사람

누구나 살면서 한 번쯤은 묻는다. "나는 좋은 사람일까?" 성공보다 능력보다는 "사람으로서 좋다."라는 말 한마디에 마음이 오래 머문다. 나는 이제 안다. 좋은 사람은 완벽한 사람이 아니라, 실수해도 다시 돌아보고, 상처를 줬다면 미안하다고 말할 수 있는 사람이라는 걸. 그런 사람이 결국, 좋은 사람이다. 나는 오늘도 다짐한다.

나는 좋은 사람.
너도 좋은 사람.
우리는 좋은 사람.

누군가를 이해하려 애쓰는 마음, 조금 느려도 같이 가자고 손을 내미는 행동, 내가 받은 따뜻함을 또 다른 누군가에게 건네는 용기, 이 모든 것이 우리가 '좋은 사람'이 되는 방식이다. 이제 나는 더는 혼자만 잘 사는 삶이 아니라, 내가 품은 향기로 세상을 조금 더 부드럽게 만드는 사람이 되고 싶다. 내 말 한마디, 내 눈빛 하나가 누군가의 하루를 바꿀 수 있다는 걸 알기에 나는 선한 향기를 전하는 사람으로 남고 싶다.

  비록 세상이 삭막하다고 해도, 우리는 여전히 서로를 살리는 존재가 될 수 있다. 좋은 사람은 그저 '마음이 따뜻한 사람'이 아니라, '그 따뜻함을 행동으로 옮기는 사람'이다. 나는 이제 삶의 끝에서 무엇을 이루었는지가 아니라, 어떤 향기를 남겼는지를 생각한다. 그 향기가 누군가의 가슴속에 오래 머무를 수 있다면 그것으로 충분하다.

  나는 좋은 사람,
  너도 좋은 사람.
  우리 모두, 선한 영향력을 나누는 좋은 사람으로 남자.

  좋은 글은 따뜻한 여운을 남긴다. 따뜻한 여운은 좋은 사람을 만든다. 좋은 사람은 주변을 따뜻하게 감싸준다. 그래서 좋은 사람이 좋다. 나도 그런 좋은 사람이고 싶다.

멘털 관리가
인생의 길을
좌우한다

나는 최고의 멘털 관리법이 있다. 나의 최고 멘털 관리법은 심리학 이론을 적용해서 내 마음을, 타인의 마음을 이해하는 것이다. 그리고 지금 나의 현재 시점을 풀어보는 것이다. 나는 나의 마음을 심리학으로 풀어본다. 살다 보면 누구나 한 번쯤은 '과거의 실수'에 매달리거나, '앞날의 불안'에 잠 못 이루는 밤을 보낸다. 우리의 정신이 과거나 미래에 머무는 시간이 길수록, 정작 '지금 여기'에서 살아가는 힘은 약해진다. 현대 심리학에서는 이러한 현상에 대해 실질적이고도 따뜻한 조언을 주는 인물이 있다. 바로 개인심리학의 창시자로 알려진 알프레드 아들러다.

알프레드 아들러(1870~1937)의 책 《아들러 인생방법 심리학》에서는 삶의 모든 문제에 당당히 맞서려는 태도야말로 인간이 행복해지는 핵심 열쇠라고 보았다. 그는 "나와 다른 의견을 말하는 사람이 나를 비판하는 것이 아니다."라는 통찰을 통해, 관계의 갈등이나 오해에서 오는 심리적 상처를 덜어주는 힘을 전해준다. 우리는 종종 타인의 말에 지나치게 민감하게 반응하거나, 다른 사람의 시선으로 나를 해석하려는 경향이 있다. 하지만 아들러는 말한다. "다른 것이 마땅한 것이며, 그것은 오히려 의미가 있는 일이다."

그의 이론은 단순한 심리 치유를 넘어 '살아가는 태도'를 제안한다. 과거에 머무르며 후회하지 말고, 불확실한 미래에 지레 겁먹지도 말며, 오직 '지금 이 순간'에 집중하는 삶을 살아가야 한다는 것이다. 마음이 현재에 머무르면, 기쁨은 더욱 선명해지고 슬픔은 덜 절망적으로 다가온다. 심지어 고통의 순간마저도 받아들일 수 있는 힘이 생긴다. 아들러의 철학은 오늘날 치열한 삶을 살아가는 우리에게 매우 실용적이다. 아이를 키우는 부모에게도, 자신의 길을 찾아가는 청년에게도, 지나온 인생을 돌아보는 중장년에게도 적용되는 보편적 원리이기 때문이다.

그는 말한다. "행복한 일이 있으면 슬픔도 언젠간 찾아오고, 고통이 있다면 기쁨도 결국 따라오게 된다." 그래서 우리는 지금 여기에 충실해야 한다. 오늘을 충실히 살아낸다는 것, 그것이야말로 가장 단단한 삶의 방식이자 최고의 '멘털 관리법'이다. 어쩌면 인생은 거대한 계획이나 거창한 목표보다, 오늘을 어떻게 살아내느냐에 따라 조금씩 모양이 달라지는 퍼즐 같을지도 모른다. 지금 이 순간, 나는 얼마나 충실한가. 이 질문을 오늘 나 자신에게 던져보자. 그리고 한 걸음씩, 아들러의 철학처럼 당당하고 따뜻하게 나아가 보자.

아들러의 심리학은 '개인'이라는 단어가 붙어서 너무 자신만 생각하는 이기적인 심리학 아니냐며 반문하는 분들도 있다. 아들러의 심리학은 '개인'이라는 단어가 붙었지만, 아이러니하게도 가장 공동체적인 심리학이다. 개인이 건강하게 성장하고 제자리를 지킬 수 있어야 타인을 온전히 이해하고 관계 맺을 수 있다는 전제를 갖고 있기 때문이다. 나 또한 아들러의 개인심리학을 통해 내 마음의 중심을 잡고 있다.

나에게 진정한 멘털 관리는 단지 이론에서만 끝나지 않는다. 나는 내가 읽고 싶은 책을 읽으며 내면을 어루만진다. 심리학책을 좋아하고, 특히 작가의 진심과 고민이 담긴 에세이를 즐겨 읽는다. 누군가의 고백, 실수, 회복의 여정은 마치 내 안에 잠들어 있는 감정들을 흔들어 깨운다. 그 감동은 종종 조용한 위로가 되고, 나 또한 이런 위로가 되는 글을 쓰고 싶다는 생각을 다지게 하면서 다시 쓰게 하는 힘도 얻게 된다.

전공이 유아교육학이다 보니 육아 서적도 자주 읽는다. 아이를 어떻게 바라보고, 어떤 말과 행동으로 그들의 자존감을 키워줄 수 있을지 고민하는 일은 곧 나 자신을 돌아보는 일과도 맞닿아 있다. 그 외에도 인문학 서적을 통해 시대와 인간에 대한 시야를 넓히며, 삶의 깊이를 더하고자 한다.

아들러가 말한 '지금, 여기'에 충실한 삶이란 단지 현재를 소비하는 삶이 아니다. 나에게 주어진 책 한 권, 글 한 줄, 관계 하나하나를 정성스럽게 대하며 살아가는 일이다. 이 조용한 집중이 결국 나를 지탱하고, 타인을 품게 하며, 조금 더 따뜻한 내일로 이끌어 준다. 오늘도 나는 책을 펼치고, 마음을 읽고, 삶을 기록한다. 지금, 여기에 나를 온전히 두기 위해.

결국은 읽고 싶은 책을 몽땅 사서 읽고 싶은 부분만 찾아서 읽고 싶은 대로 읽기가 나의 최고의 멘털 관리법인 셈이다. 아들러 심리학을 통해 마음속 평화를 찾을 수 있었다. 나는 사는 게 버거울 때면 책장을 펼치며 마음의 평화를 찾으려고 노력했다. 누구에게도 말 못 한 속마음, 답이 없어 지쳐버린 물음표들, 그 모든 걸 조용히 품어주는 곳이 책 속이었다.

알프레드 아들러의 글을 읽을 때면 마음속에 굳게 닫힌 창문 하나가 열리는 느낌이 들었다. 그의 말, "지금, 현재, 여기에서 살아라." 이 문장은 단순하지만 내 삶을 지탱한 기둥이 되었다. 자꾸만 후회로 인해 과거로 돌아가는 나, 아직 오지도 않은 미래에 불안해하는 나, 그사이에 깔려서 '지금 이 순간'을 놓치고 있었다. 아들러는 이런 나의 마음을 정확히 짚어준 조력자이다.

강렬하게 다가온, 뇌리에 꽂힌 알프레드 아들러의 또 다른 메시지 "어떻게 느낄지는 당신에게 달렸다." 이 말은 내 마음에 오래오래 머물렀다. 누가 뭐라고 하든, 상처받는 걸 선택한 건 결국 나 자신이었다는 걸 처음으로 인정하게 된 말이다. 나는 이제 안다. 감정은 상황이 아니라 해석에서 비롯된다는걸. 그 누구도 나의 마음을 대신 조종할 수 없고, 어떤 상황도 내 존재 자체를 무너뜨릴 수는 없다. 나는 오늘도 책을 펼친다. 복잡한 세상 속에서 나를 잃지 않기 위해, 상처 앞에서도 꺾이지 않기 위해.

독서는 내게 단순한 지식이 아니라, 내면을 단단하게 붙잡아 주는 멘털 관리사였던 것이다. 아들러는 나에게 말해준다. 과거도, 미래도 아닌 '지금, 여기'에 집중하며 살아가라고. 그리고 세상이 나를 어떻게 바라보든, 어떻게 느끼고 살아갈지는 나의 선택이라고. 그 믿음 하나로 나는 오늘도 흔들리지만 쓰러지지 않는다.

한 편의 드라마 같은 인생도 가능하다

딸이 중2 때 심한 장염으로 대학병원에 입원을 했었다. 며칠 누워서 일어나지 못하던 딸이 어느 정도 괜찮아졌던 날 저녁쯤에 대학병원 옥상 정원에 산책 겸 나갔다. 음료를 주문하고 딸과 난간에 걸터앉았다. 링거를 꽂고 있는 딸과 이런저런 이야기를 했다. 왜 예전 이야기가 나왔는지 알 수 없지만 나의 결혼 전 이야기, 결혼할 때 이야기, 결혼 후 이야기를 딸에게 들려주게 되었다.

자라면서도 힘들었던 나는 결혼도 시댁에서 반대를 해서 힘든 과정을 거쳤다. 결혼을 반대한 이유는 전문대학을 나오고 전문직이 아니라는 이유여서였다. 반대한 결혼이다 보니 결혼을 해서도 많은 무시를 받았다. 엄마의 이야기를 듣던 딸이 울음을 터뜨렸다. 나도 함께 울었다. 한참 울던 딸이 겨우 한마디를 뱉었다. "엄마, 엄마 인생은 정말 한 편의 드라마 같아. 사랑과 전쟁의 소재로 써도 될 거 같아."

딸아이가 던진 이 말이 내 가슴에 오래 남아 있다. 처음엔 이 말을 듣고 웃으며 넘겼다. 하지만 문득문득 되뇌다 보니 참 그 말이 맞다 싶었다. 눈물로 시작해, 버티며 달려왔고, 결국은 스스로를 사랑하며, 나의 상처를 치유와 성장으로 나아가고, 나의 이야기를 세상에 들려주며 누군가의 위로가 되고픈 마음. 나는 사랑을 받지 못해서 사랑을 모르지만 결국은 사랑으로 마무리해 가는 이야기. 바로 지금 내 인생 이야기. 정말 나의 삶은 지나고 보니 한 편의 영화 같다. 어떻게 지나왔는지 까마득한 옛 기억들이다.

어린 시절, 가난은 삶의 기본값이었고, 아빠의 빈자리와 어두운 집 안 풍경은 내게 슬픔보다 익숙함으로 자리 잡았다. 그래도 나는 울 수 없었다. 울면 더 맞았으니까. 조용히 이를 악물었다. 한 줄기 빛처럼 '나는 이 환경에서 벗어나고 말 거야.'라는 다짐만이 내 마음을 지켰다.

나는 이제 자라서 어른이 되었고 사랑으로 많은 아이들을 돌보고, 학위를 따고, 수없이 넘어져도 다시 일어나는 사람이 되었다. 누구는 내게 강하다고, 독하다고 말하지만 사실은 무너지고 싶어도 무너질 수 없는 상황이 나를 버티게 한 거였다. 그런 엄마를 지켜본 딸이 이제는 친구처럼 내게 말한다. "엄마는 진짜…. 영화 속 주인공 같아. 매 순간이 굴곡이었는데, 결국 살아남았잖아." 이제 어엿한 대학생이 된 딸이 기특하다는 눈빛으로 나를 바라보며 말한다. 딸아이의 그 말에 나는 처음으로 내 삶이 자랑스러웠다. 드라마가 꼭 화려할 필요는 없다. 오히려 지극히 현실적인 고통과 끝까지 포기하지 않는 주인공이 있을 때 우리는 그 이야기에 빠져든다.

  그래, 내 인생은 한 편의 드라마가 맞다. 누구보다 치열하게 살아냈고, 눈물도 있었지만 웃음으로 마무리하고 싶은 내 이름의 이야기다. 그 이야기를 기억해 주는 딸이 있어 나는 오늘도 담담히, 그리고 당당히 다음 장면을 살아간다. 이제 과거와 화해하고 열심히 살아간다. 마흔쯤부터 꿈꾸었던 꿈을 향해 오늘도 공부를 하고 있다. 나의 이야기가, 나의 삶이, 단 한 사람에게라도 닿아서 그 사람의 희망이고 싶다. 그 누군가의 꿈이 되었으면 좋겠다. 그래서 오늘도 열심히 글을 쓰고 공부를 한다.

행복한 만학도

만학도. 꿈을 향해 오늘도 열심히 사는 사람, 바로 '나'를 지칭하는 대표 말이다. 꿈이 없던 내가 뒤늦게 꿈을 꾸고 이루어 가는 여정에 서 있는 현재가 좋다. 현재가 감사하다. 따스한 햇살이 비치는 날에는 햇살 속에 있는 현재가 감사하다. 비가 오는 날에는 운치 있는 창밖의 빗소리를 들으며 커피 한잔하는 여유에 감사하다. 바람 부는 날에는 바람이 내 뺨을 스치면 살아 있음에 감사하다. 천둥, 번개가 치는 날에는 갑자기 어둠이 밀려오는 고요함을 깨는 분위기라 또 좋다. 일상에서 작은 행복들을 찾아가는 현재가 감사하고 행복하다.

나는 늦은 나이이지만 꿈을 위해 한 발짝씩 세상 속으로 나아가고 있으며 아직도 하고 싶은 게 너무 많다. 하나하나 이루는 삶을 살 것이다. 늦은 나이에 꿈을 꾸면서 삶의 의미까지 일깨운 사람이며 심리학이라는 학문을 만나 스스로를 치유하고 내면이 강하게 자란 사람이다. 조금 힘에 겨워도, 너무 힘이 들어도 그 순간순간을 버티다 보면 이겨낼 수 있다. 마음은 우리의 생각보다 훨씬 힘이 세다. 마음을 단단히 만드는 과정을 거치니 내 직업에, 나의 공부에, 나의 삶에 진심인 사람이 되었다.

> "행복의 한쪽 문이 닫히면 다른 쪽 문이 열린다. 그러나 흔히 우리는 닫힌 문을 오래도록 보기 때문에 열려 있는 문을 미처 보지 못한다."
>
> - 헬렌 켈러(작가, 사회사업가)

이 말은 헬렌 켈러의 유명한 명언이다. 살면서 여러 번 문이 닫히는 경험을 했다. 때로는 관계였고, 어떤 때는 일이었으며, 내가 믿고 있던 가치일 때도 있었다. 그럴 때 나는 습관처럼 닫힌 문 앞에 오래 머물렀다. 왜 나에게 이런 일이 생겼는지, 무엇이 잘못된 것인지, 누구의 탓인지…. 질문은 많았지만, 정작 그 너머의 가능성은 보지 못했다.

그러다 문득 '질문'의 힘을 알게 되었다. "캐묻지 않는 삶은 살 가치가 없다."라는 소크라테스의 말은 단순한 철학적 선언이 아니라, 삶을 관통하는 방향이 되었다. 나는 내 삶에 대해 질문을 던지기 시작했다. '왜 나는 늘 죄책감을 먼저 느끼는가?', '왜 나는 그토록 타인의 시선에 흔들리는가?', '나를 나로 살기 위해서 나는 무엇을 놓치고 있는가?' 이러한 질문들 속에서 나 자신을 들여다보는 일이 시작되었다. 그 여정에서 만난 책이 정혜신 작가님의 《당신이 옳다》였다.

이 책에서 정혜신 박사님은 "내 느낌이나 감정은 내 존재로 들어가는 문"이라고 말한다. 단지 '잘 살아야 한다.'라는 강박보다 더 중요한 것은, 내 안의 느낌에 귀 기울이고 그것을 있는 그대로 받아들이는 일이었다. 액세서리처럼 덧붙여진 사회적 역할이나 스펙이 아닌, 존재 그 자체로서의 내가 또렷해질 때 비로소 내 삶을 살아갈 수 있음을 나는 배웠다.

내가 존재의 나로 살아가기 시작한 건 마흔쯤이었다. 그전까지는 '누군가의 딸, 엄마, 아내, 교사, 원장'이라는 역할 속에 나를 가두고 살았다. 마흔 이후, 나는 과거의 나와 조심스레 화해를 시도했다. 물론 아직 온전히 화해했다고는 말 못 하겠다. 여전히 내 안에는 울고 있는 내가 있고, 외면하고 싶은 기억도 남아 있다. 이제는 그 기억들조차 나의 일부로 받아들이는 중이다. 현재를 감사히 살아내려 하고, 다가올 내일이 기대되는 마음으로 오늘을 살아간다.

닫힌 문에 오래 머물러 있었던 나, 그러나 이제 나의 열린 문으로 걸어 나간다. 질문을 멈추지 않으며, 감정을 외면하지 않으며, 무엇보다 존재로서의 나를 믿으며, 그리고 그 문 너머에서 나는 '내 삶'을 비로소 살아가고 있다. 어떤 이는 배움이 끝나야 삶이 시작된다고 말한다. 하지만 나는 안다. 삶과 배움이 끝없이 함께 흐른다는 걸. 그래서 나는 멈추지 않는다. 배움이 늦은 것이 아니라, 삶이 깊어 가는 만큼 더 배워야 했기에 나는 만학도의 길을 선택했다.

나의 학창 시절은 온전히 내 것이 아니었다. 꿈을 꿀 수 없는, 목숨조차 위협당하던 때였다. 하지만 배움은, 시간이 지나도 내 안에서 꺼지지 않는 불씨였다. 아이들을 돌보며, 가정을 책임지며, 사회에서 '엄마', '아내', '선생님', '원장님'으로 살아가던 그 모든 시간에도 나는 내 이름을 잊지 않았다. '나도 공부할 수 있을까.'라는 질문을 조용히 가슴속에 품고 있었다. 마침내, 두려움을 딛고 대학의 문을 열었다. 지방 전문대학에서 시작된 나의 학문 여정은 방송통신대학교, 사이버대학교를 거쳐 서울의 대학원으로 이어졌다. 남들보다 느렸지만 한 걸음, 한 걸음이 절실했고, 배운다는 행위 자체가 내 삶에 다시 숨을 불어넣었다.

낯선 용어와 어려운 논문들 앞에서 의기소침하며 멈추기도 했지만 포기하지는 않았다. 과제를 쓰고, 토론을 하고, 발표를 준비하고, 종합 시험, 영어 시험, 시험의 연속에서 하나하나 이루어 가며 나는 내 삶의 목소리를 점점 되찾아 갔다. 더 이상 남을 위해서가 아니라, 오직 '나'로서 살아가는 공부를 하고 있다는 사실이 얼마나 눈물겹도록 벅찼는지 모른다. 사람들은 묻는다. 함께 살고 있는 신랑조차 내게 묻는다. "그 나이에 공부해서 뭐 하니?"

나는 그 말에 이렇게 답하고 싶다. 공부는 나이에 따라 달라지는 것이 아니라, 인생의 깊이에 따라 더 간절해지는 것이라고 말이다. 공부를 하며 나는 성장했고, 내 삶을 말할 용기도 생겼다. 이제는 다른 이의 이야기를 듣고 품을 수도 있게 되었다. 나의 배움은 나와 같은 만학도의 길을 걷는 누군가에게 살아 있는 증거가 되어줄 거라 믿는다. 지금도 나는 배우고 있다. 새로운 학문인 한국어학을 공부하고 있다. 또 다른 꿈을 위해 50살에 새로운 언어(프랑스어)도 배우기 시작했다. 한국어학 박사학위를 받으면 프랑스로 유학을 가서 한국어를 가르치고, 내가 좋아하는 그림을 배우며 살아보는 꿈이 생겼기 때문이다. 그때 나의 새로운 에세이집이 탄생할 것이다.

"할머니, 프랑스로 유학가다"

살다 보면 마음이 지칠 때가 있다. 가족을 돌보고, 일을 감당하고, 나이 들어가며 무언가를 새로 시작할 때, 문득, 나 자신은 어디에 있나 돌아보게 된다. 그럴 때마다 나는 깨닫는다. 그래, 내가 다시 일어설 수 있는 이유는 나의 꿈과 '그곳'이 있기 때문이다.

사람들은 보통 2개의 공간에서 살아간다. 하나는 집이고, 또 하나는 일터다. 집은 따뜻하지만 책임이 있고, 일터는 의미는 있지만 긴장이 따른다. 그 두 공간만 오가는 삶은 점점 사람을 메마르게 한다. 그래서 필요한 것이 있다. 바로 제3의 공간이다.

심리학자들은 말한다. 행복한 사람에겐 제3의 공간이 있다고. 그 공간은 '나'라는 이름으로 존재할 수 있는, 누구의 엄마도 누구의 직함도 필요 없는 곳이다. 숨을 고르고, 마음을 내려놓고, 진짜 나를 회복하는 공간이다. 내게는 그런 공간이 있다. 배움의 공간인 학교, 집 근처 사람이 드문 조용한 카페, 그리고 유화를 배우러

가는 미술 작업실. 이 세 곳은 지금의 나를 살아 있게 한다.

학교에서는 새로운 지식을 채우고 나이 듦 속에서도 성장하고 있다는 감각을 느끼고, 조용한 카페에서는 내가 너무나 좋아하는 뜨거운 아메리카노 한 잔을 옆에 두고 내 속마음을 글로 옮기거나, 나를 성장시키는 책 한 권을 읽으며 나의 마음을 돌아보고 정리한다. 그리고 유화를 배우는 그 시간, 나는 아무것도 아닌 사람이 아니라, 그림 앞에 정직한 '나'로 존재한다. 붓 끝에서 색이 번질 때마다, 말로는 못다 한 감정들이 천천히 흘러나온다. 나를 위로하고 격려하며 함께 해주는 나의 손끝에서 나온 나의 유화 작품을 보면 숨 쉬고 있는 오늘이 너무 감사하고 행복하다.

이런 공간들이 있기에, 나는 다시 집으로, 세상으로 돌아올 수 있다. 세상이 나를 몰라줘도, 내가 나를 잃지 않게 해주는 나만의 안식처가 되어주는 공간이다. 거기서 나는 회복되고, 다시 도전하고, 다시 웃게 된다. 행복은 거창한 것이 아니다. 어떤 역할도 내려놓고, 내가 나로서 숨 쉴 수 있는 그 조용한 제3의 공간. 그곳이 우리 안에, 우리 곁에 있을 때 우리는 더 단단해지고, 더 부드러워진다.

당신은 어디에서 진짜 '나'로 살아가고 있는가. 그곳이 단 한 곳이라도 존재한다면, 당신은 이미 꽤 괜찮은 삶을 살고 있는 것이다. 없다면, 자책하지 말라. 지금부터 찾아도 늦지 않다. 천천히, 천천히 내가 좋아할 만한 공간, 내가 숨 쉴 수 있는 공간을 지금부터 찾으면 된다. 나의 공간 같은 곳이 아니어도 좋다. 운동을 할 수 있는 공간, 작은 취미를 시작할 수 있는 공간 등 주변을 깊이 있게 들여다보면 어딘가 당신이 좋아할 만한 공간은 분명 존재한다. 당신이 어디에서든 진짜 '나'로 존재하기 위해 지금부터 찾아도 늦지 않다. 그곳이 있다면, 당신은 이미 꽤 괜찮은 삶을 살고 있는 것이며, 앞으로 더 괜찮은 삶을 살 수 있을 것이다. 행복은 언제나 '내가 나를 허락하는 공간'에서 시작되니까 말이다.

나는 이제 선언하면 이루는 사람으로 성장했다. 만학도의 삶은 늦은 길이 아니다. 오히려 가장 깊고 단단한 길이다. 누군가는 끝났다고 여길 나이에, 나는 다시 시작했다. 그 시작은 지금까지 어떤 길보다 뜨겁고 찬란했다. 앞으로 더 빛날 나의 미래가 현재에 설렘을 안겨준다. 나의 길은, 내가 가진 제3의 공간만큼 따뜻하게 빛날 거라 믿으며 오늘도 나는 제3의 공간 안에 머물러 본다.

"아, 좋다~ 지나온 길이 어떨지언정, 지금 이렇게 살아 숨 쉬는 오늘이 좋다. 제3의 공간에서 꿈을 꾸는 지금 이 순간이 나는 좋다. 남들이 늦었다는 나이에 도전하고 꿈꾸고 살아가는 내가 나는 참 좋다."

3장

삶의 의미를 깨닫다

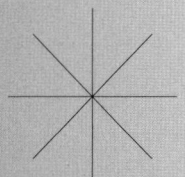

육아가 준 성장의 지혜

아이는 삶의 교사다

"야~", "이야~", "우와~"
무슨 말일까? 감탄사들이다.

 내 아이는 얼마나 많은 감탄사를 표현하고 있는지 살펴본 적이 있는가. 초등학교 자녀 이상을 두신 부모님이시라면 어린 자녀들이 감탄사를 무의식적으로 뱉는 것을 들으셨을 것이다. 어린 시기를 지나면서 아이들은 무의식적 감탄사가 줄어들거나 하지 않는다. 성장한 자녀에게서 아직도 감탄사를 듣고 계시는 부모님이 계시다면 그 부모님에게 존경의 큰 박수를 보내드리고 싶다. 정말이다.

 학교, 학원, 숙제, 공부, 예체능 등 어른보다 더 바쁜 요즘 아이들에게 한 템포 쉬어 갈 수 있는 여유를 주는 것도 어른들의 몫이라고 생각한다. 감탄사에 대해 이야기하는 건, 뇌가 제일 행복한 소리가 '감탄사'라고 한다. 난 이 감탄사를 무의식적으로 내뱉는 아이들의 행복한 소리가 좋다.

"와."
"우와, 정말 예쁘다!"
"어떻게 이런 일이!"

우리는 아이들이 무언가에 감탄할 때, 그 순간만큼은 온몸과 마음이 열려 있다는 걸 알 수 있다. 그 감탄은 단순한 말이 아니다. 세상을 온전히 느끼는 뇌의 반응이고, 행복을 받아들이는 감정의 문이다. 감탄할 수 있다는 것은, 곧 삶에 놀라움과 감사함을 느낄 줄 안다는 뜻이니까.

나는 아이들을 오랫동안 가르치며, 수많은 감탄의 순간을 곁에서 지켜보았다. 꽃잎 하나에도, 무지개 한 줄에도, 부드러운 말 한마디에도 눈을 반짝이던 아이들. 그 아이들의 뇌는 그때마다 행복의 물결을 따라 흐르고 있었다. 감탄이 습관이 된 아이는 삶을 대하는 태도 자체가 다르다. 고단함 속에서도 기쁨을 발견하고, 평범함 속에서도 특별함을 찾을 줄 안다. 행복은 나중에 얻는 보상이 아니라, 지금 이 순간 '경험하는 감정'임을 몸으로 익힌 아이. 그 아이는 자라서도, 인생의 어떤 시간 앞에서도 스스로 행복을 만들어 갈 줄 알게 된다. 우리는 종종 말한다. "지금은 참고, 나중에 행복해지자." 하지만 나는 확신한다. 지금이 행복하지 않으면, 그 '나중'은 영영 오지 않을 수도 있다.

아이들의 감탄사는 경이롭기까지 하다. 감탄사를 발산하며 뇌가 행복한 경험을 하면 삶이 행복한 아이로 자랄 수 있다. 지금 이 순간이 행복해야 어른이 되어서도 행복한 삶을 살 수 있다. 지금이 곧 미래의 과거니까 말이다. 과거는 현재와 미래로 연결되어 점으로 만난다. 지금 이 순간은 곧 미래의 어느 날에 돌아볼 '과거'가 된다. 그 과거가 미래의 내가 어떤 감정을 가지게 될지 결정짓는다. 예를 들어보자. 오늘 아이와 함께 나눈 짧은 산책, 함께 본 노을, 잠들기 전 들려준 그림책 한 편, 이 순간들이 아이에게 '감탄의 기억'으로 남는다면, 그 아이는 언젠가 힘든 시간을 지나며 그 작은 행복을 떠올릴 것이다. 그리고 다시 일어설 수 있을 것이다.

과거는 끝난 시간이 아니다. 지금을 살아가는 방식에 따라 미래를 비추는 등불이 된다. 과거와 현재, 그리고 미래는 점과 점으로 연결되어 하나의 '삶의 선'을 그려나간다. 그 선 위에 '감탄'이라는 점이 많을수록 그 인생은 더 밝고, 따뜻하고, 견고하다. 행복한 어른은 결코 갑자기 만들어지지 않는다. 행복한 순간을 충분히 경험하고, 그 감정을 삶의 언어로 익힌 아이가 자라서 행복한 어른이 되는 것이다.

나는 오늘도 아이들과 함께 작은 것에 감탄하는 연습을 한다. 함께 꽃을 보고, 구름을 보며, "와!" 소리를 낸다. 그 순간 그 아이의 뇌는 세상을 믿고, 삶을 긍정하고, 미래를 기다릴 수 있는 힘을 얻는다. 감탄할 줄 아는 뇌, 지금 이 순간을 사랑하는 마음, 그리고 시간의 연결을 이해하는 깊이, 그것이 바로 행복한 삶의 시작점이다.

나는 어린 시절의 중요성을
나의 삶을 통해
경험했다

나는 나의 감정과 현재 위치를 더 잘 이해하고 싶어서 심리학에 더 다가갔다. 심리학서들을 읽으며 스스로의 내면을 치유하는 과정을 거쳤다. 내가 만약 미술치료학과 심리학을 접하지 않았다면 아마 나는 현재 여러 곳의 정신과에서 약을 타서 먹으며 전전하고 있지 않을까 싶다. 또한 힘든 엄마의 모습을 딸에게 보여주며 딸아이에게까지 부정적인 영향을 주지 않았을까.

물론 어느 순간 내가 딸에게 부정적인 영향을 미치기도 했을 터였다. 나는 독서를 하며 나의 감정을 객관적으로 평가할 수 있는 '자기 직면'을 일깨웠으며 나의 감정을 선순환시킬 수 있는 내면의 힘도 키웠다. 물론 때로는 나의 마음이 다시금 무너지기도 하지만 금방 털고 일어날 수 있는 용기도 책을 통해 얻었다.

나는 딸에게 순간 화를 내거나, 이성적이지 않은 엄마의 모습을 보였을 때 그 순간에는 감정을 주체할 수 없어 화를 낼 때도 있지만 딸에게 꼭 사과를 한다. 그렇다고 내가 닮고 싶지 않은 아빠처럼 딸에게 그런 분노를 보이지는 않는다. 육아는 대물림된다고 하지만 나는 아빠의 육아를 닮고 싶지 않다.

 폭력적인 아빠 밑에서 자란 아들이 폭력적인 가장이 될 확률이 그렇지 않은 경우보다 8배나 더 많다는 연구 결과도 있다고 하니, 어린 시절 환경은 더없이 중요하다. 나는 딸과 갈등이 있을 때, 이성적으로 사고하려고 하지만, 어릴 때부터 형성되어져 온 억압 때문인지 그 상황에서 했어야 하는 행동보다 더 크게 딸에게 화를 내는 나를 발견하곤 했다. 나는 그것을 인지하면서도 내 감정을 통제하지 못할 때가 있다. 알고 있으면서 멈출 수 없어 딸에게 화를 낼 때도 있지만 아이를 낳으면 폭력은 절대 쓰지 않는다고 나 자신과 다짐했다. 나는 아빠의 양육을 대물림하고 싶지 않기 때문이다. 절대 어떤 경우라도 딸에게 손을 대지 않으리라 다짐했고, 지금도 여전히 그 약속을 지키고 있다.

 지금까지 딸을 때리지 않는다는 약속을 지키고 있지만 딱 한 번 딸아이를 발로 친 적은 있다. 딸 아이가 7살 때, 차 안에서 떼를 쓰는 딸의 다리를 한 번 쳤더니 엄마가 때렸다고 서럽게 울음을 터뜨렸다. 그때, 순간 정신을 차리고 딸에게 사과를 했다. 그리고 엄마가 얼마나 부단히 너를 잘 키우기 위해 노력하고 있는지 어린 딸에게 이야기해 주었다. 엄마는 자라면서 힘들었지만 너는 엄마처럼 키우지 않기 위해 노력하고 있다고, 방금 너를 때려서 너무 미안하다고 아이의 눈높이에 맞춰 사과를 했다.

 "엄마는 사랑을 받고 자라지 못했어, 그래서 사랑을 줄 줄 모르지만 아낌없이 너를 사랑했고, 앞으로도 사랑할 것이며, 지금도 여전히 너를 사랑하고 있어. 너와 갈등이 있을 때 그러면 안 되는데 엄마도 모르게 감정이 주체가 되지 않아 너에게 화를 내서 미안해. 엄마는 이런 상황에서 외할아버지처럼 너를 때릴 수도 있고 더 크게 화를 내며 너를 비방할 수도 있었어. 하지만 엄마는 그렇게 하지 않으려고 노력 중이야. 때로는 엄마가 스스로 감정을 조절하지 못해 엄마의 무의식이 엄마도 모르게 더 크게 화를 내게 만들기도 하지만 엄마는 늘 다짐해. 바람직하지 않은 육아의 대물림을 끊겠다고 말이야. 너와 갈등이 있을 때마다 엄마는 엄마의 감정을 조절하고자 노력해. 하지만 오늘은 그렇게 못 했구나. 한 가지만 알아줘. 엄마는 너를 엄마가 자라온 것처럼 키우지 않기 위해 애쓰고 있다고 말이야. 그리고 진심으로 너를 사랑해."

육아의 대물림이라는 뜻을 책에서, 논문에서 발췌해서 읽어주기도 하고 엄마의 생각을 더해서 엄마가 너를 잘 키우기 위해서 이만큼 노력하고 있으니 이해해 달라고 말한다. 딸의 나이를 고려해서 그때그때 상황에 따라 딸아이와의 폭풍 전야가 지나면 딸아이를 안아주거나 마주 보며 대화를 나눈다.

지금 이렇게 글을 쓰면서도 딸에게 미안하다. 엄마가 좀 더 온전한, 평범한 가정에서 자라서 무난한 어린 시절을 보냈다면 엄마가 조금 더 긍정적인 영향을 주지 않았을까. 엄마가 준 사랑이 딸아이에게 어설픈 사랑은 되지 않았을지. 나는 받아보지 못한 사랑이라 딸아이가 느끼는 사랑은 어떠한지 생각해 보곤 한다.

때론 내가 그래도 자식을 이 정도라도 잘 양육하니 괜찮은 엄마가 아닌가 하고 위로 아닌 위로를 나 자신에게 건네본다.

나는 육아의 대물림을 힘겹게 끊어내고 있다. 아주아주 처절하게 나와의 싸움을 이겨가며 말이다. 쉽지는 않다. 자라며 나에게 온전히 퍼부어진 분노들이 때로는 보상이라도 받고 싶은 듯 불쑥 내 안에서 나도 모르게 분노가 폭발하기 때문이다. 하지만 그럴 때마다 나는 내 감정의 실체를 파악하면서 심호흡을 한 후 나의 감정을 온전히 이해해 주고 나 자신을 위로해 본다. 육아의 대물림은 끊어내기가 힘들기 때문에 부모님의 육아관은 대물림되기가 쉽다. 부모의 태도와 반응에 익숙해서 쉽게 나의 습관으로 자리하기 때문이다. 그래서 부모와 똑같은 수순을 밟아가고 있는 사람들이 많은지도 모르겠다.

나는 항상 결혼 전부터 육아 고민을 했다. 딸을 낳아서 그 누구보다 행복하게 키울 거라고 말이다. 예쁘고 사랑스러운 딸을 낳았고 그 생각은 더 확고해졌다. 항상 육아의 고민은 현재진행형이다. 나는 육아 고민을 해소하기 위해 많은 심리 서적과 육아 서적을 보았다. 그중에서 유아동기의 중요성이 그 어떤 책보다 잘 다루어진 책이 있어서 소개해 본다. 조지 베일런트의 《행복의 비밀》은 75년에 걸친 하버드 대학교 인생 관찰 연구 보고서이다. 이 책에서는 말한다. 인생 전반에 걸쳐 성공하는 삶을 예상하게 하는 척도는 어린 시절의 경제적 풍요나 사회적 특권이 아니라 사랑하고 사랑받았던 경험이라고 말이다.

어린 시절, 우리는 자신이 얼마나 사랑받았는지를 기억으로는 명확히 떠올리지 못할지라도, 몸과 마음은 그 시절의 온도를 기억한다. 연구에 따르면, 사랑받지 못하고 자란 아이는 사랑 속에서 자란 아이보다 노년기에 우울증을 겪을 확률이 월등히 높다고 한다. 실제로 그 차이는 70세 무렵에 이르렀을 때 무려 8배에 달한다고 한다. 어릴 적 따뜻한 가정환경을 경험한 사람들도 인생을 살며 때때로 술이나 담배, 약물 등에 기대는 일이 있을 수 있다. 하지만 쓸쓸한 아동기를 보낸 사람들의 경우, 그런 의존의 형태가 훨씬 더 극단적이고, 세 가지 모두에 해당하는 경우도 흔하다고 한다. 이는 단순한 습관의 문제가 아니라, 아동기의 정서적 결핍이 어른이 된 이후에도 고통을 회피하기 위한 방식으로 남아있기 때문이다.

나는 이 내용을 읽으며 '따뜻한 아동기'가 마치 든든한 보험처럼 느껴졌다. 어린 시절 충분히 사랑받은 경험은 삶의 어느 시점에서 닥쳐오는 위기에도 나를 단단하게 지켜주는 예방 주사와 같다. 반면, 정서적으로 가난한 어린 시절은 삶의 작은 바람에도 쉽게 흔들리게 한다. 아무리 성인이 되어 성공을 이루어도, 그 성공을 지탱해 줄 내면의 기반이 약하다면 결국 다시 무너지는 경험을 하게 될지도 모른다. 우리가 어린 시절에 겪은 환경, 특히 부모와의 관계가 어떠했는지는 성인이 되어 맞이하는 삶의 여러 국면에 영향을 미친다. 한 사람과의 관계가 좋지 않았던 정도가 아니라, 아동기 전반이 차가운 기억으로 남아 있다면, 그것은 분명히 삶 전체에 그림자를 드리운다.

나는 나 자신을 돌아보고, 내 딸에게, 그리고 내가 근무하는 어린이집에 다니는 아이들에게 어떤 환경을 물려주고 있는지 늘 점검한다. 결국 아이에게 가장 큰 유산은 '따뜻했던 기억'이라는 생각이 든다. 그것이 바로, 인생이 힘겨울 때도 스스로를 돌볼 수 있는 힘의 뿌리다. 유아교육학과 미술치료학을 전공하고 현장에서 일하면서 어린 시절의 환경이 한 아이의 인생에 있어서 얼마나 중요한지 익히 알고 있었지만, 조지 베일런트의 《행복의 비밀》이라는 책을 통해 다시금 유아동기의 중요성에 대해 인지하게 되었다. 또한, 부모 교육이 얼마나 중요한지 느끼는 계기가 되었다.

알아야 실천할 수 있다. 막연하게 자식을 사랑한다는 마음만으로는 잘 양육할 수 없다. 양육의 가치관을 가지고, 방향성을 가지고, 양육의 의미를 부여해야 한다고 생각한다. 좀 더 내 아이가 경제적 풍요로서가 아니라 인생을 풍요롭게 살기를 바란다면 말이다. 물론 경제적 풍요는 덤이다.

어린 시절 어머니와 맺은 관계는 직업 능력과 관련성도 높다고 한다. 아동기의 어머니와의 관계는 인생 후반에 벌어들인 최고의 수입과 70세까지 일을 계속하는 것과 밀접한 관계가 있다. 행복한 유년기는 이후 성인의 경제적 능력까지 연결된다고 하니 내 아이의 행복한 성공을 원한다면 부모 교육을 열심히 받고 부모 공부도 필요하다. 대물림된 잘못된 육아 방식은 자녀를 사랑하는 마음과 부모의 노력으로 고칠 수 있다. 그 노력이란 '자녀에게 솔직하게 말하기'와 '부모 됨에 대해 공부하기'이다.

따뜻한 관계가 사람을 성장시킨다

　딸아이가 초등학교 5학년 때 분단 별로 발표할 과학 문제를 손 글씨로 다섯 문제 만들어서 갔는데 수업이 끝나고, 그걸 소중히 들고 왔다. 친구들은 다 버렸는데 엄마는 보관할 거 같아서 가져왔다고 한다. 수업 시간에 작품을 만들면 친구들은 쓰레기통에 버리거나 교실에 그냥 둔다고 한다. 그리고 자신의 작품에 신경을 안 쓴다고 한다. 딸아이는 아주 작은 작품이나 그림 그린 것도 가방에 넣어 오거나 가방에 넣어서 망가질 거 같은 작품은 손에 소중히 들고 집에 가져왔다. 엄마가 자신의 작품을 소중히 여겨주는 마음을 아주 어릴 때부터 봐와서 그런 믿음이 생겼나 보다.

　딸아이의 글쓰기 종이 조각 1장, 첫 가위질 조각들, 큰 부피나 보관했을 때 썩거나 곰팡이가 생기는 물건을 제외하고 아이 작품이 담긴 상자들이 아직도 창고에 가득 보관되어 있다. 값진 보석도 없지만, 내가 가진 보석보다 이사를 가면 딸의 작품들, 육아 일기장들을 제일 먼저 챙긴다. 이사를 갈 때면 딸아이와 창고에 있는 상자들을 열어보곤 한다. 상자 속 추억의 물건들을 보며 웃기도 하고 소소한 일상의 행복을 누려본다. 예전의 끼적거림들이 신기하고 재미있는지 딸아이도 자신의 작품과 자신의 글을 보고 행복하게 웃는다. 엄마가 쓴 육아 일기가 그 어떤 소설책보다 재미있다고 한다. 자기가 주인공인 육아 일기와 자신의 어설픈 작품들, 글들이 그리 좋은가 보다.

 딸의 행복한 모습을 보니 엄마도 좋다. 이런 순간이 아이의 자아존중감을 급상승시킴을 알기 때문에 더 좋다. 딸아이는 이 순간을 너무 행복해한다. 딸아이의 생각과 마음이 담긴 결과물이라 간직한 건데, 딸아이에게도 자신의 작품과 그림들, 엄마의 육아 일기장은 그 무엇보다 소중한 보물이 되어 있었다. 딸아이는 작은 것에 크게 감사함을 아는 따뜻한 아이로 자라고 있다.

 요즘 아이들은 마음의 여유가 사라지고 있다. 학원이 제일 1순위, 핸드폰이 0순위가 되어 아이의 마음을 빼앗아 간다. 앞으로는 더욱더 감성과 인성이 풍부한 창의적 인재가 성공하는 시대이다. 기계에 마음을 빼앗긴 현대인들은 마음의 병을 많이 앓고 있다. 그래서 심리학 서적이 베스트셀러가 많이 된다. 요즘 감성, 인성 관련 글들이 넘쳐나고 있다. 어릴 때부터 감성과 인성을 탄탄하게 키워줘야 한다. 그만큼 사람이 기본적으로 갖춰야 할 기본적인 인성이 무너지고 마음이 메말라 간다면 정신적으로 아픈 사람들은 점점 더 늘어나게 된다.

 그래서인지 의사도 정신의학 전공이 가장 인기 있어지고 있고,

상담 관련 직업도 뜨고 있다. 아무리 기계가 발달하고 로봇이 대체해 주는 일들이 늘어나고 있다고 해도, 감성적이고 따뜻한 인성은 어릴 때 꼭 형성해 주어야 할 덕목이다. 어릴 때부터 형성한 따뜻한 인성은 그 아이의 개인적 성공뿐 아니라 이 세계를 이끄는 진정한 리더도 될 수 있다. 따뜻한 사람이 더 그리워지는 요즘이다.

부모는 말한다. "지금 조금 힘들어도 나중에 편하게 살 수 있도록 공부해야 돼. 앞으로 경쟁이 치열하니까 지금부터 준비시켜야 해." 그 말이 틀린 건 아니다. 하지만 그 '나중'을 위해 '지금'을 모두 저당 잡혀도 되는 걸까? 나는 말하고 싶다. 지금, 이 아이들의 뇌는 쉴 틈이 필요하다. 무언가를 끊임없이 배우고, 외우고, 써 내려가기만 한다면 뇌는 결국 지친다. 그 지친 뇌는 감정을 느끼는 법을 잊고, 새로움을 상상하는 능력을 잃어간다. 뇌과학자들은 말한다. 아이들의 뇌는 '휴식 중'일 때 창의적 연결이 가장 활발하게 일어난다고.

멍하니 창밖을 보며 상상할 때, 자연 속에서 무언가를 발견할 때, 놀이터에서 친구와 부딪히며 감정을 나눌 때, 그 순간 뇌는 조용히, 그러나 깊이 성장하고 있다. 감성도, 인성도, 창의성도 모두 '쉼의 틈' 속에서 자란다. 감정의 여유가 없는 아이는 자기 마음을 이해하지 못하고, 다른 사람을 공감할 줄도 모르게 된다. 항상 누군가가 정해준 스케줄 안에만 갇혀 살아온 아이는 자기 생각을 표현하는 법을 모른다. 자율성 없이 성장한 뇌는 결코 창의적인 어른이 될 수 없다. 우리는 깨달아야 한다. 미래를 위한 준비는, 지금을 희생시키는 것이 아니라 지금을 '제대로 살아가는 것'에서 시작된다는 사실을.

어른의 기준으로 '좋은 미래'를 강요하며 아이들의 현재를 빼앗는 것은 결국 "밑 빠진 독에 물 붓기"가 될 수 있다. 공부를 시키기 전에, 내 아이의 눈빛을 들여다보자. 피곤함에 절은 눈인가, 세상을 궁금해하는 눈인가. 나는 바란다. 아이들에게 뇌가 숨 쉴 수 있는 공간이 생기길. 하루 중 단 30분이라도 아무것도 하지 않아도 되는 자유가 주어지길. 그 30분이 아이의 상상력을 키우고, 감정을 정리하고, 자기다운 생각이 자라나는 시간일 테니까. 뇌의 아주 일부분이라도 쉼이 있는 여유의 공간이 있는 아이들이 감성도 자라고, 인성도 자라며, 창의적 인재로 자랄 수 있다. 먼 미래를 위해서 현재를 저당 잡히지 말자.

미래는 지금의 연장선에 있다. 행복하지 않은 아이가 행복한 어른으로 자라긴 어렵다. 지금 이 순간을 소중히 여기는 아이가 진짜 의미 있는 삶을 만들어 간다. 아이들의 뇌에도, 마음에도, 하루에도 숨 쉴 틈이 필요하다. 그 틈이 있어야 비로소 아이는 자신의 온전한 삶을 살아간다.

사교육에 던져진 아이들의 현실

지인의 아들 이야기이다. 초등학교 5학년인 아이를 영어 학원에 보냈는데 하루에 60개 정도의 영어 단어를 외워야 한다고 한다. 학원 가는 월, 수, 금에 시험을 보니 주말에도 영어 단어를 외운다. 주말에 영어 단어를 외우다가 너무 힘들어서 하염없이 단어를 외우며 눈물을 흘린다고 한다. 견디고 견디다가 터뜨린 울음일 텐데 하는 마음에 너무 안타까웠다.

지인의 아들은 영어 학원만 다니는 것이 아니고 수학과 검도 학원도 다녔다. 어느 날 지인의 아들은 영어 단어를 외우다가 영어 숙제 때문에 죽고 싶다고 했다. 아이가 죽고 싶다고 말한 다음 날에 하루 학원을 보내지 않았다. 내가 조금 쉬어주는 게 어떻겠냐고 나의 생각을 말했다. 지인은 잠깐 쉬면 그동안 공부한 게 물거품이 된다며, 습관 형성에도 좋지 않다고 안 된다고 했다. 우리 아이가 다른 아이보다 뒤처질까 봐 엄마가 불안했던 게 아니었을까.

다시 영어 학원에 다니더라도 '5학년인 이 시기만이라도 잠깐 쉬어주면 좋을 텐데' 하는 생각이 들었다. 초등학교 1학년부터 4

학년까지 4년 동안 잘 참아온 아이니 1년 만이라도 쉬어주길 바랐는데 아이가 학원을 쉬는 건 절대 안 되는, 있을 수 없는 큰일이라도 일어날 것처럼 걱정하는 지인에게 더 이상 해줄 말이 없었다.

아이를 위해서가 아니라 엄마의 불안감 때문에 학원을 끊지 못하는 것은 아닐까. 지인은 그 학원이 숙제가 너무 많아서 그렇다고 숙제가 조금 덜한 학원을 알아봐야겠다며 열심히 영어 학원을 알아보러 다녔다. 아이가 영어 학원을 쉬는 한 주 동안 아이의 엄마는 더 바빠졌다. 주변 또래 엄마들의 조언을 구하며, 학원 숙제가 많지 않거나 학원에서 수업이 끝나면 남아서 숙제까지 다 하고 오는 학원을 알아보았다. 결국 그 아이는 엄마의 손에 이끌려 숙제를 남아서 하고 오는 학원으로 옮겼다. 예전 학원보다는 숙제나 영어 단어 외우기가 적은 학원에 다니게 된 것이다.

우리나라는 대학교에 가서도 전공과목을 사교육을 할 수 있는 학원이 있어야 한다는 우스갯소리가 있을 정도로 우리 아이들은 사교육 시장에 던져져 있다. 스스로 사고하거나 혼자서 어떤 결과물을 창출해 내는 것이 점점 어려워져서 사교육의 도움을 받아야 하는 아이들로 자라고 있다. 우리 아이들은 언제부터 스스로 배우는 것을 잊게 되었을까. 언제부터, 배움이 '스스로 하고 싶은 일'이 아니라 '해야만 하는 일'이 되었을까. 그 답은 생각보다 일찍, 유치원 혹은 그 이전에서부터 시작된다.

"지금부터 선생님이 말하는 대로 따라 하세요."

"이걸 외우지 않으면 다음 단계로 못 넘어가요."
"이 학원 교재가 없으면 뒤처질 수 있어요."

어른들은 말한다. 아이가 미래에 잘 살기 위해서, 좋은 학교에 가기 위해서, 지금부터 앞서 나가야 한다고. 그 말에는 진심이 있다. 사랑이라는 이름하에 불안도 있다. 하지만 그 진심이, 그 사랑이, 아이의 주체성을 꺾는 칼날이 될 수 있다는 걸 우리는 얼마나 자주 잊고 살아가는가.

한국은 이제 자기주도학습은 어린 시기부터 꺾이고 그 기회조차 허락되지 않는 '사교육 공화국'이라 불린다. 그 별명이 단순한 비유가 아니라, 매일의 현실이다. 학원에서 하루를 시작하고, 학원에서 하루를 마감하는 아이들. 누군가에게 끌려다니며 배우고, 평가받고, 비교되는 배움. 그 안에서 아이는 점점 배움의 주체가 아니라 지식의 수동적 소비자가 되어간다.

자기주도학습은 단순히 '혼자 공부하는 것'이 아니다. 그것은 스스로 동기를 찾고, 흥미를 발견하며, 배움의 즐거움을 자기 손으로 느끼는 것이다. 어떤 길로 갈지, 어떤 주제로 탐색할지, 그 안에서 내가 누구인지, 어떤 삶을 살고 싶은지를 알아가는 과정이다. 그러나 우리 교육 현실 속에서 자기 주도적 배움은 아주 어린 시기부터 꺾이고 만다. 아이는 무엇을 좋아하는지도 모른 채 좋아하지 않아도 되는 것을 억지로 좋아하는 척하며 따라간다. 주입식, 속도 중심, 경쟁 위주의 사교육은 아이가 느껴야 할 '앎의 기쁨'을 앗아가고 '정답'만 강요한다. 그 결과, 우리는 문제는 잘 푸는데, 문제를 만들 줄 모르는 아이들을 길러내고 있는 건 아닐까?

누가 시키지 않아도 밤새 눈을 반짝이며 책을 읽던 아이, 어떤 주제든 물음표를 던지며 질문을 쏟아내던 아이는 이제 '틀릴까 봐 조심하는 아이, 남보다 느릴까 봐 불안해하는 아이'로 바뀌어 버렸다. 그 아이들은 이미 너무 일찍 배움의 주도권을 잃어버렸다. 우리는 그 사실을 마치 당연한 듯 받아들이고 있다. 교육은 결국 '사람을 세우는 일'이다. 지식보다 중요한 건 그 지식을 어떤 시선으로 바라보는가, 그 배움 안에서 나라는 존재가 어떻게 성장하고 있는가이다.

우리 아이들에게 스스로 선택할 수 있는 기회를, 질문할 자유를, 멈추고 돌아볼 수 있는 여유를 되돌려 주어야 한다. 더 이상 '나중에'를 위해 '지금'을 빼앗지 말자. 더 이상 '잘하는 것'만을 위해 '좋아하는 것'을 포기하게 하지 말자. 아이의 손에 연필을 쥐여 주기 전에 그 아이가 어떤 생각을 하고 있는지 먼저 들어보자. 가르치기 전에, 그 아이의 마음속에 무엇이 자라고 있는지를 바라보자. 우리는 지금 잃어버린 배움의 주도성을 되찾아야 한다. 아이들의 눈빛에서 사라진 호기심과 열정을 다시 살려내야 한다. 그것이야말로 진짜 '미래를 위한 준비'다.

우리 아이들이 다시 자신의 배움을 스스로 이끌어 갈 수 있는 진짜 교육의 시대를 살 수 있기를. 그 길의 시작은, 지금 우리 어른들의 작은 인식 전환에서부터 비롯된다.

웃픈 세상, 웃으며 버티기

딸아이가 초등학교 6학년 때 있었던 일이다. 딸아이는 학교가 끝나고 집으로 와서 대뜸 나에게 물었다. "엄마~ 학원 안 다니는 것이 부끄러운 거야?"

학교에서 있었던 이야기는 이렇다. 같은 모둠 여자 친구에게 딸아이가 물었다. "학원 몇 개 다니세요?" 딸아이 반은 친구를 존중한다는 차원에서 친구에게 이름 뒤에 '님' 자를 붙이고 높임말로 이야기를 해야 한다. 친구들과 서로 높임말을 사용하며 존중하는 교육이 참 좋아 보였다.

여자 친구가 대답했다. "저 몇 개 안 다녀요." 딸이 물었다. "몇 개 다니는데요?" 여자 친구가 대답했다. "몇 개 안 다녀요. 몇 개 안 다녀서 부끄러워서 말 못 해요." 같은 모둠 다른 친구가 그 이야기를 듣더니 자신은 학원을 12개 다닌다고 자랑을 했다고 한다. 교육비가 비싼 학원을 다니는 친구일수록 더 자랑을 한다고 한다.

학원 보내는 것이, 학원 다니는 개수가 많은 것이, 비싼 교육비를 지불하는 학원을 보내는 것이 부모의 경제력이 되고, 학원 안 다니는 것이 이해 안 되고, 다니는 학원 수가 적으면 부끄러운 것이 되어버린 요즘 아이들의 현실이 너무 안타깝다. 인성, 감성이 죽어가고 마음 둘 곳이 없어 게임, 스마트폰 등 기계에 마음을 빼앗긴다. 학교에는 또래 폭력, 왕따, 은따가 흔해진 요즘이다. 점점 요지경으로 돌아가는 세상이, 이 아이들의 미래가 안타깝다.

한참 지난 이야기지만 알파고와 이세돌 9단의 바둑 대결이 세상의 이목을 모았다. 알파고와 이세돌이 바둑을 둬서 결국 알파고가 이겼다. 이제 기계에 사람의 생각마저 빼앗겼다고 한동안 이슈가 되었다. 수천 년 동안 인간의 지혜와 전략이 쌓여온 바둑이라는 고요한 예술에서, 기계가 사람을 이겼다는 건 단순한 승부 그 이상이었다. 많은 사람들은 충격을 받았다. "이제 인간은 생각의 영역마저 기계에 밀리는 걸까?" 그 질문은 곧 불안으로 번졌고, 어느 과학자는 조심스레 말했다. "기계에 마음까지 빼앗기면 인류는 멸망할 것이다." 그 말이 내 마음에 오래도록 남는다.

요즘 아이들을 보면 그 말이 더 이상 먼 미래의 경고가 아니라 이미 시작된 현실처럼 느껴질 때가 있다. 태어날 때부터 스마트폰을 쥐고 자란 아이들, 울면 화면으로 달래고, 밥을 먹을 때도, 이동 중에도, 심지어 잠들기 직전까지도 작은 화면 속 세상에 몰입해 있다. 그 속엔 자극적인 색감, 빠른 속도, 멈추지 않는 정보들이 끊임없이 흘러간다. 그사이, 아이들의 마음은 어디에 있을까? 자기 안의 느낌을 들여다보고, 한 가지 생각을 오래 붙들며 고민해 보는 시간은 그 바쁜 화면의 틈에서 점점 사라지고 있다. 기계는 빠르고 정확하고 편리하다. 우리는 그 덕분에 많은 것을 할 수 있게 되었다. 하지만 삶은 빠르다고 깊어지는 것이 아니고, 정확하다고 따뜻해지는 것도 아니다.

사람은 마음으로 사는 존재다. 보고, 듣고, 느끼고, 그 느낌을 언어로, 표정으로, 몸짓으로 전하며 다른 마음과 이어질 때 우리는 살아 있음을 느낀다. 아이들도 마찬가지다. 작은 나뭇잎 하나를 유심히 바라보며 "이건 왜 노란색일까?" 묻는 그 호기심, 친구의 울음을 보고 함께 눈물짓는 그 공감, 자기만의 그림을 그리고 머뭇거리던 손끝에서 느껴지는 자부심. 그런 순간들이 모여 마음이 자라고, 사람다운 아이로 자란다. 그러나 지금 아이들은 점점 그런 시간을 잃어가고 있다. 스크린은 멈추지 않고, 마음은 잠시도 쉴 틈이 없다.

나는 바란다. 아이들이 다시 고요함을 배울 수 있기를. 화면 대신 하늘을 오래 바라보는 습관을 가질 수 있기를. 가끔은 멍하니 앉아 자기 안의 감정을 들여다볼 수 있는 여유를 되찾기를. 기계는 인간의 도구이지 삶의 주인이 될 수 없다. 그 사실을 잊지 않는 어른이 아이들 곁에 꼭 있어야 한다. 부디, 기계에 생각만이 아니라 마음까지 빼앗기지 않기를. 우리 아이들의 마음은 사람의 따뜻한 눈빛과 손길 속에서 더 깊고, 더 반짝이게 자라날 수 있기를. 그런 어른으로, 나는 오늘도 아이들의 하루를 조금 더 느리게, 조금 더 따뜻하게 만들고 싶다.

아동기의
따뜻한 인간관계는
중요하다

조지 베일런트의 《행복의 비밀》 하버드대학교 성장 발달 연구 프로젝트들을 보며 나는 '아동기'라는 시기를 다시 들여다보게 되었다. 아이의 성장이 아닌, 나 자신의 성장 과정 속에서 경험한 유년의 시간들 말이다. 그 시절 형성된 자의식과 기대감은 내 인간관계의 방향을 결정짓고, 결국 내가 어떤 사회적 환경을 만들어 내며 살아갈지를 좌우한다. 사람은 어린 시절에 어떤 경험을 했느냐에 따라 그 삶의 기초가 다져지기도 하고, 흔들리기도 한다.

흥미로운 사실은, 아동기에 겪은 나쁜 일보다 따뜻하고 긍정적인 경험이 이후 삶에 훨씬 더 깊고 오래된 영향을 미친다는 점이다. 이는 단지 심리적 위안 이상의 의미를 지닌다. 어릴 때 형성된 긍정적인 애착과 관계는, 때론 잊히기도 하지만, 삶의 어느 시점에서 문득 되살아나 현재를 지탱하는 힘이 되기도 한다. 심리학에서는 이것을 '수면자 효과'라 부르기도 한다. 마치 깊은 잠에 들어 있던 기억이 어느 순간 의식의 표면으로 떠올라 현재의 나에게 메시지를 던지는 것처럼.

우리는 흔히 유전이나 환경, 단일한 요인으로 사람의 삶이 결정된다고 생각하지만, 실제로 인간은 한 가지 조건으로 규정되지 않는다. 태어날 때부터 알코올 의존성이나 우울증, 혹은 알츠하이머의 유전자를 가진 사람이 있다고 해도, 그가 어떤 환경에서 어떤 정서적 경험을 하며 자랐느냐에 따라 인생의 방향은 달라질 수 있다. 아이가 삶에 어떻게 적응하는가는 그의 전체적인 경험의 합에서 비롯되는 것이다.

중년기나 노년기에 경제적으로 여유롭고 정서적으로 안정된 삶을 누리는 사람들을 보면, 그것이 단순히 어린 시절 경제적 특권 때문은 아니라는 사실을 깨닫게 된다. 세속적 성공을 가져다줄 것이라 여겨지는 외모나 성격보다 더 본질적인 것이 있었다. 그것은 바로, 아동기에 경험한 따뜻하고 친밀한 관계, 그로 인해 마음속에 남은 좋은 기억들이다. 또한 부모가 부유하지 않았지만 존경받는 아버지와 자애로운 어머니, 따뜻한 우정과 함께 자란 대상자는 성인이 되어 더 높은 수입을 올릴 가능성이 그렇지 않은 대상자보다 현저히 높았다. 이렇듯 아동기에 따뜻한 인간관계를 누렸는가가 성인의 삶에 무엇보다 중요하다.

아이가 자라는 동안 누군가의 따뜻한 눈빛을 자주 마주했는가, 마음을 꺼내도 괜찮은 품이 곁에 있었는가, 실수해도 미움받지 않고, 슬퍼도 외면당하지 않았는가. 이런 경험들은 보이지 않지만, 아주 깊은 곳에 뿌리를 내린다. 세월이 흘러 어른이 되었을 때, 사람을 믿는 힘, 자기를 사랑하는 힘, 세상을 살아내는 힘으로 자란다. 어린 시절의 따뜻한 인간관계는 그 자체로 한 사람의 평생을 지탱하는 보이지 않는 기둥이 된다.

  나는 이 글을 쓰며 다시금 확신하게 된다. 인생 전반에 걸쳐 우리를 지지해 주는 가장 큰 힘은, 바로 '사랑받았던 기억'이라는 것을. 그것은 고난을 견디는 근육이자, 삶을 품는 바닥이다. 사랑받은 유년기는 그 자체로 성공적인 삶을 이끄는 가장 튼튼한 기반이 된다.

아이의
꿈을
응원하자

　　딸아이가 관심이 있는 분야가 생기면 꼭 서점 인터넷 사이트에서 검색을 해서 그때그때 관련 도서들을 사 주었다. 책 내용을 보고 구입한 게 아니다 보니 내용이 부실한 책도 있었지만 딸아이의 관심사를 놓치고 싶지 않았다. 딸아이가 관심이 있어 하는 것들이 책에 담겨 있는 것을 보고 딸아이는 책에 더 관심을 가지게 되었다. 책에 나의 관심이 담겨 있으니 더 관심을 기울이며 세심히 살펴보았다. 그래서 또래보다 책을 빨리 읽고 깊이 있게 읽는 거 같다.

　　딸아이가 초등학교 3학년 때 피아노에 관심이 생긴 어느 날, 《네 손가락의 피아니스트》라는 책을 구입해 주었다. 딸아이는 이 책에 등장하는 주인공이 병을 이기고 피아니스트가 된 것을 보고 감동을 받았다. 《네 손가락의 피아니스트》에 등장하는 주인공은 실존 인물로 용어가 어려운 병을 앓고 있었는데 딸아이는 그 병명이 신기했는지 그 병명을 외우더니, 다른 병명에도 관심을 가지기 시작했다. 그래서 의학 관련 도서들도 이어서 사 주었다.

딸아이는 다양한 병이 생기는 원인에 대해 알아가는 과정에서 병의 원인이 되는 세균 명에 관심을 가지기 시작했다. 그래서 '세균' 관련 책을 구입해 주었다. '세균' 책을 탐독하더니, 세균을 연구하는 의사라는 직업에 흥미를 가지기 시작했다. 의학 관련 도서들을 이어서 '의사' 관련 다양한 책들을 다시 사 주었다. 이렇게 꿈이 이동하는 동안 책의 주제도 이동하며 아이는 책과 친구가 되었다.

꿈이 있는 아이들은 스스로 공부한다. 꿈이 있는 아이들은 자기주도학습도 잘한다. 꼭 딸아이를 말하는 것은 아니다. 현장에서 보아왔을 때 요즘은 꿈이 없는 아이들이 너무 많다. 구체적인 꿈을 꾸면 아이는 움직인다. 그 꿈을 좇아 열심히 무언가를 한다. 꿈을 꿀 수 있게 생각할 수 있는 시간을 주자. 마음의 여유를 가지게 하자. 그리고 맘껏 경험하고 책을 볼 수 있는 환경을 마련해 주자. 그럼 아이는 스스로 자신의 꿈을 발견하고 찾아가며 꿈을 구체화할 것이다. 즐겁게 그 꿈을 향해 나아갈 것이다.

우리는 때때로 아이를 걱정이라는 이름으로 가두기도 하고 안정이라는 이유로 길을 정해주기도 한다. 나는 이제 안다. 아이가 진짜 행복해지는 길은 스스로 자신의 길을 찾아가는 순간부터 시작된다는 것을. 나는 믿는다. 어른의 역할은 앞서 길을 대신 정해주는 것이 아니라, 그 길을 걸어갈 수 있는 힘과 환경을 만들어 주는 것이라고.

책이 있는 공간, 물어볼 수 있는 시간, 시도해 볼 수 있는 여유, 그런 것들을 조용히 곁에 놓아주는 것. 실패해도 괜찮다고 말해주고, 다른 아이보다 느려도 괜찮다고 품어주는 것. 그것이 아이에게 주는 가장 큰 응원이고, 사랑이라고. 아이는 자라면서 세상에 대해 궁금해하고 마음속에 피어나는 작은 씨앗들을 만나게 될 것이다. 어떤 건 무르익고, 어떤 건 시들어 갈 것이다. 그러면서 결국 자기만의 꿈을 발견하게 될 것이다.

그 꿈은 어쩌면 내가 상상도 못 한 모양일 수 있다. 내가 겪지 못한 세계일 수도 있다. 하지만 나는 안다. 그 길이 어떤 길이든 스스로 선택한 길이라면, 그 길 위에서 아이는 가장 빛날 것임을. 무엇을 꿈꾸든 딸아이가 꾸는 그 꿈을 응원한다.

"딸아, 너의 꿈이 무엇이든 엄마는 응원할게. 아무리 멀어 보여도, 지금은 막막하게 느껴져도 괜찮아. 그 길이 너의 마음에서 시작된 길이라면 언젠가는 꼭 도착하게 될 거야. 그리고 너는 즐겁게, 기쁘게, 그 길을 걸어가게 될 거야. 세상에서 가장 따뜻한 바람이 너의 등을 밀어주기를. 그리고 그 바람이 엄마의 사랑이기를."

아이의 정서 발달은 저절로 이루어지지 않는다

아이의 정서 발달은 저절로 이루어지지 않는다. 생물학적인 발달과 복잡한 배움과 경험, 환경이 적시에 주어졌을 때 자라난다. 감정을 완벽하게 조절하기 위해서는 충분한 시간과 훈련이 필요하다. 감정을 능숙하게 조절할 줄 아는 아이는 사회적 소통에 훨씬 능숙하고 호감도도 높다. 또한 다른 사람에게 과민반응을 보이거나 소심하게 대응하지도 않는다.

일단 아이가 자신의 감정을 살필 줄 알고, 과민반응을 보이거나 소심하게 반응하지 않으면서 균형 있게 대응하는 법을 배우게 되면, 친구와 훨씬 우호적인 관계를 맺을 수 있고 호감도도 높아질 것이다. 심리학에서는 말한다. "감정은 경험을 통해 조절 가능한 심리적 과정이다." 그 말은 곧, 감정은 태어날 때부터 잘 다룰 수 있는 능력이 아니라는 뜻이다. 경험하면서, 느끼면서, 실수도 하면서, 조금씩 배워가야 하는 '마음의 기술'이라는 뜻이다.

예를 들어보자. 어릴 적 화가 나면 소리 지르거나 울던 아이가 있었다. 처음엔 어떻게 해야 할지 몰라서 감정이 이끄는 대로 반응했지만, 조금씩 배우기 시작한다. '화를 낸다고 다 해결되진 않네.', '기다리면 내 말도 들어주는 사람이 있네.', '내가 조용히 말하면 더 잘 들어주네.' 그런 경험 하나하나가 쌓이면서, 그 아이는 감정을 표현하는 방법을 배우고, 감정을 조절하는 힘을 키워간다. 그렇게 자란 아이는 어른이 되었을 때도 감정에 휘둘리지 않고, 자기 마음을 잘 들여다보며 상대의 감정도 함께 헤아릴 수 있는 사람으로 성장한다.

우리는 때로 "화를 참아야 해.", "슬퍼하지 마.", "그만 울어." 같은 말을 쉽게 한다. 하지만 감정은 억누른다고 사라지는 것이 아니다. 제대로 표현하고, 제대로 다뤄봐야 비로소 조절할 수 있는 법이다. 그러니 아이가 감정을 겪을 땐 "왜 그러니?"가 아니라 "그래서 어떤 마음이야?" 하고 물어주자. 감정은 옳고 그름이 아니라, 느껴지고 다뤄지는 대상이라는 걸 알려주자.

감정도 자란다. 사람 안에서, 경험 안에서, 따뜻한 관계 안에서 천천히 자라난다. 아이에게 필요한 건 감정을 금지하는 말이 아니라, 감정을 이해받는 경험이다. 그런 경험을 통해 스스로 감정을 조절하고, 나아가 타인을 위로할 줄 아는 따뜻한 사람으로 자라게 된다.

오늘도 누군가의 마음에 그 따뜻한 감정의 발판을 놓아주는 하루가 되기를. 나의 진정성 있는 마음이 누군가에게 닿는 순간이 오기를.

양육은 지식보다 관계다

 폭력적인 가정에서 자란 자녀가 훗날 폭력을 행사하는 부모가 될 가능성이 그렇지 않은 경우보다 8배나 더 많다는 연구 결과가 있다. 자녀를 키우는 방식은 어린 시절 부모의 양육 방식을 통해 무의식적으로 습득된다. 어린 시절 무의식적으로 습득한 어린 시절 경험한 양육 방식은 우리의 잠재의식 속에 남아 있다.

 어느 실험에서 취학 전 아동에게 부모가 특정 인형에 공격적인 태도를 취하는 모습을 보여주자, 아이도 똑같이 그 인형에 공격적인 태도를 취했다고 한다. 이렇듯 어린 시절 경험한 양육 방식으로 인해 습득한 양육 습관을 고치려고 의식적으로 노력하지 않으면 내가 부모가 되어 자녀에게 똑같은 양육 방식으로 키울 가능성이 높다.

 범죄자의 과거 양육 경험을 살펴보아도, 대부분의 폭력성은 어린 시절 부모로부터 폭력을 당한 경우가 대부분이다. 내가 자라온 환경이 부정적인 양육이었다면, 의식적으로 자신이 자라온 환경의 부모 양육 방식을 기꺼이 떠올려 보고 직면하면서 나의 양육 방식을 점검해 볼 필요가 있다. 이렇게 떠올려 보는 것만으로도 건강한 양육 방식으로 발전시키는 길이 열린다. 우울증이 있거나, 심리적으로 불안정한 양육을 하고 있는 경우, 대부분 어린 시절 부모로부터 정서적으로, 신체적으로 상처를 받은 경우가 많다.

내가 상처 입은 것처럼 자식에게 상처를 줄지도 모른다는 두려움으로부터 해방되려면 의식적으로 자신의 양육 방식을 점검해 볼 필요가 있다. 나 또한 자녀를 가졌을 때부터, 확고한 나의 양육 방식에 대한 다짐이 있다. 절대 자녀에게 손을 대지 않는다. 즉, 어떠한 경우라도 때리지 않는다는 것이다. 나는 내가 자라온 양육 방식을 후대에 물려주고 싶지 않기 때문이다. 그래서 다짐했다. 자녀를 절대 어떤 순간에도 때리지 않는다. 그리고 아주 사소한 것도 지적받고 비난받으며 자라온 나는 딸에게 비난하지 않으며 키우겠다고 다짐했다. 정말 의식적으로 노력하지 않는 한, 양육 방식도 답습됨을 나 스스로 경험했다.

딸을 때리지는 않지만, 어느 순간 내가 아빠처럼 딸아이를 사소한 걸로 혼을 내고, 때로는 그 일 자체보다 다른 것들과 연결하여 비난하는 나의 모습을 발견하곤 해서 괴로울 때가 많았다. 그럴 때마다 의식적으로 다짐했다. 육아의 대물림을 끊어내자. 의식하고, 또 의식하며, 딸과 이런 다툼이 있을 때는 딸에게 사과를 했다.

"○○아, 미안하다. 엄마는 이러이러해서 너에게 엄마가 자라면서 받은 상처를 대물림하고 싶지 않았는데 이렇게 너에게 크게 화를 내고 비난을 했구나. 앞으로는 그러지 않을게. 그래도 알아주었으면 해. 엄마는 너를 자존감이 넘치고 당당한 아이로 키우고 싶어서, 너와 이렇게 갈등이 있는 순간에 너의 외할아버지가 엄마에게 했던 양육을 너에게 대물림하지 않기 위해 엄마의 마음속에서 끊임없는 충돌이 일어나고 있다는 것을 말이야. 엄마가 그 순간을 못 참고 너에게 크게 화를 내는 순간에도 엄마는 그게 잘못되었다는 것을 알고 있어. 하지만 순간적으로 엄마의 잠재의식에서 비롯된 반응들이 엄마의 의식을 집어삼켜 버려. 하지만 더 노력할게."

삶의 초기에 부모로부터 형성한 관심과 애정, 사랑은 한 아이의 삶에 있어서 그 어떤 상황에서도 좌절하지 않고 이겨낼 수 있는 내면의 힘과 사람에 대한 믿음의 뿌리가 된다. 반대로 이 시기에 부모로부터 제대로 된 관심과 사랑을 받지 못한 경우에는 불안감, 수치심, 두려움, 자기 회의에 빠져 자신은 별 볼 일 없는 존재라고 느끼게 되는 경우가 많다.

"아이들은 우리의 말이 아닌 행동을 따라 한다."라는 오래된 격언 속에 부모의 양육 방식을 점검해 볼 필요가 있다.

교육의
시작은
감정이다

거짓말은 다른 사람을 이용해서 내가 원하는 것을 얻기 위해서 의식적이고 계획적으로 시도할 때 생겨난다. 또한 관심을 받기 위해 표출되는 마음의 표현이기도 하고, 순간적으로 상대방을 기쁘게 하고 싶어서 하는 유머이기도 하다. 대화 중에 나도 모르게 무의식적인 실수로 나타나기도 한다. 우정을 오래 지속시킬 수 있고 안정적으로 친구를 오래 잘 사귀는 아이는 공감력이 있으며 거짓말의 상황을 훨씬 잘 이해한다. 하지만 거짓말을 의도적으로 잘하는 아이는 공감 능력이 떨어져 친구의 감정을 알아차리지 못하고 인기도 없으며 사회성도 떨어지게 된다.

하버드 대학교 성장 발달 연구 프로젝트에 따르면 4살짜리 아이도 어떤 말이 속임수이고 도덕적으로 잘못된 것인지 구분할 수 있다고 한다. 만 3살에서 만 5살짜리 아이는 실수로 한 거짓말이나, 무심코 던진 거짓말과 의도적인 거짓말을 정확히 구분해 낸다고 한다. 또한, 위 연구에서는 자폐 증상이 있는 아이는 얼굴 표정을 인식하거나, 시선을 따라가거나, 타인이 무슨 생각을 하는지 이해하는 데 어려움을 겪는다는 사실을 밝혀냈다. 아이의 거짓말은 공감 능력과 관련이 있다. 자폐 증상이 있는 아이는 공감을 하지 못한다. 어릴 때부터 키워줘야 하는 공감 능력. 다른 사람의 마음을 읽고 공감하는 능력을 키워나가다 보면, 그 상황에 따라 적절하게 자신의 마음을 표현할 수 있게 된다. 자신의 마음을 표현하다 보면 자연스럽게 언어 능력도 향상되게 된다.

아이의 공감 능력은 사회성 향상에도 기여하며 또래와의 관계에서도 오랫동안 관계를 지속시키는 우정의 힘도 키울 수 있고, 도덕성 향상에도 도움을 준다. 일상생활에서, 일상적 대화에서 아이의 도덕성과 공감력을 키워주는 대화를 자주 나누다 보면 아이의 삶은 주변 사람들과 더불어 훨씬 풍요로운 삶을 살 수 있다. 그리고 사람들의 중심에 설 수 있는 리더의 기초를 형성할 수 있다. 공감이라는 씨앗, 도덕이라는 감각, 그리고 따뜻한 리더십의 뿌리.

우리는 종종 '리더'라고 하면 똑똑하고 말 잘하고 앞장서는 아이를 떠올린다. 하지만 진짜 리더는 '내가 아닌 타인을 생각할 줄 아는 아이'에서 시작된다. 그 힘은 거창한 교육이 아닌, 일상 속 대화에서 자란다. "친구가 속상해했구나. 넌 어떻게 해주고 싶어?", "이렇게 말하면 친구 마음이 어떨까?", "우리가 먼저 도와줄 수 있을까?" 이런 질문들은 하루의 틈틈이, 밥상머리에서, 등굣길에서, 자연스럽게 흘러나올 수 있는 것들이다.

아이의 삶은 이런 일상적인 대화를 통해 세상을 더 넓게, 더 깊이 바라보는 법을 배운다. 자기중심의 생각에서 벗어나 타인의 감정을 읽고, 배려하며, 함께 살아가는 법을 익힌다. 그렇게 자란 아이는 어디에 있어도 '함께'하는 사람으로 인정받는다. 사람들을 품을 줄 아는 아이, 마음을 모을 줄 아는 아이, 조용하지만 단단한 리더가 되어간다.

결국 삶은, 사람 사이의 관계로 채워지는 여정이다. 아이에게 줄 수 있는 가장 큰 선물은 바로 그 관계 속에서 따뜻하게 설 수 있는 힘, 즉 도덕성과 공감력이라는 보이지 않는 날개를 달아주는 일이다. 그 날개는 지금, 이 평범한 일상 속 대화에서 조용히 자라나고 있다.

양육 대물림을 막자

　부모님께서 이혼하시고 얼마 되지 않은 어느 날이었다. 학원을 마치고 집에 돌아온 딸아이 앞에서 내 감정을 주체하지 못하고 울었던 날이 있었다. 딸이 학원에서 돌아오기 전부터 1시간 이상을 울고 있었다. 딸이 와도 눈물이 그치지 않았다. 딸을 붙잡고 또 울었다. 딸은 이제 조금 더 자라서 엄마의 마음을 이해해 주는 듯했다. 딸 앞에서 엄마의 상처를 알아달라고 울며 매달리는 내가 싫었다. 엄마가 정신적으로 건강해야 더 밝고 활기찬 아이로 자랄 텐데, 딸아이가 울적해하거나 자신감이 없어 보일 때, 왠지 그게 엄마로 인한 영향 같아 나 자신이 더 싫어지곤 했다. 애써 아닌 척, 더 밝게 딸아이를 대했다.

　딸아이는 엄마가 받은 상처와 같은 마음과 낮은 자아존중감을 갖지 않았으면 하고 늘 노심초사하며 딸아이를 키웠다. 딸아이가 어릴 때, 혼내지 말아야 할 때 혼을 낸 거 같다. 엄마가 감정 조절을 못 해 더 크게 혼을 냈을 때가 많은 거 같아서 나의 육아를 반성하기도 한다. 아빠에게 무수히 많은, 사소한 잔소리들을 듣고 자란 나는 딸아이에게는 아빠가 자식을 키운 방식의 육아를 대물림 하지 않겠다고 다짐했었다. 하지만 정신을 차리고 보면, 아빠만큼은 아닐지라도 딸아이에게 잔소리를 심하게 하는 나를 발견하며 자책을 하곤 한다. 배운 게 도둑질이라고, 육아는 대물림된다고 하는 말이 맞나 보다. 하지만 독하게 육아 대물림만은 끊고 싶어 무던히 애썼던 날들이었다.

딸이 7살 때 딱 한 번 차 안에서 다리를 때렸던 적이 있는데 무슨 이야기 끝에 딸아이가 엄마가 자신을 때렸다고 이야기를 하며, 그때 상황을 생생하게 이야기를 할 때가 있다. 딸아이는 왜 맞았는지 구체적인 상황은 모른 채, 그 상황만은 또렷이 기억한다. 딸아이가 이 상황에 대해 이야기를 하면 엄마가 미안하다고 진심으로 사과를 했다.

육아 대물림이라는 단어를 이야기하며, 엄마가 육아 대물림을 하지 않기 위해 노력했다며 나의 마음을 솔직하게 털어놓았다. "너를 감정적으로 때리고 싶은 생각이 들 때도 있었지만 엄마가 자라면서 맞았던 상처가 너무 커서 너를 때리고 싶지 않았어. 자식을 낳으면 그 어떤 순간에도 때리지는 말자고 다짐을 했어. 너를 다리로 한 번 순간 때린 거 너무 미안해."

"꽃으로도 때리지 마라."라는 아동학대 관련 표어도 있다. 그 어떤 순간에도 아이는 때리면 안 된다. 정말 사소한 상황이라도 아이에겐 상처로 남는다. "미안하다, 딸아! 엄마가 그날 딱 한 번 다리로 너를 때렸지만 후회하고 또 후회한다." 지금도 난 딸에게 사과를 한다. 진심으로 말이다.

학원이
자랑거리가
되다

딸아이가 초등학교 5학년 때 같은 반 친구의 일이다. 그 친구는 버스로 1시간 30분 정도 걸리는 대치동 유명한 수학 학원을 일주일에 2번 가고 있었다. 엄마가 일을 하셔서 버스를 혼자 타고 간다고 한다. 학원 버스가 가지 않는 곳이라 왕복 3시간 거리를 혼자 버스로 이동하였다. 수학을 잘 가르친다고 소문난 학원이라고 한다. 그 친구는 수학 학원을 가는 그날이 제일 싫다고 한다. 배도 고프다고 한다.

학교가 끝나고 집에 들러 학원 가방을 메고 3시 30분에 집에서 나온다고 한다. 집에서 나와 버스를 타고 가야 하는데 버스 정류장까지 걸어가는 시간, 버스를 기다리는 시간까지 포함해서 학원까지 1시간 30분이 걸린다고 한다. 학원에 도착해서 수업을 듣고 다시 집에 오는데 1시간 30분이 걸린다. 5시에 시작하는 수학 학원이 8시에 끝나니 집에 오면 9시 30분이 된다고 한다.

친구는 너무 배가 고프고 힘들다고 한다. 엄마가 악마 같다고 한다. 딸아이가 물었다. "엄마에게 다니기 싫다고, 힘들다고, 배고팠다고 너의 생각을 이야기해 봤어?" 그 친구는 딱 한 번 이야기해 보았다고 한다. 엄마의 말씀은 단호하셨다고 한다. "그 학원 안 다닐 거면 앞으로 모든 학원 다 끊고 집에서 혼자 공부해. 그 학원 끊으면 넌 이제 절대 학원 안 보내줄 거야." 그래서 그 후론 더 이상 말을 못 한다고 한다. 왜냐하면 혼자서 수학, 영어 공부를 할 자신이 없어서라고 한다. 학원은 다녀야 할 거 같지만 가까운 곳에 다니고 싶다는 그 친구는 엄마의 요구대로 먼 거리의 학원을 다닐 수밖에 없다고 한다. 친구의 엄마는 유명한 그 학원을 고집한다며 한숨을 쉬었다고 한다.

아이가 장거리 학원을 안 다니고 싶은 것이지 공부를 안 하겠다고 한 것도 아닌데 엄마의 욕심이 아이를 힘들게 한다. 그 친구의 엄마는 엄마의 눈높이에 맞는 그 학원을 고집하는 이유는 무엇일까? 유명한 학원에 보내는 것이 엄마의 능력 아닌 능력이 되어버린 것은 아닐까? 요즘은 어느 학원, 무슨 레벨이 자랑처럼 되어버렸다. "그 학원 원장이 해외파래.", "그 반은 레벨 높은 아이들만 들어가요.", "우린 영어, 수학, 코딩까지 다 하고 있어요." 이런 말들이 마치 자랑처럼 오가고, 그 말을 듣는 아이들 역시 자신이 다니는 학원의 '이름값'에 자존감을 기대게 된다. 나는 문득, 그 아이의 하루가 떠오른다. 가방 하나엔 교재가 가득하고, 눈빛엔 여유보단 피로가 먼저 내려앉은 그 아이.

언제부턴가 '어디를 다니느냐'가 그 아이의 정체성이 되었고, '얼마나 배우느냐'가 그 아이의 가치처럼 여겨진다. 하지만 정말 그것이 한 아이가 자랄 때 가장 소중한 걸까? 그 마음 안에 자라고 있어야 할 호기심, 감성, 상상력, 사람에 대한 따뜻함은 언제, 어디서 자랄 수 있을까? 무엇이든 빠르게, 많이, 앞서 배워야 한다는 이 경쟁의 시대에 아이들은 점점 '자기다움'을 잃어간다. 이름뿐인 레벨에 갇히고, 시험을 위한 학습에 지쳐가며, 하루하루가 '공부해야 할 목록'으로만 채워진다. 아이들의 일상이 안타깝고 씁쓸하다. 이런 현실이 어른들의 선택이었음을 알기에 더 그렇다. 아이들이 경쟁이 아닌 꿈을 꾸고, 속도가 아닌 방향을 찾는 삶을 살아야 하는 존재라는 걸 우리가 잊고 있기 때문이다.

 부디, 아이들이 자라나는 시간 속에 비싼 교육보다 더 소중한 '마음의 여백'이 있었으면 좋겠다. 스스로 생각할 수 있는 시간, 자기만의 속도로 걸어볼 수 있는 기회, 그리고 사랑받는 경험. 그렇게 자란 아이는 어떤 학원을 다녔는지가 아니라, 어떤 마음으로 세상을 바라보았는지로 기억될 것이다. 그게 진짜 교육이 아닐까. 그게 우리가 진심으로 바라는 아이의 행복 아닐까.

학원이
목적이
되다

딸아이가 초등학교 5학년 때 학급에서 있었던 일이다. 딸아이가 친구에게 말했다. "아, 빨리 일요일이 되면 좋겠다." 딸아이는 주말에 늦잠을 잘 수 있고, 학교도 안 가고, 학교 숙제는 토요일에 끝내고 편하게 하고 싶은 거 하며 쉴 수 있어서 그런 말을 했다고 한다. 친구가 딸아이 말을 듣자마자 말했다고 한다. "너 학원 가기 싫어서 그러지?" "아니~ 나 학원 안 다니는데?" 하고 딸아이가 대답을 했다. 남자 짝꿍이 대뜸 놀라며 "너 엄마 없어?" 딸아이는 "아니, 엄마 있는데? 그냥 안 다니는 거야." 하고 말했다. 남자 짝꿍은 엄마도 있는데 학원 안 다니는 딸아이를 의아하게 쳐다보았다고 한다.

딸도 학원을 전혀 안 다닌 건 아니다. 친구가 학원 다니면 가고 싶어 해서 가기도 하고, 딸아이가 무엇을 배우고 싶다고 하면 보내기도 했다. 하지만 몇 개월 다니다 보니 학원 시간에 쫓기고, 학원 숙제에 쫓기다 보니 아이가 짜증을 내기 시작하며 아이의 정서가 몇 달 만에 휘청거렸다. 친구들이 자랑삼아 말하는 레벨, 레벨이 부러웠던 딸은 학원 체험을 몇 달 하더니, 그 친구들이 부럽지 않다고 한다. 딸아이도 친구의 레벨이 부러워 영어 학원에도 다녀보고, 수학 학원에도 다녀보고, 과학이 궁금하다며 과학 학원도 다녀보았다. 예술 체험 교육으로 발레, 피아노, 한국무용, 미술, 바이올린, 성악 학원도 다녔다. 한꺼번에 이 학원들을 다닌 것이 아니라 그때그때 호기심이 발동하면 보냈다. 하지만 아이가 원하면 시키고 아이가 하다가 싫다고 하면 학원을 보내지 않았다. 그래서 실상 한국무용 2년, 바이올린 빼고는 몇 달을 넘기지 못했다.

딸아이도 학원을 다니기는 했지만 학원이 목적이 되지 않았다. 요즘은 학원이 목적이 되고, 필수 코스가 되어버렸다. 그래서 학원을 안 다니는 아이들이 마치 뭔가 부족하거나, 뒤처진 아이처럼 이상한 아이가 되어버린 이 상황이 웃프다.

학원이 목적이 된 현실. 공부를 잘하기 위해 학원을 가는 게 아니라, 그냥 다들 가니까 가는 것, 안 가면 불안하니까 가는 것. 학원이 이제는 선택이 아니라 '기본값'이 되어버린 세상이다. 학교 수업이 끝나도 아이들의 하루는 끝나지 않는다. 수학 학원, 영어 학원, 피아노, 미술, 코딩…. 몇 시에 끝나는지도 모를 일정표가 초등학생의 가방 안에 빼곡히 들어 있다. 그 바쁜 하루 속에서 자기 생각을 해볼 틈, 멍하니 창밖을 바라볼 시간, 엄마, 아빠와 얼굴을 마주 보고 밥 먹을 순간은 점점 사라지고 있다. 더 슬픈 건, 이게 아이들 사이에서도 '당연한 일상'이 되어버렸다는 것이다. 모두가 그렇게 살고 있으니, 조금이라도 다르면 '이상하다'는 눈빛이 돌아온다. 학원을 안 다닌다는 건 더 이상 자유로운 선택이 아니라 사회에서 '예외'가 되는 일이 되어버렸다.

　웃기고도 슬픈, '웃픈' 현실. 그 안에서 아이들은 점점 스스로를 잃어간다. 무엇을 좋아하는지, 무엇을 잘하는지, 무엇이 감동이고 설레는지조차 모른 채, 학원이라는 시스템 속에서 기계처럼 움직이는 존재가 되어간다. 부모는 말한다. "나만 안 시키면 불안하잖아요. 남들 다 하니까 안 시킬 수가 없어요." 부모님의 마음은 이해가 간다. 하지만 우리는 한 번쯤 '아이의 삶'을 진짜 중심에 놓고 질문해 봐야 하지 않을까.

　아이에게 진짜 필요한 건 지금 이 시간, 마음껏 놀고, 경험하고, 실패해 보고, 자기만의 리듬으로 걸어볼 수 있는 '삶의 여백' 아닐까. 모두가 똑같은 길을 걸어가게 만드는 학원이 아이의 행복까지도 보장해 주진 않으니까. 언젠가 우리 아이들이 "나는 나대로 괜찮아."라고 말할 수 있는 날이 오길 바란다. 그게 진짜 배움이고, 진짜 삶이니까.

햇살 같은 시간이 아이를 만든다

되도록 햇살이 비치는 날에는 딸에게 햇볕을 쬐게 하려고 노력하였다. 물론 중고등학교를 거치면서 이것도 더 어려운 숙제가 된 건 사실이다. 유아기 때, 초등학교 때 아이는 학교가 끝나고 학교 방과후가 있는 날이면 방과후 수업이 끝나고 엄마가 퇴근할 때까지 학교 도서관에서 책을 보며 엄마를 기렸다.

오후 5시가 넘어가면 해가 간당간당~ 저물려고 하는 시간이라 간신히 해를 부여잡으며 딸과 함께 햇볕을 쬐었다. 친구들이 학원에서 열심히 공부하고 있을 시간에 우리는 햇볕 쬐기를 했다. 하루에 햇볕을 20분 쬐면 뼈 건강에 좋다고 한다. 다행히 우리는 저무는 해를 부여잡으며 30분 정도의 햇볕을 쬘 수 있었다.

햇볕은 오전 10시~오후 2시 사이에 쬐면 좋다고 한다. 주말이 아니고는 이 시간대에 햇볕을 쬐는 건 쉽지 않다. 주말에도 나름대로 바빠서 햇볕 쬐기가 그리 쉬운 것은 아니다. 햇볕 쬐기도 쉬운 것 같지만 의식적으로 하지 않으면 햇볕을 못 보고 지나가기 일쑤이다. 그래서 평일에 미세먼지가 많거나 날씨가 좋지 않은 날을 제외하고 매일 햇볕을 쬐려고 노력했다.

 봄볕은 특히 더 좋다고 한다. 성장기에 햇볕을 많이 쬔 아이들은 노년기에 골다공증에 걸릴 확률도 확연히 줄어든다고 한다. 특히 성장기 아이들의 뼈가 잘 발육하려면 비타민 D가 필요한데 햇볕을 쬐는 것만으로도 충분하다고 하니, 고마운 햇볕이다. 햇살을 받으며 딸과 함께 손바닥 밀치기 게임도 하고, 줄넘기도 하고, 간간이 설치되어 있는 운동기구에서 운동도 하며, 학교에서 있었던 이야기도 들어주었다.

 깔깔깔 웃으며 행복해하는 딸을 보며 나 역시 일상의 행복을 누렸다. 딸이 유독 작은 것에 크게 기뻐하며 잘 웃기도 하는데 집에서보다 햇볕을 받으며 놀면 더 해맑은 미소를 지었던 거 같다. 일석삼조보다 더 많은 얻음을 주는 고마운 햇살이다. 봄철에 야외에서 뛰어노는 것만으로도 성장기에 필요한 비타민 D가 충분히 흡수된다니, 성장기 자녀가 있는 가정에서는 열심히 아이들과 햇볕을 쬐러 다니시길 권한다.

 햇볕을 쬐며 걷는다는 건 단지 비타민 D만 보충하자는 말만이 아니다. 마음도, 감정도, 인간관계도 햇살 아래에서 따뜻하게 자라기 때문이다. 성장기 아이들에게 가장 필요한 건 책상 앞에서의 공부만이 아니다. 세상을 온몸으로 느끼는 경험, 하늘의 빛과 땅의 냄새를 몸에 담아내는 시간, 그 순간을 함께하는 '사람'이 필요하다.

햇살이 가득한 날, 손을 잡고 걸으며 나누는 대화 속에서 아이의 마음은 열린다. 학교에서 있었던 작은 일들, 친구와의 서운함, 요즘 좋아하는 노래나 관심사들. 그 이야기들이 햇살처럼 스며들고, 바람처럼 흘러가며 마음의 근육을 키워준다. 햇살 아래에서는 아이의 표정도 한결 부드러워진다. 답답한 집 안이 아닌, 넓고 자유로운 바깥에서 부모와 눈을 맞추며 걷는 그 시간은 말로는 다 못 채우는 사랑의 언어가 된다.

부모에게는 햇살 속 시간은 마음을 환기하는 기회다. 바쁜 일상 속에서 놓치기 쉬운 아이의 작은 표정, 속마음, 자라는 속도까지도 다시 바라보게 된다. 햇볕을 쬐러 다닌다는 건 어쩌면 함께 걷는 삶을 선택하는 일이다. 자연 속에서 마음을 비우고, 서로의 존재를 다시 확인하는 시간. 그 작은 걷기에서 우리는 다시 가족이 되고, 아이의 마음도 자란다. 아이들이 건강하게 크기 위해 햇살은 필수영양소다. 하지만 그보다 더 중요한 건 그 햇살을 함께 누리는 사람과 시간이다.

성장기 자녀가 있는 가정이라면, 부디 자주 밖으로 나가보자. 어디 멀리 가지 않아도 좋다. 동네 공원, 산책로, 강변길이면 충분하다. 햇살 아래에서 함께 웃고 걷는 그 시간들이 언젠가 아이의 마음 깊은 곳에서 가장 따뜻한 추억으로 남을 것이다. 누군가 웃으면 나도 따라 웃게 되는 순간이 있다. 그 사람이 내 가족이나 친구일수록, 나와 가까운 사람일수록 그 영향은 더 크다. 행복은 사람 사이를 흐르는 공기처럼 전해진다.

《행복은 전염된다》에서 크리스태키스 박사는 이렇게 말한다. "당신이 행복하면, 당신 친구가 행복할 확률은 15% 더 높아진다." 그리고 그 친구의 친구, 즉 나와는 직접 연결되지 않은 사람조차도 행복해질 가능성이 10% 정도 더 높아진다고 한다. 심지어 그 친구의 친구의 친구에게까지도, 약 6%의 행복 영향력이 퍼진다는 연구 결과가 있다. 4단계에 가서는 영향을 전혀 미치지 않았다고 연구 결과에 나와 있다. 심리학 이론에 있는 인간관계 삼단 법칙이다, 이 말은 곧, 내가 행복하면 내 친구도 행복해질 수 있다는 뜻이며, 내가 나를 돌보는 것이 곧 관계를 돌보는 일이 된다는 뜻이다.

또한 반대로, 불행도 전염된다. 부정적인 감정, 불만, 무기력함 역시 관계를 타고 퍼진다. 누구와 함께 시간을 보내는지가 삶의 방향에 영향을 준다. 이 책에서는 이런 표현도 있다. "행복한 사람은 행복한 사람끼리, 불행한 사람은 불행한 사람끼리 모인다." 무서운 말 같지만, 희망도 있다. 내가 먼저 미소 짓고, 내가 먼저 감사하고, 내가 먼저 지금 이 순간을 살아갈 때 그 마음은 내가 사랑하는 사람들에게 고스란히 번진다.

결국, 행복은 혼자서만 누릴 수 없는 감정이며, 나의 작은 변화가 내 친구, 내 가족, 내 공동체까지 움직일 수 있다. 그러니 자녀를 행복한 아이로 키우기 위한 열쇠를 쥐고 있는 부모님의 역할이 얼마나 큰지, 중요한지 알게 될 것이다. 행복한 아이로 키우는 첫걸음은 부모 스스로가 자신을 좀 더 따뜻하게, 긍정적으로 바라보는 것이다. 자녀의 감정을 공감하며 '지금, 여기'에서 그저 함께 있어 주는 것만으로도 자녀에게 큰 위로가 되고 행복은 시작된다.

4장

심리학으로 다시 서다

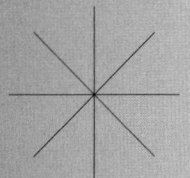

마음을 돌보는 힘

마음의 회복은
생각에서
시작된다

　　　　　　조지 베일런트 《행복의 비밀》에 나오는 하버드 대학교 연구 중 그랜트 연구에서 보면, 어머니와의 따뜻한 관계 속에서 성장하는 것은 높은 언어 능력 점수, 높은 연봉, 대학교에서의 성적과 명확한 관련이 있다고 한다. 어머니와의 따뜻한 관계 속에서 자란 대상자들은 인지 능력의 감퇴가 더디다는 사실도 알게 되었다.

　연구를 통해 보면, 90세의 대상자 가운데 어머니와 좋지 않은 관계 속에서 자란 33%가 치매를 앓은 반면, 따뜻한 관계 속에서 자란 대상자 가운데서는 13%가 치매를 앓았다. 어릴 적 어머니와의 따뜻한 관계는 성인이 되어서, 노년기가 되어도 우리 삶에 지대한 영향을 미친다. 그래서 어린 시절에 대한 직면은 중요하다. 어린 시절의 무의식과 의식의 기억을 직면하면 현재의 고통도 치유되고 승화되는 경험을 할 수 있다. 어린 시절의 기억은 그리움으로 남기도 하고 때로는 외면하고 싶은 상처로 남기도 한다. 그러나 분명한 건, 그 시절은 지금의 나를 만든 뿌리라는 것이다.

사람들은 흔히 말한다. "지나간 일은 잊어야지." 하지만 정말 잊는다고 끝이 날까? 아무렇지 않은 척 살아가도 어느 날, 아주 작은 사건 하나에 그 오래된 상처가 다시 눈을 뜬다. 그래서 우리는 어릴 적 나를 마주하는 용기가 필요한 것이다. 그 기억이 비록 아프고 고통스럽더라도, 그 시절의 나를 따뜻하게 바라보는 그 순간부터 치유는 시작된다. "그때 너는 참 외로웠지.", "그 상황은 어린 너에게 너무 버거웠을 거야." 이렇게 말해주는 것만으로도 마음속 어딘가에 숨어 있던 작은 내가 조금씩 빛을 받기 시작한다. 그 어둠 속의 기억이 더 이상 '덮어야 할 것'이 아닌, 이해받고 위로받을 자격이 있는 이야기로 바뀌는 것이다.

어린 시절의 나를 직면하는 건 그때의 아픔에 다시 빠져드는 일이 아니라, 그 아픔을 끌어안고 현재의 나를 강하게 만드는 일이다. 직면은 눈물도 동반하지만, 그 끝엔 어느새 따뜻한 평화가 찾아온다. 이제야 내가 나를 안아준 느낌. 이제야 진짜 내가 나로 살아가는 느낌. 그 감정은 어떤 위로보다 단단하고 깊다. 어릴 적 기억을 들춰보는 건 결코 약한 사람이 하는 일이 아니다. 용기 있는 사람만이 할 수 있는, 진짜 나를 회복하는 일이다. 그 직면은 결국 내면의 힘으로 바뀐다. 외부의 칭찬이나 조건 없이 내가 나를 지탱할 수 있는 단단한 자존감, 흔들려도 쉽게 무너지지 않는 마음, 다른 사람을 향한 깊은 공감까지.

지금 마음이 아프고 혼란스럽다면 과거의 나를 따뜻하게 불러보자. 그 시절을 마주하는 용기가 지금의 나를 자유롭게 한다. 아이였던 나, 그럼에도 잘 견뎌준 나, 이제는 어른이 되어 스스로를 안아줄 수 있는 내가 되었음을 기억하자.

배우는 부모가 아이의 미래를 바꾼다

"지금 우리 아이는 어떤 마음으로 세상을 바라보고 있을까?" 아무 말 없이 노는 듯해도, 혼자 조용히 앉아 있는 것처럼 보여도, 그 속에서는 세상을 향한 해석이 차곡차곡 쌓이고 있다. 알프레드 아들러는 말한다. "한 사람의 인생을 살아가는 방식과 가치관은 8살 이전에 이미 완성된다."라고.

이 말은 결코 과장이 아니다. 그만큼 아이의 초기 환경과 '나를 사랑해 주는 사람'과의 관계가 인생 전체의 뿌리가 된다는 뜻이다. 아이의 눈에 비친 세상은 엄마와 아빠의 말투, 표정, 행동을 통해 구성된다. "나는 사랑받는 존재야.", "나는 괜찮은 사람이야." 이 믿음을 갖고 자란 아이는 어떤 어려움 앞에서도 스스로를 지탱할 수 있다. 반대로, "나는 늘 부족해.", "나는 혼나야 하는 존재야."라는 감정으로 자라면 겉으로는 멀쩡해 보여도 어딘가에서 불안과 자기 의심에 흔들리게 된다.

우리는 종종 묻는다. "아이에게 뭘 더 해줘야 할까?" 하지만 더 중요한 질문은 이거다. "나는 지금 아이에게 어떤 '존재감'으로 기억되고 있을까?" 자존감은 무언가를 잘해서 생기는 게 아니다. 그냥 있는 그대로의 나를 따뜻하게 안아주는 사람이 곁에 있었을 때 생긴다. 아이에게 중요한 건 수학 문제를 몇 개 풀었느냐가 아니라, 지금 이 순간 내가 얼마나 '괜찮은 존재'로 받아들여지고 있느냐다.

생애 가장 예민하고 순수한 시기, 0세부터 8세까지. 이 시기는 단지 발달의 시작점이 아니라 삶 전체를 이끄는 나침반이 만들어지는 시간이다. 우리는 아이를 위한 '명문 유치원'보다 아이와의 '좋은 관계'를 먼저 고민해야 하고, 비싼 장난감보다 '하루 10분의 눈 맞춤'을 더 소중히 여겨야 한다. 지금 이 순간, 아이와 나누는 따뜻한 대화 한 줄이 아이 인생의 기초 체온이 된다. 오늘도 아이의 눈을 바라보며 말해보자. "넌 정말 소중한 아이야.", "나는 너를 믿어."

그런 말들이 반복될수록, 아이는 자신의 인생을 긍정적으로 바라보게 될 것이다. 아이의 첫 8년, 그건 단지 시간이 아니라 아이의 평생을 지탱해 줄 힘을 심는 씨앗의 시간이다. 그 시간을 함께 아름답게 가꿔나가자.

내 마음의 폭풍을 잠재우는 시간

　　우울증을 겪는 사람들은 단순히 기분이 가라앉은 상태를 넘어, 극심한 불안감 속에서 살아간다. 이 불안은 단순한 걱정의 수준을 넘어서, 뇌 깊숙한 곳에서부터 출발한 감정의 소용돌이다. 우리 뇌 안에는 '편도체'라는 작은 구조가 있다. 이곳은 뇌의 감정 센터라 불리는 변연계의 중심에서 감정 반응을 조율하는 역할을 한다. 특히 불안과 두려움 같은 감정에 민감하게 반응하는데, 우울증을 앓는 이들은 이 편도체가 과도하게 활성화되어 있다. 마치 예민한 경보 장치처럼 작은 자극에도 크게 반응하며, 마음을 쉽게 불안으로 몰아넣는다. 그래서 우울증 치료에서는 이 편도체의 과잉 반응을 조금씩 낮추는 것이 중요한 한 축이 된다. 반응성을 줄임으로써 불안이 가라앉고, 점차 우울한 감정도 완화될 수 있기 때문이다.

　　나는 이 과정을 보며, 감정이 단지 마음의 문제가 아니라 몸의 일부이기도 하다는 걸 다시금 실감하게 된다. 우리가 느끼는 불안, 두려움, 슬픔은 전부 뇌와 연결되어 있으며, 그 신호들이 실제로 우리의 삶을 지배하기도 한다. 감정은 의지만으로 이겨내는 것이 아니라, 내 안의 몸과 마음이 서로 긴밀하게 손을 맞잡을 때 비로소 조금씩 나아진다. 우울이라는 감정은 단지 '약해서' 생긴 것이 아니다. 오히려 너무 예민하고, 너무 많이 느껴서 버거워진 감정의 결과일지도 모른다. 그렇기에 자신을 다그치기보다, 뇌의 반응과 감정의 흐름을 이해하려는 따뜻한 시선이 먼저 필요하다.

심리치료에서도 이 편도체의 반응성을 낮추는 방법의 하나로 마음 챙김 즉, 직면하기가 있다. 과거든, 현재든 있는 그대로의 나를 바로 바라보는 것이다. 자신이 무엇을 인지하고 있는지, 자신이 현재 어떤 감정을 갖고 있는지 알아차리고 인식하는 것만으로도 전전두피질이 활성화되어 높아진 편도체를 다시 진정시킬 수 있다. 나를 인식할 때 판단하지 않는 것이 중요하다. 현재 내 상황이 기대한 대로 풀리지 않을 때도 감정적으로 반응하지 않고, 단지 그 상황을 알아차리기만 하는 것이다.

과거에서 오는 불안감이나 걱정이 있다면, 그 걱정을 직면만 하는 것이다. 실수나 후회를 감지하면 감정적인 편도체가 자동적으로 가동되어 우울증을 심화시킬 수 있지만, 자신의 반응을 인식하면 전전두피질이 활성화되어 편도체를 다시 진정시키는 것이다. 전전두피질은 뇌의 가장 앞부분에 있다고 해서 붙여진 이름이다. 아마 바로 뒤에 위치한 앞 3분의 1의 표면 전체이다. 뇌 부위 중에서 유난히 큰 부분을 차지하고 있는 전전두피질은 우울한 상태일 때 나타나는 걱정과 죄의식, 수치심, 명료한 사고의 어려움, 우유부단함의 주범이 된다. 상황이 기대한 대로 풀리지 않을 때도 감정적으로 반응하지 않고 단지 그 상황을 알아차리는 것으로 이 전전두피질에서 일어나는 활동을 바꿀 수 있다. 심리상담의 첫 시작은 이렇게 마음 챙김, 직면하기로 시작되고 마음 챙김, 직면하기가 잘 이루어지면 상담은 종료한다.

심리상담의 처음과 끝은 마음 챙김이다. 미국에서 유명한 자살예방 캠페인을 보며 사람은 겉모습만으로는 알 수 없다고 느끼며 이 마음 챙김과 나를 돌보는 것이 얼마나 중요한지 다시금 느꼈다. 야구장 한편, 두 남자가 나란히 앉아 경기를 보고 있었다. 한 명은 시무룩한 표정으로 조용히 앉아 있었고, 다른 한 명은 밝은 표정으로 응원도 열심히 했다. 화면을 바라보는 나는 단번에 생각했다. '침울한 저 남자가 위험해 보인다. 혹시 우울증일까?' 하지만 영상이 끝날 무렵, 밝고 열정적이던 남자의 자리가 비어 있었다. 그리고 영상에 이런 문구가 나타난다.

"겉으로 보이는 모습이 전부는 아닙니다."

그 순간, 온몸에 전율이 흘렀다. 내가 지금껏 얼마나 많은 사람들을 '보이는 대로' 판단하며 살아왔는지 돌아보게 되었다. 환하게 웃고, 주변을 웃기는 사람일수록 사실은 더 깊은 상처를 숨기고 있는지도 모른다는 사실을 말이다. 이 캠페인 영상은 미국 자살예방재단(AFSP)에서 만든 것으로 나는 이 영상을 인스타그램에서 우연히 보게 되었다. 이 영상은 자살에 대한 사회적 편견을 무너뜨리고 '보이지 않는 고통'에 주목하게 만들었다. 그래서 이 영상이 미국에서도 엄청 유명해지며 이슈화되었다고 들었다.

 진짜 위기는 언제나 예상 밖에서, 조용히 다가온다. 나 역시 그런 사람 중 하나였다. 언제나 웃으며 아이들을 가르치고, 동료들을 위로하고, 가족들을 챙기며 살아왔다. 누구보다 성실하고 밝은 사람이라는 말을 들었지만, 내 안에 가라앉은 공허함은 말하지 못했다. '힘들어.' 한마디를 타인에게 내비치며 꺼낼 수 없을 만큼 강해야 했고, 버텨야 했다. 그러나 그 강함은 나를 보호하지 못했다, 오히려, 아무도 나에게 '괜찮냐'고 묻지 않게 했다. 이제는 말하고 싶다. 밝은 사람일수록, 아무 일 없는 것처럼 웃는 사람일수록, 가장 먼저 괜찮냐고 물어야 한다고. 고통은 꼭 얼굴에 드러나는 게 아니라고. 어깨를 토닥이며 "너 요즘 어때?" 하고 묻는 그 한마디가 생명을 살릴 수도 있다고.

 자살 예방은 전문가의 일만이 아니다. 우리 모두의 일상 속 작은 관심이, 무심한 듯한 인사 한마디가, 한 사람의 인생을 바꿀 수 있다. 언젠가 나 역시 누군가의 그런 질문에 이제 "사실 좀 힘들어."라고 말할 수 있기를 바란다. 나를 기록한 것들을 조심스럽게 세상에 내놓는 이유이기도 하다.

 나는 우울증이 있었다. 한 번씩 우울한 기분에 사로잡히면 그 감정에서 헤어 나오기가 힘들었다. 지금은 나의 감정 상태를 알아차리고 내 감정에 대해 '마음 챙김'을 할 수 있어서 나에게는 이제 우울이란 극복 가능한 것이 되었다. 나는 우울증 검사를 병원에서 받은 것은 아니다. 심리학을 공부하면서 나 자신을 조금 더 깊이, 있는 그대로 바라보는 연습을 하게 되었다. 겉으로 보이는 밝음이나 역할 뒤에 가려진 진짜 내면을 들여다보는 일은 생각보다 어렵고 낯설지만, 그 과정을 통해 나를 조금씩 이해하는 눈을 가지게 되었다.

앨릭스 코브의 《우울할 땐 뇌 과학》이라는 책 서론 부분에서는 증상 중 다섯 가지 이상을 2주 동안 매일 겪었다면 주요 우울장애일 가능성이 있다고 한다. 그 문장을 읽는 순간, 나는 문득 지난날의 나를 떠올렸다. 감정에 이름을 붙일 수 없던 시간들, 밥맛이 없고 잠도 자지 못했던 수없이 많은 날들, 알 수 없는 불안감이 밀려와 신체적 증상까지 나타났던 순간들. 무기력하게 하루를 보내고, 그게 싫어서, 또 잊고 싶어서 하루 종일 잠만 잤던 날들, 누구와도 말하고 싶지 않으면서도 혼자라는 생각에 막막했던 순간들. 때로는 삶의 끈을 놓고 싶었던 순간들…. 아무도 모를 것 같은 슬픔 속에서도 "나는 괜찮아."라고 웃으며 버티던 나였다.

책에서는 이런 신호들이 대표적인 우울 증상이라고 했다. 슬프거나 공허한 감정, 거의 모든 활동에서 즐거움을 잃는 일, 체중이나 식욕의 급격한 변화, 불면 또는 지나치게 잠이 늘어난 상태, 극심한 피로, 집중력 저하, 자신이 무가치하다는 생각, 반복되는 죽음에 대한 상상까지. 이 모든 것이 그저 '내가 예민해서' 그런 것이 아니었다는 걸 그제야 알게 되었다.

그동안 나는 그런 신호들을 애써 무시하거나, 더 이상 약해지지 않기 위해 묻어두고 지나쳤다. 누군가 "힘들어 보여." 하고 말하면 나는 웃으며 "아니야, 그냥 좀 피곤한가 봐."라고 대답했다. 하지만 작고 사소해 보이는 변화들이, 내 안에서 얼마나 깊은 슬픔과 외로움을 부르고 있었는지를 이제는 안다. 그래서 나는 지금, 나 자신에게 조심스레 이렇게 묻는다.

"요즘, 너 괜찮니?" 하며 나에게 나의 감정을 스스로 들여다볼 수 있도록 한다. 이제는 그 작은 신호들을 지나치지 않기로 했다. 조금 무기력해져도, 울고 싶어져도, 그것이 약함이 아니라 '도움을 청하라는 몸과 마음의 언어'일 수 있다는 걸 알게 되었다. 이제는 나의 감정은 내가 훨씬 잘 이해하고 느낄 수 있다. 나는 나의 감정과 마음을 알아차리기 때문에 예전에 내가 우울증이 있었다는 것을 안다. 때론 감정의 기복이 심했다. 바쁜 일상에서 한 발짝 벗어나게 되면 우울한 기분에 사로잡혔다. 괜히 이유 없이 짜증이 났다, 폭식을 했다. 계속 자고 싶었다(수면 욕구 증가). 피로, 기력 상실. 때론 죽음이나 자살이라는 단어가 떠올랐다. 과거를 생각하면 암울하고 더 침체됐다. 왠지 모를 불안감에 팔이 저려올 때가 있었다. 불안감으로 인해 신체적인 반응까지 나타났던 것이다.

하지만 병원에 가지 않았다. 앞으로도 이런 마음이 들더라도 병원에는 가지 않을 것이다. 심리학 공부를 하며 나의 마음을, 나의 감정을 온전히 느끼며 받아들였다. 우울한 마음이 있는 나도 '나'이기 때문에 있는 그대로의 나를 받아들였다. 내 감정과 내 마음을 인식하고 그 감정 그대로, 인식한 그대로 받아들이며 나를 알아갔다. 심리학을 공부하면서 알아차림, 나 자신을 직면하기가 얼마나 중요한지 나 스스로 느끼는 계기가 되었다. 나를 알아차리기만 하면 그때부터 발전의 가능성이 있다. 우울한 마음과 현재의 불안감에서 벗어날 수 있다. 나는 심리학을 공부하며 미술 심리 워크숍을 다니며 스스로를 알아 갔지만, 혼자 하기가 힘든 사람들은 꼭 전문가의 도움으로 알아차림, 직면하기를 추천한다.

살다 보면 문득 이런 질문이 들 때가 있다. "나는 왜 사는 걸까?" 이 질문은 절망 속에서만 나오는 것이 아니다. 오히려 너무 바쁘고, 모든 게 자동으로 흘러갈 때, 문득 내 삶이 낯설게 느껴지는 순간에 더 선명하게 떠오르곤 한다. 나는 예전엔 삶의 의미라는 것이 그저 어떤 '목표' 같은 것이라고 생각했다. 어떤 일을 이루는 것, 인정받는 것, 누군가에게 필요한 사람이 되는 것. 하지만 빅터 프랭클의 철학을 접하면서, 삶의 의미는 단선적으로 정의할 수 없는 것이란 걸 알게 되었다. 빅터 프랭클의 《빅터 프랭클의 죽음의 수용소에서》에 나오는 로고 테라피에서 말한다. 사람이 삶의 의미에 도달하는 데에는 세 가지 길이 있다고 말이다.

첫 번째는, 무언가를 창조하거나 어떤 일을 수행하면서 의미를 찾는 길이다. 내가 만들어 내는 결과나 내가 하는 일이 단지 생계를 위한 수단이 아니라, 나라는 사람의 흔적이 되고, 존재의 증명이 될 수 있다는 관점이다.

두 번째는, 경험을 통해 의미를 발견하는 길이다. 누군가를 깊이 사랑하거나, 자연이나 예술과 같은 무언가에 깊이 감동할 때, 우리는 설명하기 어려운 차원에서 삶의 가치를 체감하게 된다. 사랑을 주고받는 것만으로도 우리는 존재의 이유를 다시 찾게 된다.

세 번째는, 가장 가슴을 울리는 길이다. 피할 수 없는 고통 앞에서 어떤 태도로 대할 것인지 스스로 결정함으로써 의미를 만들어내는 길. 이 말은 곧, 우리가 모든 상황을 통제할 수는 없지만, 어떤 태도로 살아갈 것인지는 끝까지 선택할 수 있다는 것이다. 무기력하고, 고통스러운 상황 속에서도 '어떻게 살아낼 것인가'를 묻는 그 질문 자체가, 이미 인간의 존엄을 지키는 길이 된다. 삶의 의미는 어떤 대단한 해석처럼 주어지지 않는다. 그건 순간순간의 선택과 시선에서 만들어지는 것이다. 지금 내가 하는 일, 내가 사랑하는 사람, 내가 견뎌낸 시간들 속에, 어쩌면 이미 삶의 의미는 조용히 스며들어 있을지 모른다.

살면서 우리는 종종 "어떻게 살아야 할까?"라는 질문을 마주하게 된다. 완벽할 수 없다는 걸 알면서도, 의미 있는 삶을 추구하는 것은 인간의 본능인지도 모른다. 실수는 피할 수 없지만, 같은 실수를 반복하지 않으려는 태도는 분명 선택할 수 있다.

심리학자 빅터 프랭클의 《빅터 프랭클의 죽음의 수용소에서》에서는 인간이 절망적인 상황에서도 의미를 찾을 수 있다고 말한다. 그는 마치 우리가 '두 번째 인생'을 살고 있다고 생각하며 살아가야 한다고 했다. 이미 한번 살아본 삶에서 중요한 선택을 놓쳤다고 가정한다면, 지금 이 순간은 다시 주어진 기회다. 그러니 지금 당장 내가 하려는 행동이, 첫 번째 인생에서 하지 못했던 바로 그 행동이라고 여겨보자. 이 생각은 마치 마음 깊은 곳에 빛이 스며드는 듯한 울림을 준다.

우리는 매일을 바쁘게 살아가며, 반복되는 일상에 지쳐 소중함을 잊곤 한다. 그러나 지금 이 순간이 '다시 사는 인생'이라면, 달라지지 않을 이유가 없다. 의미 있는 삶은 거창한 목표에서만 오는 것이 아니다. 내일 다시 반복되지 않을 오늘을 살아내는 태도 속에 담겨 있다. 결국 삶은 선택의 연속이다. 완벽하지 않아도 괜찮다. 중요한 것은 어떤 마음으로 하루를 대하느냐, 같은 실수 앞에서 어떤 성장을 선택하느냐. 어제와는 다른 오늘을 살기로 마음먹는 그 순간부터, 우리는 조금씩 더 나은 삶으로 나아갈 수 있다. 나의 명함 앞면의 문구처럼 나는 이제 오늘을 산다.

"어제보다 나은 오늘이면 돼."

아이에게 했던 말, 스스로에게 던졌던 냉정한 한마디, 포기했던 일, 미뤘던 다정함, 이 모든 것이 다시 돌아온 기회라면 우리는 좀 더 따뜻하게, 좀 더 신중하게 살아가지 않을까? 지금 이 순간이 처음이자 마지막이라는 마음으로 삶을 바라본다면 우리는 더 이상 같은 실수를 반복하지 않을 수 있다. 이제 나는 그렇게 살아가고자 한다. 조금 더 진심을 담아, 조금 더 사랑을 표현하며, 조금 더 오늘을 소중히 여기며 내가 걸어온 길 위에 누군가 다시 걸을 수 있다면 그 길은 단지 나만의 인생이 아닌, 다른 이에게도 빛이 되는 길이 되지 않을까.

그리고 언젠가 "당신의 이야기를 듣고 나도 살아내기로 했어요." 이런 말을 들을 수 있다면 그것만으로도 내 인생은 의미 있었다고 말할 수 있을 것이다.

생각도 연습이다

　스스로를 존중하자. 타인을 존중하는 만큼, 타인에게 관심을 기울이는 만큼 나에게 관심을 기울이자. 타인에게 관대한 만큼 나에게 관대하자. 타인의 잘못을 쿨하게 인정하고 용서하는 만큼 나의 잘못과 부족한 점을 인정해 주자. 남에게 관용을 베푸는 만큼 나에게도 관용을 베풀고 나 자신을 비난하지 말자. 타인의 불안을 연민과 안쓰러움으로 바라보는 만큼 나의 불완전함과 불안을 인정하고 지금 그대로의 나를 이해하고 용서하자. 매일 나 자신을 위해 긍정적인 생각을 하자. 생각도 연습이다.

　우리는 몸을 단련하기 위해 운동을 한다. 숨이 차고, 땀이 흐르고, 근육이 당기지만 그 과정을 통해 몸은 조금씩 강해진다. 그런데 마음은 어떨까? 우리는 마음의 건강을 위해, 생각의 습관을 바꾸기 위해 어떤 연습을 하고 있을까?

　심리학에서는 '사고 패턴'이라는 개념이 있다. 사람은 특정한 상황에서 자동적으로 떠오르는 고정된 생각의 틀을 갖고 있으며, 이것은 반복될수록 더 강하게 뿌리내린다. 부정적인 생각에 자주 빠지는 사람은 자신도 모르게 '나는 안 돼.', '이건 또 실패할 거야.' 같은 자동 부정 사고에 갇혀버린다. 하지만 중요한 건 이것이다. 이러한 생각도 '연습'으로 바꿀 수 있다는 것.

인지행동치료에서는 생각은 '변화 가능한 것'이라는 전제에서 시작한다. 감정은 생각에서 비롯되고, 행동은 감정의 영향을 받는다. 그렇기에 내가 어떤 생각을 반복하느냐에 따라 감정의 기울기와 삶의 방향까지 달라질 수 있다. 예를 들어보자. 같은 실수를 해도 '또 내가 이 모양이지….'라고 자책하는 사람이 있는 반면, '이번 실수는 나를 더 성장시키겠구나.'라고 받아들이는 사람도 있다. 이 차이는 '성격'이 아니라 '사고 습관'에서 비롯된다. 이 습관은 충분히 바꿀 수 있다. 처음엔 어색하다. 긍정적인 생각을 해보려 해도 마음이 따라주지 않는다. 하지만 마치 오래 쉬었던 근육이 처음엔 뻣뻣한 것처럼, 생각도 반복적인 훈련을 통해 유연해질 수 있다.

조금씩 연습해 보자. "왜 나는 안 되지?"라는 질문 대신 "어떻게 하면 이번엔 다르게 해볼 수 있을까?"라고 바꿔 보는 연습. "나는 실패자야."라는 비난 대신 "이번엔 결과가 아쉬웠지만 나는 노력했어. 그걸로 충분해."라는 위로를 연습해 보자. 이 작은 연습이 쌓이면, 우리의 뇌는 실제로 새로운 회로를 형성한다. 신경가소성, 즉 뇌는 우리가 어떤 방식으로 반복하느냐에 따라 그 구조와 기능을 바꾸어 간다. 그러니 오늘, 지금 이 순간부터 '연습'을 시작해 보자. 비난보다 이해를, 두려움보다 가능성을, 후회보다 배움을 선택하는 연습을. 생각도 연습이다. 그 연습이 오늘의 나를 조금 더 나은 내일로 이끌어 줄 것이다.

천천히, 그러나 반드시.

성격은
바뀔 수
있다

딸아이가 초등학교 6학년 때 2학기 전교 회장이 되었다. 전교 회장이 된 것 자체도 자랑스럽지만, 태어난 지 6개월부터 시작된 낯가림이 너무 심했던 아이가 언제 이렇게 자라 전교 회장까지 되었는지 새삼 더 대견하고 기특했다.

딸아이가 태어난 지 6개월 됐을 때 유모차에 앉혀놓고 음식물 쓰레기를 버리는데 그 잠깐 사이 다가오신 경비 아저씨의 얼굴을 보고 갑자기 사레가 걸려 딸꾹질을 하고 울음을 터뜨렸다. 경비 아저씨는 예쁘다며 얼굴을 잠깐 내미시며 딸아이 얼굴을 바라봤을 뿐인데 아이가 갑자기 큰 울음을 터뜨리니 머쓱해하시며 돌아가셨다.

낯가림을 시작하는 6개월경부터 딸아이는 낯선 사람만 보면 울었다. 몇 달 만에 보는 친척들조차 안으려고 하면 불안해하고 울음을 터뜨렸다. 서울에 연고가 없다 보니 지방에 계신 친척들을 만나러 자주 내려갈 수 없는 상황이고, 신랑과 나도 지방에서 학교를 나와 서울에는 지인이 전혀 없었다. 그래서 다른 어른을 마주할 일이 거의 없다 보니, 친척들을 만날 때조차 낯선 사람인 양 울음을 터뜨렸고, 몇 달 만에 보더라도 자주 보지 않으니 딸아이에게는 모든 사람이 두려움의 대상이 되었다. 친정 엄마는 늘 하시는 말씀이 있다. "○○이는 적응할 만하면 올라간다." 2박 3일 일정으로 주로 친정이나 시댁에 가면 서울 올라가는 3일 차가 되어서야 겨우 낯을 조금 익혀 말을 걸어도, 안아도 울지 않는다는 뜻으로 말씀하신 거였다.

나는 타고난 성격도 100% 변할 수 있다고 생각한다. 나의 육아에서도 그랬고 나의 삶에서도 증명이 되었다. 그래서 육아에 더욱더 신경을 썼다. 참 다행이라고 생각한다. 결혼 전 유아교육학을 전공한 것도, 결혼 후 아이를 낳고 기르면서 미술치료학을 전공한 것도 말이다. 아는 만큼 보인다고 하지 않던가. 공부를 하면서 부모 교육까지 덤으로 한 결과가 되었으니 말이다. 낯가림이 너무 심했던 딸아이가 초등학교 1학년 때부터 남자, 여자 성별을 가리지 않고 두루두루 잘 어울렸다. 학교에서 시행하는 토론대회 등 많은 대회에서 우수한 성적으로 상도 받아 왔다. 초등학교 3학년 때부터 시행되는 반 회장 선거에서부터 중학교 가서까지 매년 많은 표의 지지율로 회장이 되고, 초등학교 6학년 때는 전교 회장까지 되었다. 전교 회장이 된 것도 기특하지만 타고난 성격을 변화시킨 딸아이에게 아낌없는 박수와 지지를 보낸다.

다른 사람의 감정을 잘 파악할 줄 아는 아이들은 학교에 입학해서도 다른 아이들에 비해서 학업 성취도도 높으며, 어휘력 또한 유창하고 사회적 친화력도 뛰어나다. 감성적으로 환경에 잘 적응하는 아이들은 유아기에 맘껏 뛰어놀고, 놀이 경험이 많은 아이들이다. 창의적인 경험을 가장 많이 할 수 있는 놀이는 발달을 촉진시키는 최고의 경험이 된다. 아이에게 있어서 놀이는 단순한 '시간 때우기'가 아니다. 그저 재미있고 즐거워 보여도, 아이의 뇌와 마음, 몸이 가장 활발하게 성장하는 순간이 바로 '놀이' 안에 있다. 특히 창의적인 경험이 가득한 놀이는 아이의 전인적 발달을 이끄는 최고의 도구다. 뭔가를 상상하고, 만들어 보고, 시도하고, 실패하고, 다시 도전하는 놀이 속에서 아이는 문제해결력, 사고력, 감정조절력까지 키워진다.

블록 하나를 쌓으며 균형을 배우고, 소꿉놀이를 하며 사회성을 기르며, 진흙을 만지며 감각을 확장한다. 놀이 속 아이는 스스로 주도하고, 몰입하고, 기쁨을 느끼는 존재다. 무엇보다 중요한 건, 어떤 놀이든 아이의 마음이 자유로워야 한다는 것이다. 정답 없는 질문에 상상으로 답하고, 틀릴까 두려워하지 않고 그저 시도해 보는 경험이야말로 진짜 창의력의 씨앗이 된다. 어른이 해줄 수 있는 최고의 선물은 잘 짜인 학습지가 아니라, 아이 스스로 상상하고 움직일 수 있는 놀이의 시간과 공간이다. 창의적인 놀이를 많이 한 아이는 자신만의 방식으로 세상을 바라보고 그 안에서 길을 찾을 수 있는 힘을 가진 어른으로 자란다. 놀이가 가벼워 보여도 그 안엔 삶을 살아갈 준비가 깊고 단단하게 담겨 있다.

심리학은
         나를 이해하는
                도구다

　요즘은 과거와 달리 독단적인 리더십이 아니라 감성 리더십이 있어야 성공하는 시대이다. 초등학교에서도 인기 있는 아이를 자세히 관찰해 보면 감성이 풍부한 아이이다. 감성이 풍부한 아이는 인성도 덩달아 따뜻하다. 인성이 따뜻한 아이는 자존감도 높다. 자존감이 높으니 자신감도 높아진다. 자존감, 자신감이 높으니 회복탄력성도 높아진다.

　회복탄력성이란 어떤 상황에서 좌절하고 실패하더라도 나를 믿고 다시 일어설 수 있는 힘이다. 감성 발달이 중요한 이유이다. 감성은 뇌가 쉴 수 있는 여유 공간이 있어야 발달한다. 시간에 쫓기고 조기 교육, 선행학습 등 학습에 쫓기는 아이에게는 뇌의 여유 공간이 없다. 요즘 아이들이 스트레스와 분노 조절 장애, 왕따, 은따 등에 노출되는 또 다른 이유가 되기도 한다.

　심리적 충족감, 성장과 통합, 내적인 힘, 자아의 힘. 이 모든 것 또한 뇌가 여유를 부릴 일정한 공간이 있어야 가능하다. 그런데 요즘은 아이들과 어른들 모두 뇌가 쉴 여유가 없다. 그래서 요즘 서점에는 심리 관련 서적이 베스트셀러가 되는 경우가 많다. 현장에서도 미술 심리, 놀이치료, 감각 치료, 운동치료 등 많은 심리치료를 받는 아이들이 늘어나고 있다.

뇌의 여유, 마음의 여유를 누리고 싶은데 쉬운 거 같지만 쉽지 않다. 감성 발산, 감정 조절도 뇌의 여유, 마음의 여유가 있어야 가능하다. 감정도 습관이다. 습관은 만들어 가는 학습이다. 온전히 즐거운 경험, 그 순간에 모든 것을 내려놓고 온전히 나를 직면하는 시간을 통해 감성적 삶을 이끌 수 있다. 심리가 내 삶으로 들어온 이유이다. 늘 괜찮은 척, 강한 척 버티며 살아왔지만 어느 날 내 안의 무너짐이 더는 감출 수 없을 만큼 커져버렸을 때 그때 처음으로 '심리'가 내 삶에 들어왔다. 처음에는 조심스럽고 낯설었다. 마음을 이야기한다는 건 곧 약한 나를 보여주는 것 같았고, 내가 부끄럽게 여겼던 과거와 상처를 다시 마주하는 일처럼 느껴졌다.

하지만 천천히, 내 감정에 이름을 붙이고 내 과거에 의미를 되짚고 내 현재를 있는 그대로 바라보는 시간이 쌓이자, 내 안의 고요한 변화가 시작되었다. 심리는 내게 "그때 너는 잘 견뎠다."라고 말해주었다. "그 감정은 너만의 잘못이 아니었어."라고 안아주었다. 무엇보다 "이제 너는 새롭게 살아갈 수 있다."라는 희망을 건네주었다. 나는 심리학을 통해 내 마음을 이해하게 되었고 나를 치유하는 동시에 누군가의 마음을 더 깊이 헤아릴 수 있게 되었다. 그때부터 내 삶은 조금 더 부드러워졌고 조금 더 단단해졌다. 치유는 거창한 변화가 아니다. 상처를 없애는 것이 아니라, 그 상처를 데리고 함께 살아가는 법을 배우는 것이다. 그 길의 중심에 '심리'가 있었다. 지금 이 글을 읽는 당신도 혹시 말하지 못한 아픔을 안고 있다면 부디 기억해 주었으면 한다.

누구나,
마음을 들여다보는 순간부터
치유는 시작된다는 것을.

심리학은 과학적인 학문이다

심리학은 과학적인 학문이다. 특히 사회심리학이 그렇다. 사회심리학은 통계적으로 심리를 파헤치는데, 깊이 있게 파고들수록 매력적인 학문이며, 알고 있으면 우리의 삶에 유익하다.

내가 자주 만나는 주변의 가까운 5명의 평균이 곧 '나'라는 심리학적 통찰이 있다. 니컬러스 크리스태키스의 《행복은 전염된다》의 책에 의하면 비만인 사람은 친구의 친구의 친구까지 비만일 확률이 높다. 인간관계 3단계 법칙이다. 행복도 마찬가지이다. 내가 행복하면 내 친구의 행복도가 15% 더 증가하고 내 친구의 친구의 행복도는 10% 더 증가한다. 그리고 내 친구의 친구의 친구의 행복도는 나로 인해 6% 더 증가한다. 역으로 불행도도 마찬가지일 것이다. 끼리끼리 모인다는 말이 있다. 사회심리학적으로 통계로 밝혀진 사실이다.

내 게이지를 높이고 싶다면 그만큼 자꾸 커넥팅하며 나아가야 한다. 나는 내가 만들어 갈 수 있다. 어린 시절에는 주어진 환경을 바꿀 수 없었지만 성인은 그 어떤 환경에서도 주체적인 나로, 내가 나를 만들어 갈 수 있다. 지금 내가 이 자리에 서기까지 나는 내가 만든 결과이다. 그 어떤 결과가 내 앞에 놓이게 되든 결과에 상관없이 지금 이 순간 목표하고, 지금 바로 한 발짝 나아가 보자. 힘들지 않은 삶이면 좋겠지만 힘들더라도 가치 있는 삶을 살고 싶다.

누구나 힘들지 않은 삶을 바란다. 걱정 없는 하루, 충만한 마음, 부드러운 관계 속에서 조금의 고통도 없이 살아갈 수 있다면 얼마나 좋을까. 나도 그랬다. 살면서 가장 바란 것은 '편안함'이었다. 넘어지지 않는 하루, 상처받지 않는 마음, 무너지지 않는 나날들. 하지만 살다 보니, 세상은 그런 하루만으로는 완성되지 않는다는 걸 알게 되었다. 때론 뜻하지 않게 아픈 일들이 찾아오고, 끝이 안 보이는 어둠이 마음을 덮기도 한다. 피하고 싶지만, 피할 수 없는 순간이 있다. 그 모든 시간이 지나고 나서 돌아보면 그 힘들었던 시간들이 내 삶을 더 깊게, 더 단단하게 만들었다는 걸 알게 된다. 아팠기에 타인의 눈물을 볼 수 있었고, 넘어졌기에 다른 이의 손을 잡을 수 있었다. 무너졌기에 다시 쌓아 올리는 의미를 알게 되었다. 나는 이제 바란다. 힘들지 않은 삶이 아니라, 힘들어도 가치 있는 삶을.

의미를 잃지 않는 하루, 사랑을 품은 말과 행동, 나만이 아니라 누군가에게도 따뜻한 온기를 건넬 수 있는 삶. 그런 삶이라면, 조금 힘들어도 괜찮다고 생각한다. 아니, 오히려 그런 삶이기에 더욱 살아갈 이유가 있다고 믿는다. 우리는 모두 걷고 있다. 어떤 날은 무겁게, 어떤 날은 가볍게. 하지만 그 모든 걸음 위에 '가치'라는 두 글자가 놓인다면 그 길은 충분히 의미 있고 아름답다. 오늘도 나에게 말해본다.

"편하지 않아도 괜찮아. 지금 너는 충분히 잘 살고 있어."

작은 사랑이 큰 사람을 만든다

나는 안다. 어린 시절의 감정과 마음이 성인이 되어서, 아니 평생에 걸쳐 한 사람의 인생을 따라다닌다는 것을. 어린 시절의 기억이 성인이 된 한 사람을 행복한 사람으로, 때론 불행한 사람으로 만드는 유의미한 가치를 만드는 것을. 자신의 의지로 어린 시절의 안 좋은 기억, 지지받지 못한 환경의 영향을 바꿀 수도 있다.

행복한 유년기, 지지받고 공감받는 환경에서 자란 사람의 인생이 그렇지 못한 사람보다 성공할 확률, 안정적인 가정을 꾸릴 확률, 리더십 있고 감성적이며 공감하며 훌륭한 인간관계를 이끄는 능력, 삶을 더 여유 있고 행복하게 살 확률이 훨씬 높다. 어린 시절의 상처는 어린 시절의 아동이 느낀 그 시기의 아픔으로 끝나는 것이 아니라, 그 아동이 치유되지 않은 마음을 안고 성인이 된 그 성인도 아픈 것이다.

어린 시절, 아이들이 기억하는 가장 따뜻한 순간은 거창한 선물이나 거대한 이벤트가 아니다. 감기 기운이 돌던 날, 이마에 얹힌 엄마의 손, 말없이 내 옆에 앉아주던 친구의 조용한 존재감…. 조그만 사랑이 아이를 얼마나 단단하게, 따뜻하게 만들어 주는지를 부모님이 알았으면 좋겠다.

우리는 종종 '사랑'이라는 말을 너무 커다란 것으로 여긴다. 누군가를 평생 책임지는 일, 거대한 희생, 끝없는 헌신. 사실 사랑은 그보다 훨씬 작고 조용한 얼굴로 우리 삶에 다가온다. 눈을 마주치며 내 이름을 불러주는 것, 진심 어린 관심으로 건네는 한마디, 마음이 무너지는 날 들려오는 "괜찮아."라는 속삭임. 그 작디작은 순간들이 한 사람의 마음을 지탱하고, 어쩌면 인생 전체를 바꾸기도 한다.

어느 심리학자는 말했다. 아이의 자존감은 칭찬이 아니라 "나는 네가 소중해."라는 존재에 대한 사랑을 받을 때 형성된다고. 그 사랑이 꼭 거창할 필요는 없다. 오히려 작은 일상 속에서 지속적으로 느끼는 따뜻함이 진짜 사랑의 힘이다. 그 따뜻함이 축적되면, 어느새 그 사람은 자기를 믿는 사람이 되고 세상을 향해 더 넓은 사랑을 줄 수 있는 사람이 된다.

나 또한 그러했다. 삶이 휘청일 때마다 떠오르는 것은 거대한 성공이 아니라, 누군가의 아주 사소한 따뜻함이었다. 그 조각들이 나를 지금 이 자리까지 데려왔다. 이제는 나도 작은 사랑을 건네는 사람이 되고 싶다. 매일 아침 인사 한마디, 누군가의 말을 진심으로 들어주는 태도, 마음 담은 따뜻한 시선. 그런 작고 평범한 것들이 어쩌면 누군가에게는 생을 견디게 하는 위로가 될 수 있을 테니까. 작은 사랑은 누군가를 구하지는 못해도, 붙잡아 줄 수는 있다. 기억 속에서 지워지지 않는 한 줄기의 빛처럼, 누군가의 삶에 오래 남을 수 있다. 우리가 주고받는 작은 사랑은 결코 작지 않다. 그 사랑이 결국, 큰사람을 만든다.

우울을 넘어서 삶의 주인이 되다

우울증은 대부분 나의 관심이 나 아닌 타인에게 있는 경우가 대부분이다. 가족이든 친구든 아니면 또 다른 제3자이든 상관없이 나의 관심이 나 자신이 아닌 경우가 많다. 아니 대부분이다.

타인에 대한 관심이 부정적이거나, 일명 남 탓이 되는 경우, 그로 인해 내가 힘들어지고, 그로 인해 나의 환경이 힘들어지고, 그로 인해 나의 마음이 힘들어지다 보면 나의 마음을 온전히 들여다볼 수 있는 눈이 상실되고 만다. 이럴 때 우울이라는 친구가 내가 느끼지 못하는 사이에 나의 마음 깊은 곳에 자리 올라오면 의식이 된다.

의식이 된 우울은 좌절감과 상실감이 깃들게 되고, 삶의 방향을 잃게 만든다. 온전하게 나 자신을 들여다볼 수 있는 눈을 키워야 한다. 그러면 어떤 순간에도 흔들리지 않는 '나'가 된다. 나를 온전히 직면하고, 나 자신을 이해할 수 있는 눈을 키울 때 우울은 사라지고 삶의 용기가 싹이 트기 시작한다.

알프레드 아들러는 사람은 창조적인 인간이며 그로 인해 나 자신을 창조할 수 있는 힘이 누구에게나 있다고 한다. 우리는 자신을 창조할 수 있는 힘이 내면에 있다. 지금까지의 나, 과거의 환경, 누군가의 말 한마디가 마치 나를 규정하는 것처럼 느껴졌던 시절이 있었다. "너는 원래 그래.", "그 나이에 뭘 새로 해?", "이미 늦었어." 하지만 아들러의 이론은 다르게 말해준다. 인간은 환경의 산물이 아니라, 그 환경을 해석하고 반응하는 방식을 스스로 선택하는 존재라고 말이다. 지금까지 내가 살아온 방식이 내 전부는 아니다. 나는 언제든, 지금 이 순간부터라도 새롭게 나를 창조할 수 있는 능력 있는 존재다. 그 말은, 지금 내가 피로워도, 실수투성이여도, 과거에 상처가 많아도, 그게 내 인생의 결론이 아니라는 뜻이다.

나는 앞으로 나를 바꿀 수 있다. 새로운 태도를 선택할 수 있고, 다른 관계를 만들 수 있고, 더 나은 길로 걸어갈 수 있다. 그 누구도 아닌, 나 자신이 나를 다시 설계하고, 만들어 나갈 수 있다. 이 사실을 깨닫는 순간, 삶은 무거운 짐이 아니라 조금씩 조각을 맞춰가는 퍼즐처럼 느껴진다. 우리는 모두 '나는 누구인가'를 묻는 여정을 살아가며, 그 과정 속에서 '나는 누구를 선택할 것인가'를 결정한다. 나를 창조할 수 있다는 건 결국, 희망이라는 말이다.

사람은 누구나 가치롭다. 나아가고자 하는 방향성, 미래에는 더 발전적일 거라는 희망이 누구에게나 존재한다. 때로는 방향성과 가치로움이 상실되기도 하지만 우리에겐 내면의 힘이 여전히 존재한다. 그런 힘을 키워주고, 나의 능력을 보는 눈을 조금씩 키우다 보면 우울과 상실감, 좌절감에서 헤어날 수 있다.

"오늘 나는 어제보다 조금 더 나은 나를 상상해 본다.
그리고 그 상상이 현실이 될 수 있다는 걸 믿는다."

유대감과 성취감은 학습된다

자존감에 제일 큰 영향을 미치는 것은 성취감과 유대감이다. 유대감은 태어나면서부터 아주아주 어린 시절, 내가 기억하지 못하는 어린 시절의 경험과 감정에서부터 시작된다. 사랑받고 지지받는 경험 속에서 싹트는 유대감. 성취감 또한 아주 어린 시절, 내가 기억하지 못하는 경험과 감정에서부터 비롯된다. 가정이라는 울타리가 중요한 이유이고, 내가 기억하지 못하는 어린 시절이 중요한 이유이다.

유대감과 성취감도 학습된다. 기억하지 못하는 나의 경험 속에서, 지금 현재 의식되는 삶 속에서 자아존중감, 유대감, 성취감은 학습되고 자라난다. 지금 현재 감정이라는 고통 속에 빠져 있거나 우울증에 빠져 있게 만드는 원인 또한 나의 기억 저편에 있는 어린 시절의 영향이 크게 작용했을 경우가 많다. 마음이 아픈 이유는 오래전 기억 속에 있다. 우리가 어릴 때 겪었던 경험들, 사소해 보이는 말 한마디, 누군가의 무관심, 안아주지 않았던 순간들, 그 모든 조각들이 무의식에 쌓여 지금의 나의 감정을 흔들고 있는 것이다. 어린 나는 상처받았지만, 그 감정을 제대로 표현할 수 없었다. 그저 꾹꾹 눌러 담고 '괜찮은 척'을 배워야만 했으니까.

하지만 감정은 사라지지 않는다. 표현되지 않은 감정은 몸과 마음 어딘가에 고스란히 남아 지금, 아무 관련 없어 보이는 오늘의 일에 불쑥 얼굴을 드러내며 나를 괴롭힌다. 현재의 감정만을 탓해서는 안 된다. 그 감정의 '출처'를 찾아가는 용기가 필요하다. 어린 시절의 나를, 외로웠던 나를, 이해받고 싶었던 나를, 이제라도 따뜻하게 바라보는 것. "그래, 그때 너 참 힘들었지.", "이제 괜찮아. 나는 너의 편이야." 그 말을 나 자신에게 해줄 수 있을 때, 비로소 감정은 흘러가고 고통은 치유의 첫걸음을 내디딘다. 지금 우울감 속에 있는 당신이 있다면, 당신은 잘못된 게 아니다. 다만 아직 보듬지 못한 어린 당신이 그 안에서 손을 내밀고 있는 것이다. 이제 그 손을 잡아줄 차례다. 오늘의 내가 어제의 나를 안아줄 수 있을 만큼 나는 성장해 있으니까.

"어린 시절이 행복해야 하고 또 행복해야 하는 이유이다."

자아존중감은 삶의 행복감을 결정한다

예전에 비해서 유아 우울증, 아동 우울증, 청소년 우울증, 산모 우울증, 산후 우울증, 주부 우울증, 직장인 우울증, 노년 우울증 등 우울증이 만연한 시대라고 해도 과언이 아니다. 우울증의 근본 뿌리는 자아존중감과 연관이 있다. 자아존중감이 중요한 이유도 여기에 있다. 자아존중감은 어린 시절의 양육 방식과도 밀접한 관련이 있다. 어린 시절 부모로부터, 양육자로부터 어떤 환경에 놓여 있었는지가 자아존중감에 가장 큰 영향을 미친다. 어른이 되었을 때의 우울증도 깊이 파고들다 보면 결국 어린 시절과 연관되는 경우가 많다. 아니, 대부분일 것이다.

어린 시절에 사랑과 지지를 받지 못하고 비난과 비판, 좌절감을 경험하는 환경, 타인이 나의 마음을 공감해 주는 공감 경험이 결여되어 있는 사람은 어린 시절의 상처로 인해 성장하면서 우울증이 찾아오는 경우가 많다. 성장하면서 전혀 문제가 드러나지 않다가 성인이 된 후 아주 우연히 어린 시절의 상처가 우울증의 원인이 된다. 왜 어린 시절, 아주 어린 시절부터 자아존중감의 뿌리를 만들어 주어야 하는지 그 이유가 여기에 있다.

자아존중감은 '내가 나를 어떻게 바라보는가'에 대한 믿음이다. 누가 나를 인정해 주지 않아도, 실패하거나 실수했을 때에도, 내가 내 편이 되어줄 수 있는 내면의 힘이다. 사람은 누구나 결핍과 불안, 실수와 상처를 안고 살아간다. 하지만 자아존중감이 높은 사람은 그 모든 것들을 '나의 일부'로 인정할 수 있는 용기를 가진다. 자신을 탓하기보다는, 지금 이 순간에도 성장 중이라는 사실에 집중한다. 또한 자아존중감이 높은 사람은 자아 유능감, 자아 효능감도 높다. 자아 유능감, 자아 효능감은 문제해결력을 높이며, 학습에도 많은 영향을 준다.

  반대로 자아존중감이 낮은 사람은 사랑받는 것조차 조심스럽다. 누군가의 칭찬에도 진심을 느끼지 못하고, 작은 실패에도 스스로를 끝없이 깎아내린다. 자아존중감이 낮게 되면, 그 낮은 자아존중감으로 인해 우울감에 영향을 미치며 그 우울감으로 인해 자아 유능감, 자아 효능감도 낮아지게 된다. 자아존중감은 한 사람이 평생을 어떻게 사는지, 평생 내 삶의 행복감을 결정짓게 하는 가장 중요한 부분이다.

  그 누구보다, 우리는 우리 자신과 평생을 함께 살아야 한다. 그러니 자아존중감은 나 자신과 맺는 가장 깊은 관계다. 좋은 관계는 돌봄에서 시작되고, 나를 소중히 여기는 연습은 삶 전체에 따뜻한 빛을 드리운다. 자아존중감은 화려한 성공보다 조용한 평화 속에서 자라난다. 남보다 나은 내가 아니라, 어제보다 더 나를 사랑할 줄 아는 내가 되는 것.

나는 괜찮은 사람이다. 넘어져도 다시 일어날 수 있는, 틀려도 다시 배우면 되는, 있는 그대로도 충분히 소중한 사람. 그 사실을 믿는 것. 그게 바로 자아존중감이다. 자아존중감이 더없이 필요하고 중요한 이유다.

예술과
글쓰기가
치유의 통로다

요리는 단순히 끼니를 해결하는 행위일까? 아니다. 때로는 '요리'가 가장 솔직한 감정 표현이 되기도 하고, 가장 따뜻한 치유의 언어가 되기도 한다. 친숙한 음식 재료를 통해 감성을 깨우고, 정서 장애, 자아존중감 회복, 감정 치유 경험을 할 수 있다. 무의식의 기억을 직면하고 잠자는 감정을 깨워 삶의 힘과 치유의 경험을 할 수 있다.

특히 푸드아트테라피는 아이들과 청소년, 마음이 지친 성인들에게 탁월한 효과를 준다. 음식은 모든 사람에게 익숙하고 안전한 소재이기 때문에 저항 없이 감정을 표현할 수 있게 해준다. 음식을 만들며 '나도 뭔가를 만들 수 있는 사람'이라는 작고 확실한 성취감을 느끼고, 내가 만든 음식을 함께 나누는 순간에는 자존감과 관계의 회복도 이루어진다.

어떤 날은 슬픔을, 어떤 날은 그리움을, 어떤 날은 기쁨을 재료에 담는다. 때로는 색깔과 향으로, 때로는 식감과 모양으로 마음속 이야기를 차곡차곡 펼쳐낸다. 음식을 다 만들고 난 후, 그 음식

앞에 앉아 "참 잘했어." 하고 말하는 순간, 그건 단지 요리를 칭찬하는 말이 아니다. 바로 나 자신을 인정하는 말이다.

푸드아트테라피는 말한다. 먹는 일도, 요리하는 일도, 표현하는 일도 결국은 사랑하는 일이라고. 오늘 하루가 지치고, 마음이 복잡할 때, 한 접시의 음식으로 나를 쓰다듬어 보는 건 어떨까. 그 속엔 분명히, 당신의 마음이 담겨 있을 테니까.

창의적 경험과 예술적 경험은 삶의 원동력이 되게 한다. 어린 시절의 창의적 경험은 성인이 되었을 때 더욱 빛을 발한다. 어떤 의미보다 창의적 경험은 아이들을 즐겁게 하고 행복하게 하고 성취감을 경험하게 하여 성인이 되었을 때의 삶 또한 훨씬 풍요롭게 한다.

어릴 적 행복과 성인의 삶과의 상관관계를 보면 어릴 적에 행복한 사람이 그렇지 않은 사람보다 더 경제적으로, 인간관계적으로, 결혼생활에서 8배나 더 많은 만족감을 준다는 연구 결과가 있다. 어린 시절이 어떤 경험들로 채워지는가가 중요한 이유다. 미술이나 경험을 이용한 심리 경험은 아이들에게 행복한 경험을 심어주게 된다.

행복한 경험은 자기효능감과 자기 유능감을 쌓게 되고 자기효능감, 자기 유능감은 자신감과 자아존중감으로 연결된다. 성인들에게는 어린 시절을 직면하게 하여 삶을 치유할 수 있는 힘을 심어주는 매력이 있다. 꼭 미술 심리, 푸드아트테라피가 아니더라도 많은 심리 여행이 아이들에게, 성인들에게 여유 있는 마음의 밭을 만들어 준다. 마음의 여유가 곧 감성을 깨우는 출발점이 된다.

 어떤 심리 여행이든, 아이들에게는 삶을 아름답게 살아가는 눈과 성인들에게는 자신을 돌아보는 계기를 준다. 또한, 자신 안에 잠들어 있는 내재적 힘을 발견하여 자기의 무한한 가능성과 잠재력을 깨우는 기회가 될 수 있을 것이다.

내 안의
어린 나를
마주한 날

초기 경험의 중요성을 강조한 아들러. 초기에 어떤 경험을 했느냐에 따라 삶의 라이프 스타일이 바뀌게 된다. 초기 경험은 정말 중요하다. 부모 교육이 필요한 이유, 부모 교육이 중요한 이유도 여기에 있다. 어린 시절에 무심코 놓친 순간순간들이 내 삶의 라이프 스타일에 영향을 미친다. 아이들이 기억하지 못하는 어린 시절이 중요한 이유이다.

성인이 되었을 때 나타나는 문제점들은 결국 어린 시절에 기억하지 못하는 경험에서 오는 경우가 많다. 아이가 자아존중감, 삶을 바라보는 긍정적인 태도, 예술적 감성, 창의적 사고를 하는 아이로, 사랑을 나누고 볼 줄 아는 따뜻한 눈을 가지기를 원한다면 어린 시절을 절대 놓치면 안 된다. 부모 역할이 큰 이유이다.

아이들을 만나면, 그 아이를 보면, 부모의 양육이 어떻게 이루어지는지 알 수 있다. 아이는 부모의 거울이다. 무언중에 아이들은 주변 환경을 받아들이고 자신의 이미지를 창조한다. 아들러는 8세가 되면 내가 어떻게 세상을 살아야 하는지에 대한 이미지가 만들어진다고 한다. 어떤 학자는 그 연령이 12세라고도 한다. 8세이든, 12세이든, 유아기, 아동기가 중요한 건 매한가지이다. 아주 사소한 상황이지만 양육에 따라 일상 생활에서 보이는 아이들의 반응의 차이를 예로 들어보자.

초등학교 때 미술 수업을 하면 대부분의 아이들은 완성된 자신의 작품을 소홀히 하는 경우가 많다. 학년이 올라갈수록 더 심해진다. 집에 가져가도 어차피 버려진다고 학교에서 버리는 경우도 많다. "집에 가면 어차피 버려." 하고 아이는 자신이 공들여 만든 작품을 쓰레기통에 버린다. 작품과 함께 성취감, 아이의 자존감도 버려지는 것 같아 마음이 아프다. 완성의 기쁨도, 성취의 기쁨도, 내 작품에 대한 깊은 신뢰와 만족도 없다.

그에 비해 자신의 작품을 소중히 여기고 간직하려고 하고 뿌듯해하는 친구들도 있다. 이 사소한 두 경우만 보더라도, 두 그룹 중 '부모의 지지와 관심을 더 받는 쪽은 어느 쪽일까?', '자존감이 더 높은 쪽은 어느 쪽일까?' 수치로 환산할 필요가 없다. 당연히 후자이다. 미술작품 하나로 쉽게 판단하냐고 하는 분도 물론 계시겠지만, 유아교육 현장에서, 초등학교에서 방과후 미술 수업을 진행하며 많은 아이들을 만나보고 느낀 나의 소견이다.

자존감은, 자신이 유능하다고 믿는 유능감은 사소한 것들로부터 싹이 튼다. 물론 창의력이라는 것도, 하루아침에 불쑥~ 샘솟지 않는다. 기본 바탕이 있어야 창의력도 발산된다. 이런 사소한 상황들에서 사랑도 자란다.

 초등학생뿐만 아니라 아주 어린 영아라 할지라도 아이들은 끼적거리며 놀이한다. 프랑스는 세계적으로 대표되는 예술의 도시이다. 프랑스 아이들은 말보다 그림을 먼저 배운다고 한다. 부모는 아이가 창조한 그림과 작품을 아이가 잘 볼 수 있는 곳에 전시한다. 그리고 소중히 여겨준다.

 나는 딸아이의 끼적거림이나 처음으로 한 가위질, 얼기설기 만든 작품 등을 아주 어린 시절부터 모아왔다. 이사를 다닐 때면 그 짐이 부피가 커서 줄여서 버려야 하나 갈등이 생긴 적도 물론 있다. 하지만 창고를 다 차지해서 짐 둘 곳이 없어도 딸아이의 작품들을 소중히 다루며, 이사할 때도 없어지지 않도록 관심을 기울이며 챙겼다. 아이가 커서 아주 어린 시절부터의 자신의 끼적임, 작은 작품들을 소중히 간직해 주는 부모님의 마음을 느낀다면, 그 작은 것에서부터 세상에 대한 믿음과 사랑도 커갈 것이다. 이것이 미술작품 하나로도 아이를 감동시킬 수 있는 이유이다. 아이의 작품은 아주 사소한 그 무엇이라 할지라도 아이의 영혼이 깃들어 있다. 그래서 학년이 올라갈수록 소홀하게 다뤄지는 아이들의 미술작품을 보면 안타깝다.

 유치원, 초등학교 시기까지만이라도 잘 그리고 못 그리고를 떠나서, 작품의 완성도를 떠나, 있는 그대로의 아이 작품을 소중히 여겨주고 아껴준다면 아이가 중고등학교, 대학교 그리고 성인이 되어 노년기까지 예술적 감성과 세상을 좀 더 풍요롭게 보는 눈의 깊이가 더 깊어질 것이다. 아주 작은 것이지만 작은 관심으로 아이의 인성 또한 사소한 것에서부터 키울 수 있다.

5장

이제
나로
살아간다

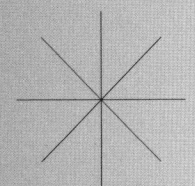

독서로 길어 올린 인생의 지혜

독서는
삶을 바꾸는
습관이다

　　사람은 어떤 것을 하기로 마음먹으면 몸속 기운이 나도 모르게 나로부터 퍼져나간다. 꿈을 가지고 행동하는 사람의 눈빛은 달라지는 것이다. 자신의 꿈에 대한 확신을 가지고 행동하면 결국 꿈을 이루게 된다. 지금 현재 꿈을 가지고 있지 않은 사람일지라도, 이 글을 읽으며 작은 꿈이라도 품어보기를 권한다.

　　나 역시 꿈조차 없는, 꿈조차 꿀 수 없는 어려운 어린 시절을 거쳐 왔지만 뒤늦은 나이에 꿈을 갖게 되었고, 꿈을 꿈으로만 그치지 않고, 꿈을 향해 한 발짝 내디뎠더니 내 삶이 조금씩 달라지고 있음을 느낀다. 한때는 하루하루가 반복되는 삶이었다. 아침이면 눈을 뜨고, 해야 할 일을 하고, 밤이면 지쳐 쓰러지듯 잠들고, 왜 사는지, 뭘 위해 사는지도 모르고 그저 흘러가는 시간에 나를 맡겼다. 그런 내가 꿈이 생기고부터 내 자신이 달라지는 것을 느끼게 되었다. 처음엔 너무 막연했고, 어쩌면 무모해 보였다. 나이도, 환경도, 형편도, 나를 막을 이유가 더 많았다.

그런데 이상하게도, 꿈을 마음속에 품은 날부터 내 삶은 조금씩, 조금씩 바뀌기 시작했다. 눈을 뜨는 아침이 다르게 느껴졌다. 예전엔 그저 또 하루가 시작됐다고 생각했는데, 이제는 '내 꿈에 한 걸음 더 다가가는 하루'라고 여겨졌다. 조금은 지치고 힘들어도 포기하지 않게 된 것도 꿈 덕분이다. 지금 에세이를 쓰는 시간도 퇴근 후 저녁 7시부터 꼼짝도 하지 않고 쓰고 있다. 빵으로 끼니를 해결하며 쓰는 글에 배가 부르다. 마음의 배가 부른 거 같다. 지금 시각은 새벽 1시. 오늘 또 출근을 해야 한다. 피곤하지만 행복하다.

꿈은 나를 단단하게 해주었다. 넘어져도 다시 일어나게 하고, 혼자라도 버텨내게 만들었다. 꿈을 꾸면서 알게 됐다. 삶이란 결국 '방향'이라는 걸. 어디로 가고 있는지를 아는 것만으로도 사람은 훨씬 더 강해진다는 걸 말이다. 꿈이 내 삶을 대단하게 만들지는 않았지만, 내 삶을 의미 있게 만들어 줬다. 지금 나는 더 이상 과거에 묶여 있지 않고, 미래가 두렵지 않다. 오늘이라는 시간을 '의미'로 채우고 있기 때문이다.

꿈은 멀리 있는 게 아니었다. 지금 이 순간, 내가 간절히 바라는 마음. 그것 하나면 충분했다. 그래서 말하고 싶다. "당신도 꿈을 꾸었으면 좋겠다."라고. 그 꿈이 당신의 삶을 바꿀지도 모르니까. 아니, 분명 당신의 삶을 바꿔줄 것이다.

독서의 기쁨은 곧 자기 확신이다

딸아이가 태어나기 전부터 태교를 위해 창작 동화 전집과 위인전집을 사서 뱃속에 있는 딸에게 책을 읽어주었다. 딱딱한 내용의 위인전집을 열심히도 읽었던 거 같다. 가벼운 산책 외에 딱히 다른 태교는 하지 않았다. 확고한 육아 목표가 두 가지 있었다. '자아존중감이 높은 행복한 아이, 책을 좋아하는 아이로 키우자.' 그래서 더 열심히 책을 읽어주었던 거 같다.

행복한 아이가 물질적 풍요보다 마음의 여유를 키우는 삶을 살 것이고, 마음이 여유로워야 타인을, 남이 보지 못하는 세상의 가치로움을 더 잘 볼 거라고 생각되었기 때문이다. 책과 더불어 사는 삶의 지혜를 어린 시절에 형성해 놓으면 어른이 되어서까지 아니, 평생에 걸쳐 책을 사랑하는 사람으로 살 확률이 100%라고 믿기 때문에, 아이가 책이라는 느낌을 모를 때 책의 소중함과 책의 즐거움을 심어주고 싶었다.

딸아이가 태어나고, 정말 많은 책들을 사 주었다. 전집은 물론이거니와, 집 근처 서점에도 아이가 걷기 시작하면서 퇴근 후 일주일에 한 번은 갔었다. 일주일 동안 매일 서점을 방문한 적도 있다. 아직 어린, 이제 막 걷기 시작한 아기였지만 책을 고르게 했다. 서점에 가서 여러 권의 책을 보고 난 후, 아이가 고른 책 한 권, 엄마가 읽어주고 싶은 책 한 권을 사서 집으로 왔다. 퇴근 후 아이와 함께하는 서점 나들이가 그땐 제일 행복했던, 여유로웠던 시간이었다. 저녁 9시가 넘어 퇴근한 날에도 한결같이 책을 읽어주었다.

아이가 20권 이상의 책을 가져와서 읽어달라고 해도 읽어주었다. 어떤 날은 책을 읽다 피곤해서 현기증이 나기도 했다. 그런 날도 침대에 기대어 목덜미에 베개를 대고 책을 읽어주었다. 현기증이 나는 것도 참으며 아이가 가져온 책은 다 읽어주었다. 아이가 책 읽는 것이 무엇인지, 책의 느낌을 모를 때 아이가 가져오는 책을 집안일 때문에, 피곤해서…. 기타 여러 가지 상황이나 이유로 거부 아닌 거부를 하면 아이는 이런 반복적 기억으로 책에 대한 느낌을 무의식적으로 습득한다. "아~ 책은 피곤한 거구나.", "아~ 책은 귀찮은 거구나.", "책은 나쁜 거구나." 하고 왜곡하며 점점 책과 멀어지게 된다.

요즘 아이들은 초등학생만 되면, 아니 유아기 때부터 너무 바쁘다. 어른들도 바쁘기는 매한가지다. 직장 맘은 직장 맘대로, 주부들은 주부대로 바쁜 일상을 산다. 아이들은 사교육의 홍수 속에서 이 학원, 저 학원 돌려진다. 스스로 읽거나 스스로 사고하는 시간은 점점 줄어든다. 논술 학원, 토론 수업 등 책 읽는 것조차 사교육의 도움을 받는다. 재미와 감동이 아닌 의무적 독서가 되어, 책 자체 본래의 목표는 이미 상실되고 없다. 어린 시절에 즐거운 독서의 기쁨을 느끼지 못하고 유아기 때부터 사교육에 시간을 뺏기는 실정이다. 요즘은 특히 유튜브 등 미디어가 아이들의 마음과 사고를 빼앗아 간 지 오래다. 초등학교에 입학하면 학교에서 권장하는 50권의 독서 정도가 의무적 독서가 되고, 이것마저 힘들어하는 초등학생들이 너무 많다. 엄마가 독서 기록장을 대신 작성하고 자녀가 학교에 제출할 독서장에 옮겨 적는 일도 있다고 한다.

중학교, 고등학교, 대학교에 가서도 사교육, 영어, 취업 준비, 스펙 쌓기 등에 쫓기며 삶의 여유는 저 건너편으로 이미 사라진 지 오래다. 성인이 되어 나에게 필요한 책만 겨우 읽거나 그것마저도 힘든 실정이다. 어릴 때부터 즐거운 독서의 경험을 심어놓으면 바쁜 가운데에서도 책을 읽게 된다. 공부 중 쉬는 시간에도 책의 즐거움을 알고 책을 본다. 딸아이의 태교로 시작된 책 읽기는 현재까지 현재진행형이다. 아주 즐거운 독서 습관으로 자리 잡았다. 딸아이는 엄마와 다투거나 스트레스를 받으면 소설책을 읽고 나면 기분이 좋아진다고 한다. 훌륭한 스트레스 대처법으로 자리 잡은 딸아이의 독서 습관이다.

태교로 시작해서, 아이가 글을 읽을 수 있게 되었을 때도 책을 아주 열심히 읽어주었다. 8년을 투자했더니, 지금까지 아이는 스스로 책을 펴고, 스스로 책을 찾으며, 관심 있는 분야이든 그렇지 않든, 책 읽는 자체에 아주 안정감을 가지고 스스로 책 읽기를 즐긴다. 초등학교 6학년 때부터는 성인 독자를 겨냥해 나온 책들도 술술 읽으며 재미있어한다. 엄마가 일주일 이상 집중해서 읽어야 하는 책들도 딸아이는 초등학교 6학년 때부터 하루 만에 다 읽기도 하였다. 독서 습관은 어릴 때부터 형성한 즐거운 책과의 만남에서부터 시작된다.

읽는 만큼 깊어지는 삶

　딸아이가 어릴 때 가까운 도서관에 가끔 가서 책을 읽어주었지만 빌려 오지는 않았다. 도서관보다는 서점을 더 자주 이용했다. 내 거라는 애착 형성이 독서 습관을 기르는 데 중요한 요소가 된다고 판단했다. 나는 개인적으로 구입해서 읽는 독서를 권장한다. 한 번 읽을 책을 사서 아이에게 읽혀주면 낭비가 되지 않냐고 책 구입을 아까워 하시는 분들도 계신다. 나의 상황에 맞게 자녀의 독서 습관을 형성시켜 주어야겠지만 나는 구입해서 하는 독서를 고수한다. 내가 경제적으로 여유가 있어서 그런 건 아니다.

　책을 사게 되면 아이가 내 책이라는 책에 대한 애착도 증가하고, 내 책에 대한 애정도 남달라진다. 특히 전집보다 서점에 가서 직접 고른 책, 엄마와 고른 책 등 책에 경험을 더하면 추억까지 덤으로 책에 담기니 더욱더 소중한 책이 된다. 아이는 한 권의 책이 재미있으면 100번, 200번, 300번도 읽어달라고 한다. 글 모르는 아이도 너무 많이 읽어 내용을 외워 말한다. 아이는 지루해하지 않는다. 엄마만 지루하다. 하지만 지루한 내색은 하지 않아야 한다. "이 책을 또 읽어?"가 아니고 아주 기쁜 마음으로 아이가 또 다른 무언가를 느낀다고 생각하고 반복해서 읽어주면 좋다.

아이는 같은 책을 읽을 때도 그때그때 새로운 느낌, 새로운 생각을 경험한다. 책 속에 담긴 그림도 어떤 날은 생쥐를, 어떤 날은 구석에 아주 작게 핀 민들레를 관찰하며 그림의 세계에 빠지기도 한다. 도서관, 지인에게 빌린 책은, 물론 또 읽고 싶다고 하면 빌려 오면 되겠지만 아이가 원할 때 바로 볼 수 없다. 나 또한 내 책을 소장하기를 즐긴다. 오래전 보았던 책을 또 꺼내게 되는 경험이 많이 있고, 소중한 기억과 감동을 받은 책을 소장하고 취미 활동을 하듯 책 수집을 하면 괜히 뿌듯하다. 내 딸에게도 이런 뿌듯함을 어릴 때부터 심어주고 싶었다.

책을 펼칠 때마다 느끼는 감동은, 그 속에서 만나는 새로운 세계와 사람들 덕분에 삶은 더 깊어진다. 어떤 책은 단순히 시간을 보내는 즐거움을 주고, 어떤 책은 삶의 깊이를 더해준다. 그 감동은 단순한 즐거움 이상의 마음속 깊은 곳에서 울려 퍼지는 여운이 남는다. 내가 처음으로 느꼈던 독서의 뿌듯함은 바로 그런 여운에서 비롯된 것이다. 이 뿌듯함과 마음속 여운을 아이에게, 사람들에게 전하고 싶다.

어린 시절, 나는 책을 읽는 것에 큰 관심이 없었다. 어느 날 우연히 읽게 된 책이 내 인생을 바꾸었다, 그 책은 무겁지도 가볍지도 않은, 그저 한 권의 책이었지만, 읽는 동안 그 속에서 펼쳐지는 생각의 흐름에 내 마음이 사로잡혔다. 단순한 이야기를 넘어서,

나와 세상에 대한 새로운 시각을 제공했다. 그것이 바로 독서의 뿌듯함이 무엇인지 깨닫는 순간이었다.

책 속에 담긴 이야기들은 그저 글자로만 보이는 것이 아니다. 때로는 그 글자가 내 삶의 일부처럼 느껴지기도 한다. 어떤 문장은 내 마음을 움직이고, 어떤 이야기는 내 경험과 맞닿아 울림을 준다. 때로는 책 속의 주인공처럼 나 자신을 바라보며 나를 되돌아보기도 한다. 책은 단순한 정보보다 지식의 제공자를 넘어, 내 삶의 동반자이자 스승이 되어준다.

그 감동은 단순히 내가 어떤 책을 읽었느냐는 것보다, 내가 그 책을 통해 무엇을 얻었는가에서 비롯된다. 내가 읽은 책이 주는 지혜, 감동, 작은 깨달음은 내 삶의 방향을 조금씩 바꾸기도 한다. 그 작은 변화가 쌓여 결국 큰 성장이 되며 독서가 주는 뿌듯함은 더 이상 책 한 권에만 국한되지 않고, 나 자신을 변화시키는 과정으로 이어진다.

독서의 뿌듯함은 바로 그 과정에서 나를 발견하고, 내가 더 나은 사람이 되어가는 여정에서 찾아온다. 책을 통해 얻은 감동은 나를 더 넓고 깊은 곳으로 이끌어 준다. 그 여정은 결코 끝나지 않는다. 독서를 통해 삶의 의미를 다시 한번 되새기고, 내 마음속에 작은 씨앗을 심는다. 그 씨앗이 자라며 내 삶을 풍성하게 만들고, 결국 나 자신도 더 나은 사람으로 성장할 수 있도록 돕는다. 그 감동이 바로 독서의 진정한 뿌듯함으로 만나 삶의 깊이가 된다.

읽을수록 깊어지는 행복

　딸아이가 초등학교 4학년 때 우연히 서점에 들러 조앤 K. 롤링의 《해리포터》 책을 몇 권 사 와서 선물로 주었다. 딸아이가 왠지 이 책에 관심을 보일 거 같았다. 역시 딸아이의 마음을 꿰뚫었다. 딸아이는 《해리포터》에 푹 빠졌다. 나머지도 다 사고 싶어 해서 전권을 사 주었다. 딸아이는 초등학교 4학년 때 《해리포터》 전권을 20번도 넘게 읽었다. 소설책에 관심이 없던 딸아이는 《해리포터》 시리즈와 비슷한 마법에 관한 유형의 소설들을 섭렵하더니 소설로 쓰인 역사 속 공주 이야기까지 빠져들었다.

　초등학교 4학년 때부터 성인들이 읽는 책 코너까지 넘어가서 역사 속 공주 이야기를 찾아 다 읽었다. 초등학생용은 내용이 너무 짧아 재미가 없다고 한다. 《해리포터》에 빠진 딸이 4학년 때부터 가고 싶어 했던 일본 유니버설 스튜디오를 초등학교 6학년 겨울방학에 시간을 내서 다녀왔다.

　유니버설 스튜디오에서 딸아이가 연발한 말, "나 너무 행복해.", "오늘이 내 인생에서 제일 행복한 날이야.", "그리 좋으냐?"

그래 네가 행복하다니 엄마도 행복하다. 어렵게 시간을 내길 잘했구나 싶었다.

　어린 시절의 독서가 성인이 되었을 때의 독서 습관까지 연결되듯이, 어린 시절의 행복이 성인이 되었을 때 좌절과 실패가 오더라도 삶을 지탱하는 가장 큰 힘을 만들어 내는 뿌리가 된다고 믿는다. 행복의 경험과 독서의 참 기쁨을 유아기부터 형성시키면 좋다. 행복의 경험과 독서의 참 기쁨을 딸아이에게 계속 누리게 하고 싶다. 아이의 작은 손에 처음 쥐여준 책 한 권, 그 속에서 꽃이 피고, 별이 떠오르고, 세상이 펼쳐졌던 것이다. 책은 단지 지식을 담은 종이가 아니란 걸 나의 경험을 통해 터득했다. 그것은 딸과 나를 이어주는 다리였고, 사랑을 나누는 언어였으며, 가장 순수한 행복이 머무는 집이었다. 책 속의 세계를 함께 여행하던 그 시간들은 나에게도 새로운 세상이었다.

　나는 안다. 유아기에 경험한 행복은 평생을 따라간다는 것을. 그래서 나의 딸에게 행복한 기억을 만들어 주고 싶었다. 책을 통해, 이야기를 통해, 상상의 나래를 함께 펼치며 마음의 근육을 키워주고 싶었다. 세상의 소음이 클수록, 조용한 독서의 시간은 마음의 쉼표가 되어줄 것이기 때문이다.

　행복은 거창한 것이 아니다. 따뜻한 무릎 위에서 책을 읽으며 느끼는 안온함, 좋아하는 이야기를 다시 읽으며 쿡쿡 웃는 그 순간들, 그 조용한 기쁨 속에 삶의 본질이 숨어 있다. 나는 그것을 일찍

이 알게 되었고, 이제 딸에게도 알게 해주고 싶다. 시간이 흘러 딸이 어른이 되어, 어느 날 지친 하루 끝에 책장을 열었을 때 그 속에서 엄마의 목소리를 떠올릴 수 있다면, 그것으로 나는 충분하다. 세상은 딸에게 많은 것을 요구할 것이다. 하지만 나는 믿는다. 어린 날의 행복과 독서의 기쁨이 딸을 지켜줄 거라고. 책을 사랑하는 마음은 결국은 자기 자신을 사랑하는 법을 알려줄 거라고.

"사랑하는 내 딸아, 네 안에 심어진 이 조용한 기쁨이 삶의 어떤 폭풍도 너를 무너지지 않게 해줄 거야. 그리고 그 모든 순간마다, 엄마는 너를 따뜻하게 안아주는 책 한 권이 되어줄게."

꿈을 이루려면 지식을 키워야 한다

아이가 태어나고, 산후조리를 하면서부터 아이에게 책을 읽혀주기 시작했다. 아이가 커가면서 서점을 방문하게 되었을 때 책 구입은 아이가 좋아하는 책 한 권과, 발달 수준을 고려한 엄마의 선택 한 권, 그리고 엄마도 엄마만을 위한 책 한 권을 포함해서 총 3권씩을 구입했다. 한 권은 아이의 현재 나이보다 1~2살 수준이 높은 책을 구입해서 읽어주었다. 아이는 자신의 수준보다 더 높은 수준의 책을 의외로 잘 받아들였다.

아주 어린 시기부터 독서를 즐긴 아이들은 다양한 분야의 책과 자기 발달 수준보다 조금 높은 책도 잘 받아들이는 거 같다. 엄마의 목소리로 읽어주는 책은 다 좋은지 아이가 잘 받아들였던 거 같다. 연구 결과에도 있다. 아이들은 기계음보다 사람 목소리로 들려주면 더 교육적 효과가 있다. 아이들은 기계음을 의식적으로 걸러낸다. 아이들의 뇌는 기계음보다는 사람의 목소리를 더 민감하게 받아들인다. 물론 반복적으로 들은 기계음도 아이는 기억할지 모르지만 교육적 효과는 미비하다. 음치라서 노래하는 것이 힘들다는 엄마라 할지라도 엄마의 목소리로 들려주는 것이 좋다.

동화 구연이 힘들어 재미있게 그림책을 읽어주지 못할지라도 그 역시 엄마의 목소리로 들려주는 것이 몇 배, 백 배, 천배 교육적으로도 효과가 있다.

정서적으로도 엄마의 목소리는 아이에게 안정감을 준다. 자기 수준보다 높은 수준의 책이 아이에게 어렵지 않을까 싶어 엄마가 먼저 배제해 버리는 경우가 많다. 혹여 아이가 거부하거나 지루해한다는 생각이 들면, 아이가 즐거운 놀이를 할 때 근처에서 소리내어 읽어주면 좋다. 아이는 놀이에 빠져 있다가도 엄마의 목소리는 기똥차게 잘 듣는다. 안 듣는 거 같아도 아이는 엄마의 목소리에 집중하며 놀이한다. 아이가 잠자리에 들 때도 아이가 좋아하는 책을 읽어주고 아이가 깊이 잠이 들었다고 생각이 드는 순간에도 읽던 책을 다 읽어주자. 엄마가 읽어주고 싶었던 책이 있다면 아이가 깊이 잠든 순간을 활용하면 좋다. 유아기의 뇌는 잠들고 난 직후 20분이 가장 활발하게 움직인다는 뇌과학 관련 연구 결과가 있다.

아이가 잠든 후 20분을 활용하면 수준 높은 독서를 이끌 수 있다. 어릴 때부터 자기 수준의 책과 자기 수준보다 더 높은 수준의 책을 함께 읽다 보면 자연스럽게 독서력이 쑥쑥 올라간다. 초등학교를 가서 논술 학원, 독서 학원, 글짓기 선생님들을 만날 필요가 없어지는 것은 당연하다. 학원에서 가르치며 익힌 글쓰기보다 스스로 독서를 통해 익힌 글쓰기의 매력과 가치는 중고등학교에 진학해서도 빛을 발한다. 책을 읽고, 또 읽고, 쓰고 또 쓰고 하다 보면 복잡한 생각들을 가다듬어 하나의 의미로 빚어내게 해준다. 글을 쓰면서 내가 어떤 사람인지, 무엇을 두려워하고 무엇을 사랑하는지 조금씩 알게 된다. 독서를 통해 배우는 글쓰기는 단지 잘 쓰는 법을 배우는 것이 아니다. 더 나은 '사람'이 되어가는 법을 배우는 것이다. 깊이 있는 문장을 통해 깊이 있는 사고를 배우고, 아름다운 글을 통해 따뜻한 시선을 얻게 된다.

스스로 익힌 독서와 글쓰기의 힘은 나를 더 단단하게, 더 온전히 살아가게 만든다. 책에서 배우고, 삶으로 옮기고, 다시 글로 남기는 과정은 조용히, 분명히 성장하게 한다.

버려진
책 속에 담긴
가능성

아이가 자기 수준의 책을 다 읽고 내용도 다 외웠다고 하더라도 팔거나 버리지 말고 현재 아이의 연령의 책보다 어린 수준의 책도 몇 년은 더 책꽂이에 꽂아두면 덤으로 감성까지 자극되어 좋다. 아이는 2~3년이 지난 후에도, 그 순간에는 다 외워버린 책이더라도 아주 흥미 있게, 즐겁게 볼 것이다. 비록 현재의 수준보다 낮은 수준의 책이라도, 높은 독서력 향상에는 영향이 없겠지만, 내가 예전에 관심 있게 읽었던 책을 보며 그 순간에 행복감, 삶의 여유, 뇌가 발달하는 감탄사를 연발하며 자기 수준보다 낮은 책에 열광하며 여유를 만끽할 것이다.

마음의 창을 여는 감성의 열쇠가 되는 책들, 책을 읽을 때면 가끔 마음이 먼저 움직인다. 눈으로 따라 읽는 문장은 어느새 가슴 깊은 곳을 두드리고, 한 문단을 넘기기도 전에 눈시울이 붉어지기도 한다. 꼭 내 이야기 같은 글은 더 그렇다. 그럴 때 나는 깨닫는다. 책은 단지 지식을 전하는 도구가 아니라, 감성을 흔드는 예술이라는 것을. 아이를 키우며, 나는 이 감성의 힘을 더욱 실감하게 되었다. 아이가 책 속 주인공의 슬픔에 함께 울고, 속상해하고,

동물 친구의 모험에 두근거릴 때, 그 작은 가슴이 얼마나 깊은 감정을 품고 있는지를 알게 된다. 책이 없었다면 결코 알 수 없었을 그 세계 - 그것이 감성의 세계이다.

 감성은 말로 가르칠 수 없다. 좋은 책 한 권은 마음속에 깊은 파문을 일으킨다. 연필로 그어둔 밑줄 위로 수없이 오갔던 감정들, 나도 모르게 들썩이는 가슴, 문장을 넘어 삶을 느끼게 하는 떨림. 책은 우리 안의 감성을 일깨우고, 더 따뜻한 사람이 되도록 이끈다. 세상이 점점 빠르고 시끄러워질수록, 책이 건네는 감성의 속삭임은 더 소중해진다. 삶이 거칠게 느껴질 때, 나는 다시 책장을 편다. 책 속 언어로 마음이 다시 촉촉해지는 것을 느낀다. 그것은 내 안의 사람이, 나를 다시 안아주는 순간이기도 하다.

 책은 삶을 풍요롭게 만들고, 감정을 확장시킨다. 결국, 더 깊이 사랑하고, 더 따뜻하게 살아가도록 이끌어 준다. 책을 읽는다는 것은 곧 마음을 느낀다는 것이다. 그 감동을 다시 아이에게 건네주고 싶다. 책을 통해 세상과 마주할 용기를, 사랑을 느낄 줄 아는 따뜻함을, 무엇보다 자신을 사랑하는 감정을. 책은 감성의 샘이다. 그 샘이 마르지 않도록, 마음을 나눈 소중한 책 한두 권은 아이가 커서도 보관한다면 아이에게 더없는 선물이 되어줄 것이다.

마음의 그림자를 직면하다

　내 감정에 충실해 본 적이 없었다. 어릴 때는 내가 싫다고, 아니라고 감정을 드러내면 매로 돌아왔고 마음 편히 웃을 수 있는 환경도 아니었다. 나는 집에서는 항상 맞을까 봐 긴장하며 경직되어 있었다. 결혼을 해서는 시댁 눈치를 보았다. 결혼한 내 집에서는 신랑 표정을 살폈다. 나는 신랑의 표정에 따라 내 행동을 달리하며 결혼 전에는 아빠에게, 결혼을 한 후에는 신랑에게 맞추는 삶을 살았다. 책을 잘 읽지 않던 내가 마흔쯤부터 우연히 책을 접하며 책을 읽게 되면서 나는 내 감정의 실체를 들여다볼 수 있게 되었다.

　나 자신과의 마주보기를 시작하며 내 감정을 있는 그대로 존중하며 받아들였다. 예전에는 나 자신을 사랑하지 않았던 나는 스스로를 미워하곤 했다. 하지만 책을 읽고 하고 싶은 것들이 생기면서 책을 읽는 행위로만 끝내지 않고 하나하나 실행해 나가면서 "나는 역시 안 돼." 했던 것은 타인의 생각으로 만들어진 나의 자아상이지 온전한 내가 아니었다는 것을 깨달았다.

책 속의 간접경험을 통해 때때로 위로받고 나도 해보고 싶다고 하는 것들은 생각만으로 그치지 않고 실행을 했다. 그랬더니 달라질 것 없던 내 삶이 내 생각의 크기만큼 조금씩 달라지기 시작했다. 지금도 특별히 명함을 내밀만한 큰 변화가 있는 건 아니다. 세속적 성공 기준에 걸맞은 성공을 이룬 것도 아니다. 하지만 독서를 통해 성장했다고 믿는 나는 겉으로는 드러나지 않는 단단한 내면을 길렀으며 이렇게 글도 쓰고 있지 않은가. 또, 내 감정을 타인에게 피해를 주지 않는 선에서는 웃고 싶을 때 웃고, 울고 싶을 때 울고, 화가 날 때는 내가 화를 내는 이유도 당당하게 말할 수 있는 사람이 되었다.

세상을 바라보는 내 마음의 창 '프레임'을 독서를 하며 다르게 세상을 보는 눈도 키웠다. 행복의 잣대를 물질적 풍요로움에 두었던 내가 지금은 하고 싶은 것들을 하나하나 이루고 시도해 볼 수 있는 하루하루가 감사하다고 느낀다. 알프레드 아들러의 말처럼 과거가 어떻든 지금 현재에 충실한 삶을 살 수 있게 된 것도 독서 때문이다. 뭐든지 금방 이루어지는 건 또 쉽게 무너진다. 꾸준함이 답이라고 하는 것처럼 독서를 시작하기로 마음먹고 실행하는 독서를 한다면 천천히 나 자신을 마주하며 나를 온전히 이해하는 눈을 키울 수 있으며 내 마음 밖으로 나아갈 용기도 얻게 해준다.

사람들은 성격은 바뀌지 않는다고 한다. 하지만 과학적으로 성격은 노력으로 바뀔 수 있다. 바뀌지 않는 건 유전적으로 타고난 기질이지 성격이 아니다. 성격은 환경과의 상호작용으로 충분히 바뀔 수 있는 유동성이 있다. 성격이 바뀐다, 안 바뀐다는 전제보다 내가 지금 현재 나의 환경과 나를 바꿔나갈 마음의 준비와 실행하고자 하는 용기가 있냐, 없냐 하는 것이 더 중요하다.

내가 지금 현재를 살며 과거 탓만을 한다면 현재를 놓치게 되는 것이며, 과거의 영향으로 현재를 무의미하게 산다면 미래도 여전히 현재처럼 살게 된다. 책을 읽으며 나는 현재를 놓치지 않는 삶을 살게 되었다. 작은 것에 감사하며 밥을 먹고 일을 하고 독서를 할 수 있는 작은 여유도, 스스로 만들 수 있는 일상의 작은 행복도 감사할 수 있게 되었다. 행복도 그냥 주어지는 것이 아니라 만들어 가는 것이라는 것도 독서를 통해 알게 되었다. 독서는 내 삶의 중심이 되었다.

나는
           반드시
        해낼 수 있다

　　　　사람은 누구나 의식적이든, 무의식적이든 내적인 확신을 느끼며 살 수 있기를 바란다. "난 해낼 수 있어!", "난 그걸 아주 잘할 수 있어."라는 흔들림 없는 감정을 느끼며 사는 것을 꿈꾼다. 사람은 누구나 바위처럼 단단한 자신감을 지니고 싶어 한다. 하지만 대부분 사람들의 현실은 이와는 거리가 멀다. 많은 사람들은 흔히 이렇게 생각한다. '난 할 수 없어. 하지만 해야 해.', 혹은 '난 해야 해. 하지만 난 할 수 없어.'

　　위 내용은 보도 섀퍼의 《나는 해낼 수 있다》라는 책의 일부를 발췌한 것이다. 자신이 자신을 어떤 이미지로 생각하고, 자신을 얼마나 믿는지는 어떤 일을 행함에 있어서 무엇보다 중요하다. 의식은 인간의 특징 중에서 가장 중요한 부분이라고 해도 과언이 아니라고 생각한다.

　　책을 좋아하지 않았던 나. 1년에 단 한 권의 책도 읽지 않은 해도 많았다. 마흔쯤부터 우연히 접한 심리학을 통해 독서를 시작했다. 심리학 분야 책들을 읽다 보니 자기 계발 도서에도 관심이 생겨서 이 분야 책들도 함께 읽었다. 관심 있는 분야가 생겨 책을 읽다 보니 뒤늦은 나이에 꿈이 자연스럽게 생겼다. 꿈이 생기니 한 발짝씩 내 삶을 누가 뭐라든 흔들리지 않고 주도적으로 살게 되었다. 주도적으로 나아가니 행하게 되고, 행하게 되니 그동안 가져보지 못했던 나의 마음, 즉 긍정적 자의식 '나도 할 수 있다.'라는 삶의 용기와 희망이 생겼다.

책을 읽는 것이 행위로만 그친다면 내 삶은 변하지 않는다. 내 삶의 과거와 현재가 책으로 달라지려면 의미 있는 책의 한 구절, 와닿은 그 순간의 문구들을 나에게 적용하고 일단 행해야 한다. 그럼 현재의 나는 과거의 나와 분명히 달라져 있을 것이다. 가장 생산적이고 행복한 비결은 타인과의 비교를 내려놓고 개인 간 비교, 즉 나와의 비교를 하는 것이다.

과거의 나와 현재의 나, 어제의 나와 지금의 나, 1시간 전의 나와 현재의 나, 지금의 나와 미래의 나를 상상하며 나는 성장 중이다. 누구는 이 나이에 무엇을 시작하냐며 이루기엔 늦었다고 하지만, 지금이 가장 빠른 때라는 말도 있지 않던가. 누가 뭐라든 흔들리지 않는 자의식을 만드는 것이 중요하다. 나는 타인의 시선이나 말에 흔들리지 않는 강인한 자의식을 책을 읽으며 형성했고, 긍정적 자의식을 지키기 위해 오늘도 공부를 한다.

공부를 하고 독서를 하며 깨닫게 된 진실이 있다. 내가 나서고, 똑 부러지게 행동하면 어떤 사람은 "멋지다."라며 좋아하지만, 또 어떤 사람은 "잘난 척한다."라며 눈살을 찌푸린다. 내가 파묻혀 조용히 있으면, 누군가는 "겸손하다."라고 말하지만, 또 다른 누군가는 "속으로 딴생각하겠지.", "호박씨 깐다."라며 의심의 눈초리를 보낸다. 대충 셈을 해보면 이렇게, 내가 나설 때 나를 좋아하는 사람이 20%, 싫어하는 사람이 20%, 내가 얌전하게 있을 때 나를 좋아하는 사람이 20%, 싫어하는 사람이 또 20%.

결국 어떻게 행동하든, 나를 오해하거나 불편해할 사람은 존재하고, 나를 인정해 줄 사람도 반드시 있다는 사실이다. 나를 아는 모든 사람을 100% 만족시켜 줄 상황은 존재하지 않으며 나는 애초에 그렇게 할 수 없다. 심리학적으로 증명되었기 때문이다.

20:80:20 법칙이라는 심리학 개념이 있다. 심리학자들은 사람을 세 부류로 나눈다. 어떤 상황에서도 선한 행동을 하는 사람이 20%, 어떤 상황에서도 자기 이익만 추구하는 사람이 또 20%, 그리고 나머지 60%는 그때그때 분위기와 상황에 따라 따라가는 사람들이다. 이 이야기는 단순한 이론이 아니다. 권위자의 명령 앞에서 선악의 기준을 쉽게 저버린 사람들을 관찰한 스탠리 밀그램의 실험이나, 단 몇 시간 만에 잔혹한 교도관 역할을 받아들인 스탠포드 감옥 실험에서도 증명된 바 있다. 사람은 본래 단단한 존재가 아니다. 누구나 흔들릴 수 있고, 그 흐름은 사회 분위기와 주변의 소수 리더에 의해 결정된다.

나는 이쯤에서 결심한다. 내가 어떻게 살아도 나를 오해할 사람은 있고, 나를 응원할 사람도 있다면, 나는 내가 믿는 방향으로 살아가면 된다. 나는 내가 나설 때 더 잘하는 사람이고, 나설 때 내 안의 빛이 더 반짝인다. 그걸 불편해하는 20%가 있다 해도 괜찮다. 나를 지켜보며 용기를 얻는 또 다른 20%가 있기 때문이다. 세상은 언제나 20:60:20으로 나뉘고, 그 안에서 내가 어떤 선택을 하느냐가 나의 삶을 규정한다. 지금 내 주변에 나를 믿는 20%가 없어 보여도 당신이 모르고 있을 뿐 당신을 지지하고 좋아하는 20%는 분명히 존재한다. 정말이다. 믿어도 된다. 사회심리학적으로 수많은 연구 결과와 통계에 의해 밝혀진 이론이기 때문이다.

나는 오늘도 기꺼이 나서려고 한다. 내가 이 책을 내면서도 20%의 사람들은 말하겠지. "잘난 것도 없는데 거창하게 책을 냈다.", "또 나선다." 나를 두고 이렇게 말해도, 저렇게 말해도 나는 좋다. 나를 좋아하든, 나를 싫어하든, 나에게 관심조차 없든 상관없다. 물론 나를 좋아하는 사람이 많으면 좋은 게 사람의 심리이긴 하다. 하지만 내가 말하고자 하는 건 어떤 상황이든 사람의 시선과 말들 때문에 나의 행동을 멈출 필요는 없다는 것이다. 그것이 살인이나 타인에게 피해를 주지 않는다면 말이다.

우리가 어떤 환경에서 어떤 행동을 택하는지에 따라, 사회 전체의 방향을 바꾸는 영향력이 될 수 있다. 작은 영역에서는 주변을 바꾸는 선택이 될 수 있다. 내가 어떤 사람이 될지는 내가 선택할 수 있으니까 말이다.

내 삶의 주인이 되기로 한 날

책을 볼 때 나는 와닿는 문장에는 형광펜으로 줄을 긋고, 더 와닿고 실천하고 싶은 문장이 있는 장은 절반 정도 접어둔다. 더 오래오래 되새기고 싶은 문장이 있다면 절반을 접은 종이 끝자락을 세모로 다시 접어둔다. 보도 섀퍼의 《나는 해낼 수 있다》는 내가 그동안 읽은 책 중에서 가장 많은 형광펜 줄과 접힘이 있는 책이다. 한 문장, 한 문장마다 내게 많은 의미를 부여해준 책이다.

지금 하고 있는 공부, 앞으로 할 공부와 나의 목표와 꿈에 닿을 수 있을까 하는 나의 두려움을 없애준 책이기도 하다. 이 책을 읽다 보면 나도 왠지 꼭 이룰 수 있을 것만 같다. 나도 이번에는 꼭 이룰 수 있을 것만 같다. 이번에는 꼭 이룰 것이다.

"당신은 지금 당신이 집중하는 그것이 된다."
- 보도 섀퍼,《나는 해낼 수 있다》

어릴 때 형성한 자의식은 손쉽게 변화할 수 없다. 성공을 위해서는 반복과 노력이 있어야 하듯이, 어릴 때 형성한 자의식을 변화하고자 할 때도 끊임없는 반복적인 노력이 필요하다. 어릴 때는 주변의 시선이나 말에 의해 내가 결정되고, 자신을 바라보는 나의 이미지가 주변에 의해 결정된 걸 모르고 성인이 되어 살아가고 있다. 물론 어릴 때부터 지지와 관심과 사랑으로 긍정적인 자아존중감을 형성한 자의식을 가지고 있다면 더없이 좋겠지만 반대의 경우에는 성인이 되어서도 자신의 삶을 영위하는 데에 알게 모르게 부정적 영향을 미칠 영향이 크다. 내가 현재 가지고 있는 나를 바라보는 마음이 어떠한지 객관적으로 평가할 수 있어야지만 내가 변화할 수 있는 출발점이 될 수 있다.

상담에서도 처음에는 내담자와 상담사의 라포르 형성이 물론 중요하겠지만, 그 후는 처음과 끝은 자기 자신을 객관적인 눈으로 바라보는 것에서 시작해서 자신을 객관적으로 직면하는 것으로 끝난다. 처음과 끝이 결국 '자기 직면'인 것이다. "나를 알면 모든 것을 이길 수 있다."라는 말처럼 "내가 나 자신인데 왜 몰라?" 하지만 객관적으로 자신을 온전히 바라보고 평가하는 것이 말처럼 쉽지 않다. 자신을 알아가고 자신의 자의식이 지금 어디에 있는지 알고 변화하고자 하는 의지까지 있다면 그 사람은 지금보다 더 나은 삶을 살아갈 수 있다.

나는 책을 통해 자의식을 기르고 내 삶을 변화하고자 노력하였지만, 스스로 행동하기 힘든 사람들은 전문가의 도움을 받으며 실천해 나가다 보면 꿈꾸던 '내'가 되어 있을 것이다. 뇌는 이미지화한 것을 상상만 해도 현실이라고 착각한다고 하지 않던가. 상상하고 이미지화하고, 이미지화한 것들을 실천해 나간다면 내 머릿속 그 이미지가 어느 날 '나'의 진짜 모습이 되어 있을 것이다. 나는 책을 통해 자의식을 단단하게 만들어 가고 있으며 나의 삶은 그만큼 비례해서 긍정적인 방향으로 흐르고 있다.

많은 책을 보며 꿈을 꾸고 자의식을 높여가려고 노력하는 중에 만난 보도 섀퍼의 책들은 나에게 많은 영감을 주었다. 특히, 보도 섀퍼의 《나는 해낼 수 있다》라는 책은 책 제목에서부터 오는 강렬함이 나를 이끌었다. 역시나, 최고의 책이다. 이 책의 문장, 문장들은 너무 내 마음을 울려서 독서를 하며 전율이 느껴지곤 했다. 온몸에 소름이 돋으며 읽은 책은 이 책이 유일할 거 같다. 그만큼 많은 의미를 내게 주었고, 더욱더 행동하게 만들어 주었다. 읽고, 읽고 또 읽으며 이 책에 나오는 모든 의미 있는 말들을 나의 것으로 만들어 실천하고 싶다. 그리고 꿈에 그리던 나의 모습을 현실로 만들고 싶다.

> "자의식을 키우기 위한 첫걸음은 자의식을 키우겠다고 결심하는 것이다. 자의식이 낮은 사람들은 무의식적으로 자신의 삶을 비참한 방향으로 끌고 들어가 스스로에게 벌을 주는 경향이 있다."
>
> - 보도 섀퍼, 《나는 해낼 수 있다》

이 책의 주인공처럼, 이 책을 따라가다 보면 자신의 자의식이 높아지고, 자신이 꿈꾸던 목표와 꿈에 도전해 보고 싶은 생각, 이루고 싶은 열망, 또한 '나도 해낼 수 있다.'라는 마음이 분명 들 것이다.

'나는 반드시 해낼 수 있다.'

당신은
큰사람이
됩니다

- 10년 전의 속삭임

'큰사람, 그 말이 내게 남긴 것.'

지금으로부터 10년쯤 전, 나는 삶의 고비를 넘나들며 마음이 자주 무너지던 시절을 겪었다. 친한 언니가 사주팔자를 잘 본다는 사람이 있다고 해서 같이 찾아간 적이 있다. 나는 사주팔자를 믿지 않는다. 운명은 타고나는 것이 아니라 스스로 만든다고 믿는 사람이다. 나는 별 기대도, 소망도 없었다. 그냥, 워낙 사람을 잘 본다니 내 인생에도 볕 들 날이 있을까 하는 막연한 희망, 뭔가라도 들으면 숨이 좀 쉬어질 것 같았다.

그 사람은 나의 생년월일, 이름을 받아 적고 내 얼굴을 뚫어지게 보더니 이렇게 말했다. "당신은 큰사람이 됩니다. 큰사람이란 최소 교수 이상이란 뜻입니다. 많은 사람에게 영향을 주는 사람이란 뜻입니다." 그때는 그 말이 실감 나지 않았다. 나는 지방 전문대를 졸업하고 이룬 거 없는 현실과 타협하며 살아가는 평범한 아내이자 엄마였고, 가정의 무게와 상처를 껴안고 버텨내는 데에만 급급한 사람이었으니까. '큰사람'이라니, 단어조차 생소한 그 말이 어딘가 나와는 너무 먼 단어처럼 느껴졌다.

시간이 흐르고, 남들은 늦었다는 마흔이 넘어서 책을 읽기 시작했고, 공부를 시작하고, 아이들을 가르치며 나를 스스로 다시 가르치기 시작했다. 삶의 상처를 정직하게 바라보고, 그것을 치유의 말로 바꾸어 가는 연습을 했다. 지금 나는 유아교육학 박사과정을 수료했고, 100명이 넘는 아이들과 교사들을 이끄는 원장이 되었다. 그리고 인생 2막을 위해 또 하나의 길을 준비하며 한국문화를 좀 더 세계에 알리고 우리의 자랑스러운 모국어인 한국어를 외국인들에게 가르칠 교사를 꿈꾸며 외국어로서의 한국어학을 공부 중이다. 그리고 유화 작가라는 또 다른 꿈을 꾼다.

그때 그 사람이 말했던 '큰사람'은 지금의 나를 예고한 말이었는지도 모른다. 단지 자리를 말한 것이 아니라, 누군가에게 울림이 되는 사람, 고통을 지나 의미로 건너가는 사람, 그 길을, 다시 누군가에게 건네주는 사람. 나는 아직도 완성된 '큰사람'은 아니다. 그러나 한 발 한 발, 그 말에 부끄럽지 않게 살아가고 있다. 그 말이 남긴 울림은, 지금도 내 마음 한편에서 작은 등불처럼 빛나고 있다. 정말 소름이 돋을 만큼, 지금 나의 걸어가는 길과 꼭 맞닿은 말이 될 수도 있지 않을까.

뭐든지 의미를 부여하기 나름이며 해석하기 나름이다. 타고나는 사주팔자는 믿지 않지만, 이 말은 믿어보고 싶다. 믿는 만큼 노력하며 나아가야겠다. 그 사람이 말한 큰사람은 아마도 자신의 고통을 세상과 나누며, 누군가의 인생을 바꾸는 사람, 지식과 사랑을 담아 세상에 울림을 주는 사람이 아니었을까…. 교육자, 작가, 활동가, 창작자로서의 삶으로 나는 지금 여러 길을 동시에 걷고 있다. 이 길을 걸으며 앞으로는 누군가에게 위로와 공감, 용기를 주는 사람으로 나아가고 싶다. 물질적 성공이 아닌 정신적 승리자로서의 '큰사람'. 은은한 향기를, 선한 영향력으로 전하며 사회에 공헌하는 사람이 되고 싶다.

그 말이 이제 와서 갑자기 떠오른 건, 분명한 내면의 신호일까? 당시에는 막연했던 '큰사람'이란 말이 에세이집을 내는 이 시점에 다시 떠오르는 걸 보니 말이다. 내가 살아온 시간과 선택이, 그 말이 예언이 아니라 예비된 길이었다는 걸 증명해 가며 앞으로도 나의 삶을 진정성 있게 살아내고 싶다. 그 말이 떠오른 지금 이 시점이 나의 두 번째 인생의 진짜 시작인지도 모르겠다.

설레며 오늘도 뒤늦은 꿈을 향해 걸어가 본다. '지금' '여기'에서 잘 버티고 살아내며 말이다.

자의식을 키우는 독서의 힘

책은 타인의 경험을 간접경험하는 창구이다. 내가 살아보지 않은 삶을 간접경험하고 삶이 힘들 때 나의 삶보다 더 힘든 삶을 이겨낸 내용이 담긴 책을 보며 위로와 삶의 의지를 느낀다. 특히 나는 책 속 지혜를 통해 나 자신의 내면을 단단하게 하며 자의식을 높여왔다. 자의식이란 자신을 가치 있는 것으로서 의식하는 자각이다. "너 자신을 알라."를 철학의 주제로 한 소크라테스 이래 자각의 달성은 철학의 한 전형이었다. "참다운 자기 인식을 바탕으로 하여 자기가 놓인 상황 가운데에 적절한 태도를 결정하는 것이 자각의 본뜻이다."라고 두산백과 두피디아에 수록되어 있다.

나는 책을 읽으며 꿈을 찾았으며, 꿈을 꾸는 여정 속에서 무너지지 않고 나아갈 수 있는 내면의 힘도 먼저 이룬 사람들의 열정과 노력, 삶의 지혜를 책 속에 담긴 문장들을 나의 것으로 습득했기 때문이다. 무엇인가 하고자 할 때 환경을 탓하기보다 우선 나 자신을 믿고, 나 자신에 대한 한계를 설정하지 않고 일단 내디뎌 보는 것이 중요하다. 실패냐, 성공이냐의 문제보다 일단 내가 생각한 것을 즉시 실행해 보는 것에서부터가 꿈의 시작이다. 꿈을 이룰 수 있을지 아닐지의 두려움보다, 두려움에 앞서 일단 해보는 것이다. 누가 뭐라든 타인의 시선에서 자유로워지는 것이 첫 출발점이겠다.

나는 뒤늦은 나이에 책을 읽고 성장하며 대학원을 다니고 공부하고 있지만, 처음에 주변의 반대는 심했다. 물론 지금도 긍정적으로 찬성하는 가족은 없다. 하지만 '나' 자신만을 믿고 도전 중이다. 왜냐하면 그 누구의 삶도 아닌 내 삶이니 말이다.

> "당신이 원하는 모든 것은 두려움의 반대편에 있다."
>
> - 잭 캔필드(카운슬러, 작가)

나 또한 나이, 환경, 주변의 반대, 경제적인 이유, '내가 이룰 수 있을까' 하는 하는 결과에 대한 두려움으로 무언가에 도전할 때 망설이곤 했다. 그럴 때마다 다양한 경험이 담긴 작가들의 책을 읽고, 동기부여, 자기 계발, 심리학서들을 읽으며 두려움을 이겨냈다. 현재도 두려움이 엄습할 때도 있다. 하지만 두려움이 드는 그 순간에도 일단 하고 있는 것들을 멈추지 않고 나아가고 있다. 결과야 나도 모르고 내가 100% 어떻게 이끌 수 없는 것이니 일단, 내가 지금 생각한 것들을 실행하고, 또 실천하고, 미션을 수행하듯 일단 해보는 것이다.

'내가 그때 그랬더라면.' 하고 후회하는 삶을 이제는 살고 싶지 않다. 늦은 나이에 드디어 찾은 꿈이지만, 지금이라도 할 수 있어서 감사하다. 감사한 마음을 현재라는 시간에 담아 오늘도 독서를 하며 내 꿈의 이미지를 만들어 나가 본다. 그 이미지대로 나갈 수 있는 힘과 용기도 책을 통해 찾아본다.

누구는 질문을 하곤 한다. "다시 과거로 돌아간다면 몇 살로 돌아가고 싶어?"라고 말이다. 다들 이런 질문을 받고 고민을 한다. 그리고 돌아가고 싶은 과거의 나이와 이유를 설명한다. 나는 올해 50살이 된 만학도이지만, 고민 없이 말한다. "나는 돌아가고 싶은 나이가 없어. 나는 지금 현재가 딱 좋다." 뒤늦은 나이지만 꿈을 꾸고, 실천하고 있는 현재가 감사하고 행복하다. 나중에 80살, 90살, 100살이 되어도 후회 없는 삶을 지금부터 살아가면 된다.

과거를 후회하고, 특정한 시기를 그리워하기에는 인생은 너무나 빠르고 짧다. 과거에 이루지 못한 꿈은 지금부터라도 시작해서 이루면 된다. 100세 인생, 앞으로는 150살까지도 살 수 있다고 하지 않던가. 오래 살고 싶은 욕심보다, 이루고 싶은, 하고 싶은 꿈과 생각한 것들을 실천하고 사는 '오늘'이 감사하고 행복한 삶을 살고 싶다. 나는 책을 읽으며 진정한 행복이란 무엇인가에 대해서도 스스로에게 질문을 건네며 내 삶의 기준과 가치관을 다듬어 나갔다. 나는 나 자신을 알아가면서 내가 진정으로 원하는 것을 알게 되었고 내가 원하는 것을 실천하는 과정 자체가 행복이라는 것을 알았다. 행복은 멀리 있지 않고 아주 가까이에 존재함을 책을 통해 알게 되었다.

'나이가 많아서, 이 나이에, 경제적인 이유로, 주변의 지지가 없어서, 가족이 반대해서.' 수많은 걸림돌 속에서 내가 나를 의심하지 않는다면 방법은 분명히 있다. 본인의 의지만으로 이룰 수 없다고들 한다. 하지만 그 본인의 의지를 자신이 의심하기 때문에 한 발짝 앞으로 나설 수 없는 것이다.

보도 섀퍼의 《나는 해낼 수 있다》에서 "한 가지 좋은 소식이 있어. 자네가 지금 자의식을 고양하겠다고 결단한다면, 자네는 이미 그 길의 절반 이상을 지난 셈이야."라고 하면서 자의식에 대해 논하고 있다. 나는 이 책을 읽으며 더 자의식의 중요성을 알았다. 책을 무심코 읽어 내려가는 것이 아닌 책 속에 담긴 내용들을 의식적으로 결단해서 실행을 한다면 그 영향력은 어마어마하다. 나도 모르는 사이에 책 속의 지혜들이 나의 삶에 영향을 주고 나를 성장하게 한다.

심리상담학에서는 자기 직면이라는 말이 있다. 자기 자신을 자신이 제일 잘 아는 것 같아도 의의로 타인보다 자신을 더 객관적인 눈으로 보기 어렵다. 자신을 제3자의 입장에서 직면하고 자신의 꿈을 구체화한다면, 자신을 자기가 의심하지 않는다면(내가 나를 의심하는데 어느 누가 나를 믿어주겠는가.), 분명 자신이 원하는 삶을 꼭 닮아갈 것이다. 그리고 자신의 이루고자 하는 구체적인 꿈을 이룰 수 있을 것이다.

자의식은 자기 직면으로부터 시작하며 자신을 잘 직면하면 내가 할 수 있는 것들을 구체적으로 하나하나 알 수 있다. 그리고 내가 닮고 싶은 사람들이 쓴 책을 읽으며 그 책 속에서 닮고 싶은 부분을 나에게 맞게 고쳐나간다면 정말 최선을 다하는 삶을 사는 나를 만날 수 있다.

혹자는 책을 읽으면 남는 것이 없다고 한다. 내가 책을 통해 성장했다고 하면 우연이라 할 것이며 또 다른 사람들은 간절함이 준 선물이라고 할지도 모른다. 하지만 그것이 무엇이든 간에 독서를 시작한 사람들에게는 생각지 못한 순간에 기적이 찾아올 수 있다. 삶의 희망이 다가오기도 한다. 일상이 힘들고, 때로는 좌절도 하고 실패도 하겠지만 책을 읽으며 용기를 내어 책 속의 내용들을 따라가다 보면 나 자신을 제대로 파악할 수 있는 눈도, 세상을 바라보는 프레임도 달라지는 나를 만나게 될 것이다.

나는 책을 읽으며 어려움을 이겨내고, 꿈을 이룬 사람들의 이야기를 통해 꿈을 꾸게 되었으며, 꿈이 생기면서 나는 사랑받을 만한 가치가 있다는 마음도 느낄 수 있었다. 책을 읽으며, 먼저 꿈을 이룬 사람들의 삶의 지혜를 통해 어떻게 하면 꿈을 이룰 수 있을지를 더 잘 인식하게 되었다. 책을 읽으며 내가 무엇을 원하는지, 내가 무엇을 좋아하는지를 정확히 알아나갔다. 책을 읽기 전에는 늘 사회의 잣대에 맞춰서 타인과의 비교로 위축되거나 불행하다는 생각을 하곤 했다. 하지만 책을 읽으면 읽을수록 나의 불행한 마음은 주변 환경에서부터가 아닌 나 자신으로부터 온다는 것을 알았다. 서서히 책을 통해 단단한 자의식을 형성하였으며 삶의 기적과 희망을 보았다.

책이 나를 일으켜 세워준 것이다.

내 이야기가
당신에게
닿기를

　글을 쓰는 동안 내내, 나는 단 한 사람을 떠올렸다. 지금 이 글을 읽고 있는 당신 말이다. 내가 살아온 이야기는 특별하지 않다. 너무 평범해서, 너무 흔해서, 누군가는 그냥 스쳐 지나갈 수도 있다. 하지만 그 안에 내가 있었다. 다 울고 나면 혼자 이불을 덮고 조용히 눈을 감던 나, 누구에게도 기대지 못한 채 버티던 나, 그래도 또 하루를 살아보려 애쓰던 나. 그런 내가 지금, 이 이야기를 꺼낸 이유는 단 하나다. 당신에게 닿고 싶어서.

　혹시 당신도 나처럼 '왜 나만 이토록 힘들고 아픈 걸까?' 하는 생각에 밤을 뒤척인 적이 있다면, 아무렇지 않은 척하면서도 속으로는 무너진 적이 있다면, 우리는 이미 어딘가 닮아 있다.

　이 글은 위로가 아니라 동행이다. "괜찮아질 거야."라는 말보다 "나도 그래."라는 말이 더 간절했던 시간들을 지나 나는 이제, 누군가의 고요한 울음 곁에 조용히 앉아주고 싶어졌다.

　이야기를 꺼내는 건 여전히 쉽지 않다. 부끄럽고, 아프고, 망설여진다. 하지만 그럼에도 나는 쓴다. 누군가 이 이야기를 읽고, 나처럼 자신을 조금 더 사랑해 주기를 바라는 마음으로.

그러니 부디, 이 말이 당신에게 닿기를.

"당신은 혼자가 아니에요.
그리고 나도, 이젠 혼자가 아니에요."

에필로그

당신도
괜찮아질 수 있어요

이 책을 쓰며 나는 나를 꺼내는 연습을 했습니다. 아프고, 두렵고, 때로는 부끄러웠던 이야기들이었지만 그 안에는 분명히 살아 있는 '나'가 있었습니다. 살면서 누구에게도 털어놓지 못했던 기억, 괜찮은 척하며 넘겼던 수많은 감정들, 그리고 그 모든 것을 안고도 하루하루를 버텨낸 나 자신에게 나는 처음으로 이렇게 말해 주고 싶었습니다.

"정말 잘 살아왔어.
힘든 시간 속에서도 여기까지 온 너는 참 대단해."

이 말을 당신에게도 전하고 싶습니다. 당신이 어떤 시간을 지나왔든, 그 누구도 그 고통을 완전히 이해할 수는 없겠지만 당신이 겪은 슬픔과 외로움은 분명히 의미 없는 것이 아니었습니다. 아직도 마음 한구석이 시리고, 때로는 이유 없이 눈물이 나더라도 당신은 괜찮아질 수 있어요. 아니, 이미 괜찮아지고 있는 중일지도 모릅니다.

 이 책이 그 길 위에서 당신에게 작은 등불 하나 되어줄 수 있다면 그것만으로도 나의 이야기는 충분히 빛이 날 것입니다. 그러니 부디 잊지 말아 주세요. 당신도 괜찮아질 수 있어요. 그리고⋯. 당신은 이미, 충분히 괜찮은 사람입니다. 우리는 모두 누군가의 위로가 될 수 있습니다.

 긴 시간을 돌아 여기까지 왔습니다. 상처가 없었던 것이 아니라, 상처가 나를 다 무너뜨리게 두지 않았기에 나는 지금 이렇게 잘 살아내고 여기에 서 있습니다. 돌이켜 보면, 나는 오랫동안 누구에게도 말하지 못한 채 그저 웃는 얼굴로 버티는 사람이었습니다. 아이들을 돌보면서도, 동료들을 이끌면서도, 사실 내 안의 '작고 아픈 아이'는 늘 울고 있었지요.

 하지만 이제야 알게 되었습니다. 그 상처도 나의 일부였고, 그 상처를 안고도 나는 여기까지 왔다는 사실이 무너지지 않은 증거라는 걸요. 이 책을 쓰며 나는 나의 어린 시절을 다시 껴안았고, 지금의 나를 조금 더 따뜻하게 바라보게 되었습니다.

 어쩌면 이 글을 읽고 있는 당신도 누군가에게 보이지 않는 상처를 품고 있을지 모릅니다. 말하지 않아도, 겉으로는 괜찮아 보여도, 우리 마음 깊은 곳엔 누구에게도 들키고 싶지 않은 고요한 울음이 있습니다. 그러나 괜찮습니다. 그 울음을 안은 채 살아가는 당신의 하루도 누군가에게는 큰 용기가 될 수 있습니다.

　나의 이야기가, 지금 이 순간 당신에게 아주 작게라도 위로가 되었기를 바랍니다. 우리는 모두 누군가의 위로가 될 수 있습니다. 당신도, 나도, 지금 이 순간에도.

　그리고 기억해 주세요. 이 책은 성공담이 아닌, 인생이 한 번도 나를 쉽게 하지 않았던 한 여성이 결국, 자신을 사랑하는 방법을 배워간 이야기라고.

　당신도 괜찮습니다. 지금 이 순간, 숨 쉬며 살아가는 것만으로도 충분히 잘하고 있는 겁니다. 그러니 당신의 방식으로 살아내세요. 그리고 언젠간, 꼭 이렇게 말하세요.

　"그래도, 살아내길 참 잘했어요."

　나는 믿어요. "평범한 내가, 평범조차 하지 못했던 내가 해냈으니 당신은 더 잘 살아낼 수 있을 거예요." 이 책은 세상이 외면해도 결국, 자신을 사랑하는 방법을 뒤늦게 터득한 한 여성의 인생 기록이며, 더디지만 꾸준히 나아가고 있는 삶의 기록입니다.

　지금 무너지고 있다면,
　당신도 언젠간 이렇게 말할 수 있을 것입니다.
　"나로 살아내길 참 잘했어요."